WO DIE *Liebe* ANFÄNGT ...

Taamo

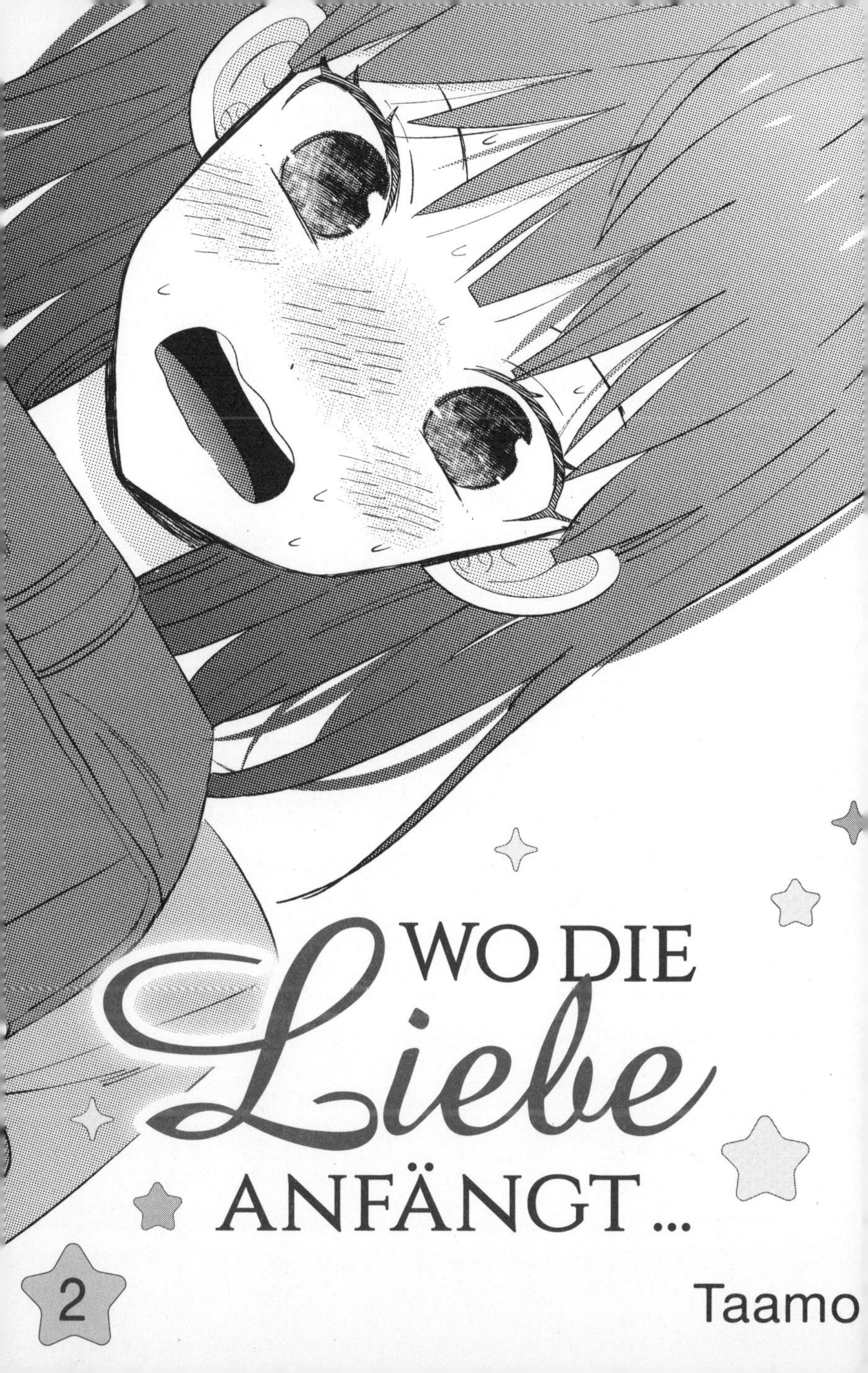
WO DIE
Liebe
ANFÄNGT ...
2
Taamo

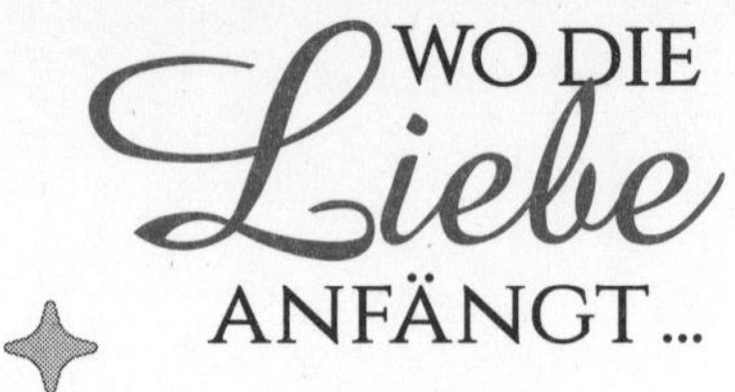

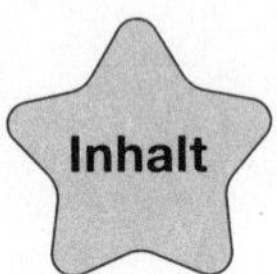

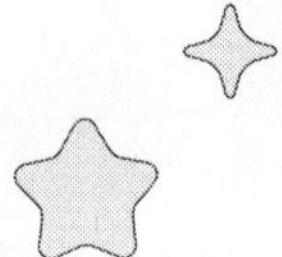

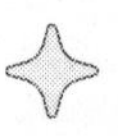

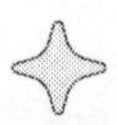

... ENDET DIE WELT

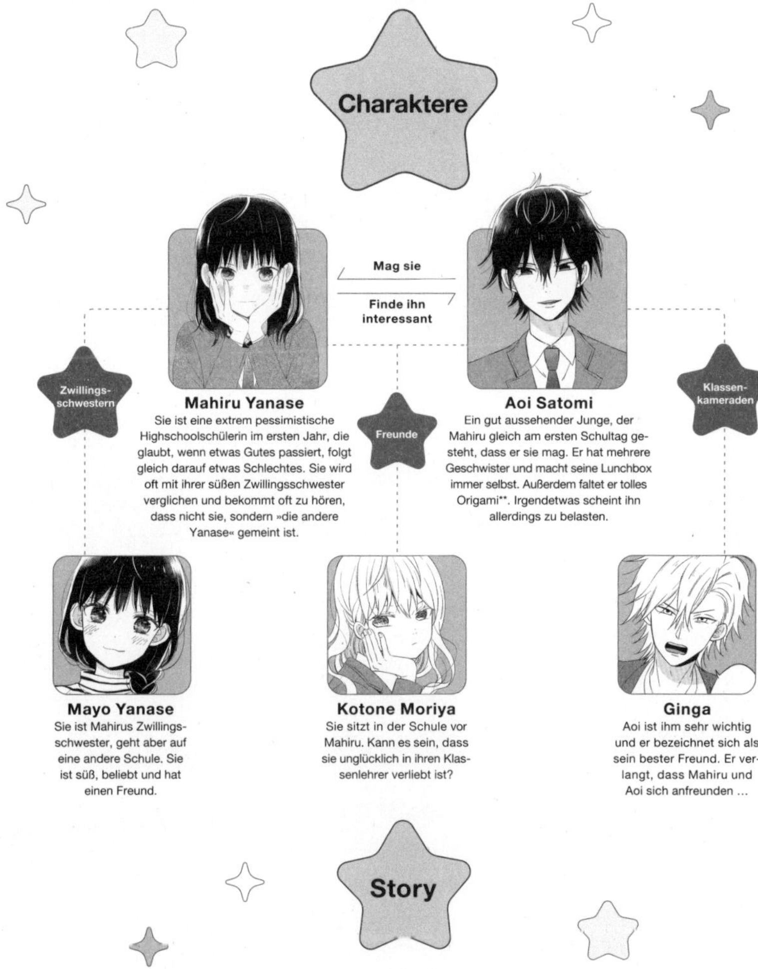

Mahiru Yanase wird ständig mit ihrer süßen Zwillingsschwester verglichen und hört oft, dass eigentlich gar nicht sie gemeint war. Sie glaubt, dass wann immer ihr etwas Gutes widerfährt, etwas Schlimmes passieren muss. Für sie kommt es einer Katastrophe gleich, dass ihr noch am ersten Schultag der gut aussehende Aoi sagt, dass er sie mag. Obwohl sie sich fragt, warum er sich ausgerechnet für sie interessiert, beginnt sie doch, mehr für ihn zu empfinden. Mahiru fühlt sich immer mehr zu ihm hingezogen, doch es mangelt ihr an Selbstvertrauen. Aoi lässt sie allerdings wissen, dass sie sich früher schon einmal begegnet sind, und dass es ohne Zweifel sie ist, in die er verliebt ist. Daraufhin küssen sie sich …

*entspricht der 10. Klasse **Kunst des Papierfaltens

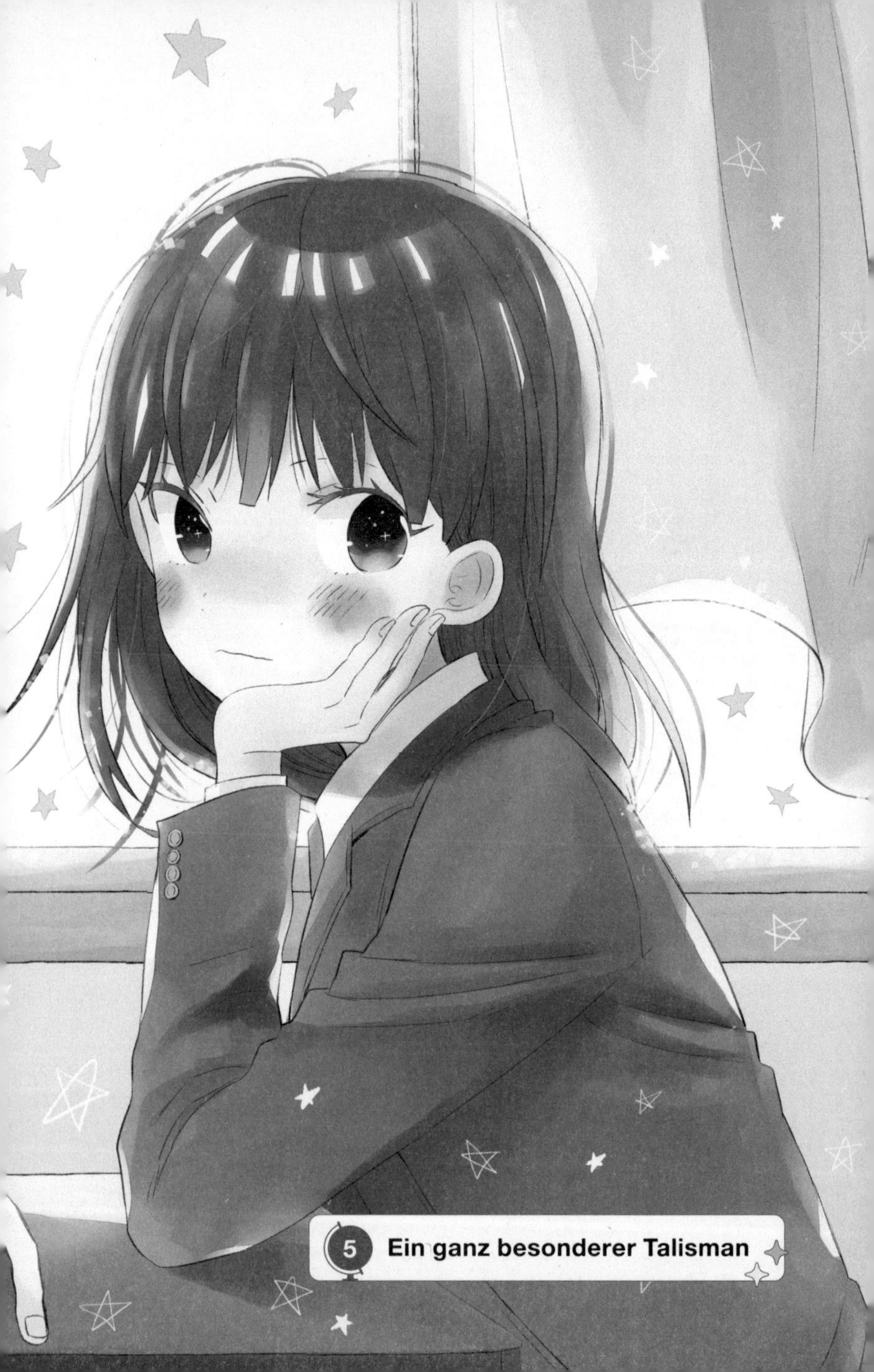
5 Ein ganz besonderer Talisman

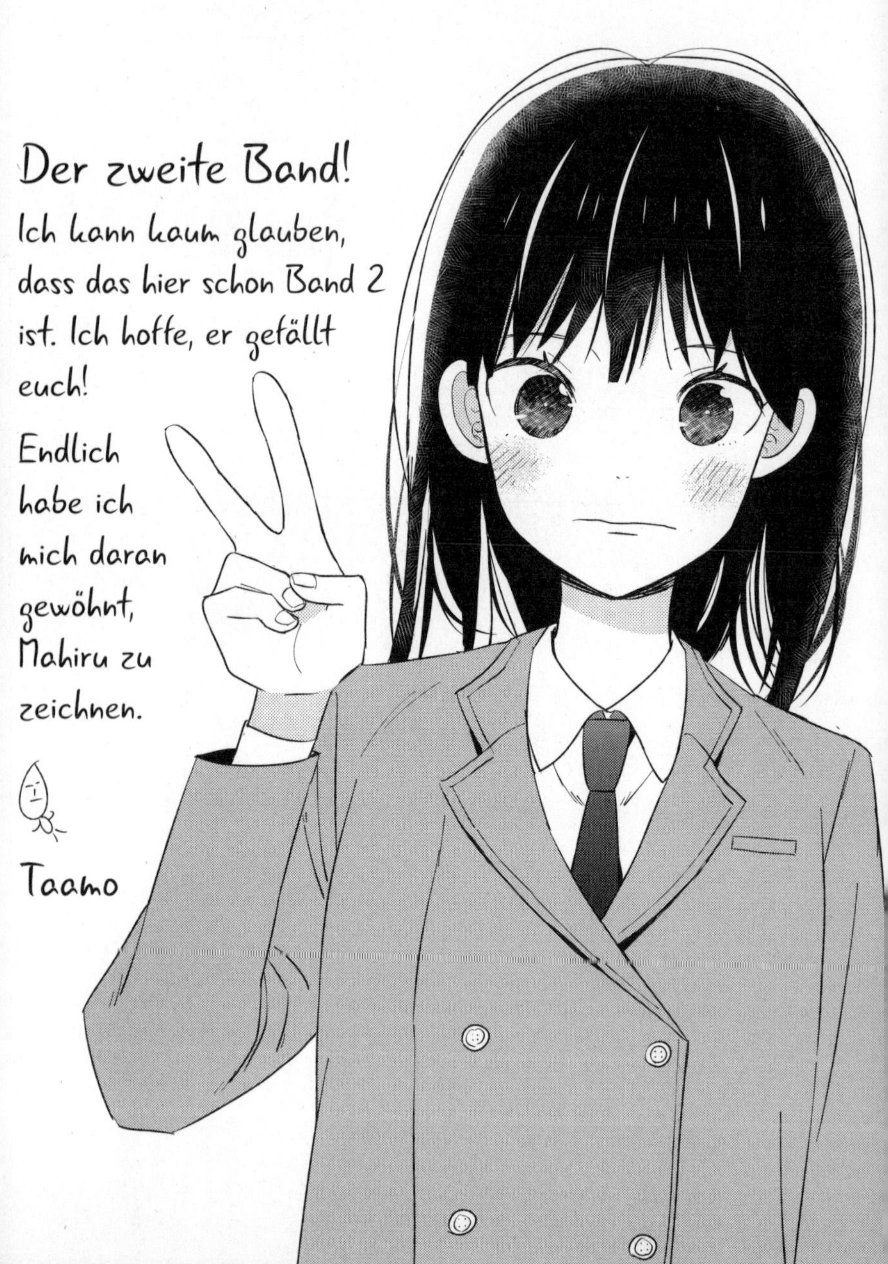
Der zweite Band!
Ich kann kaum glauben, dass das hier schon Band 2 ist. Ich hoffe, er gefällt euch!
Endlich habe ich mich daran gewöhnt, Mahiru zu zeichnen.
Taamo

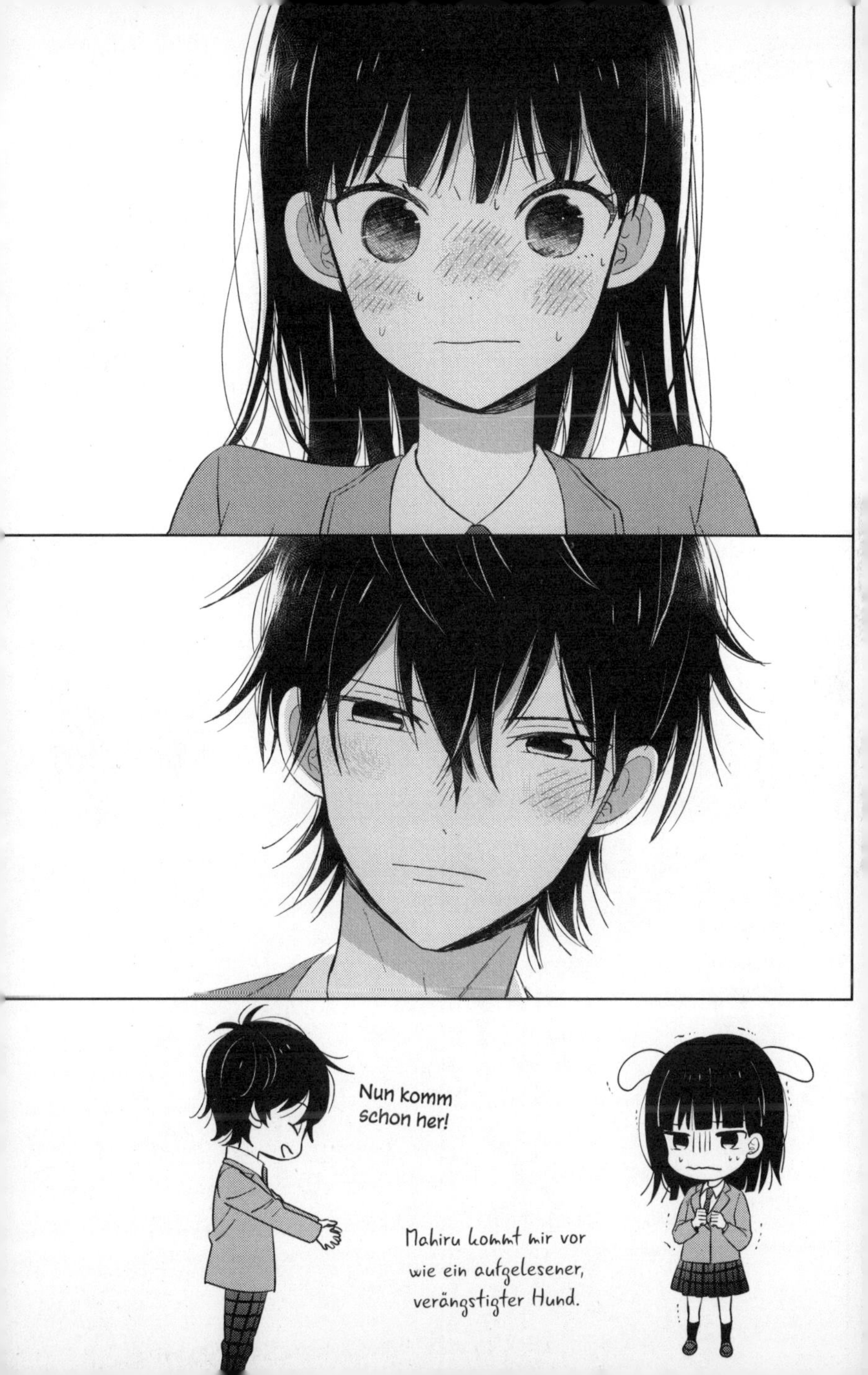

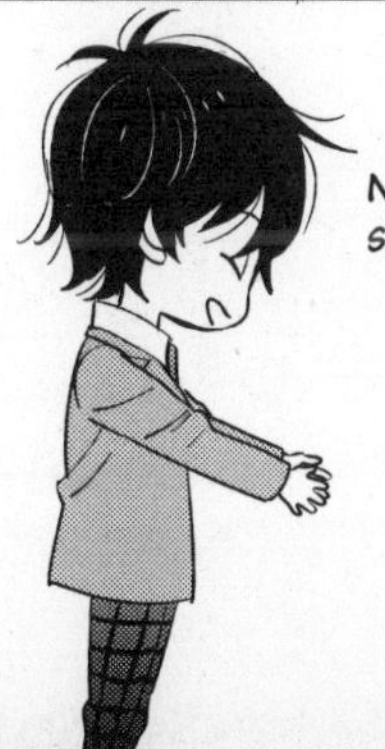

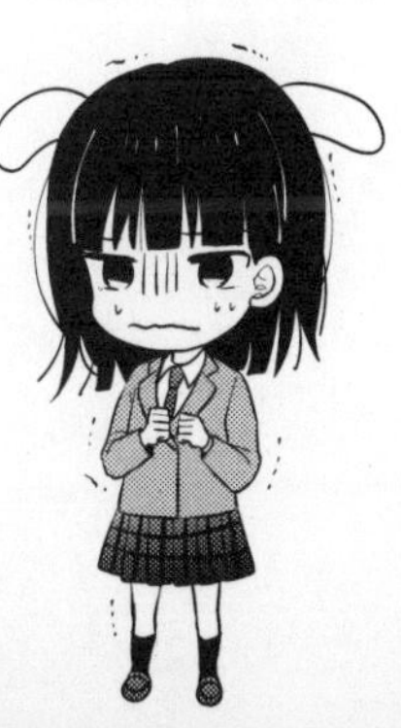

Mahiru kommt mir vor
wie ein aufgelesener,
verängstigter Hund.

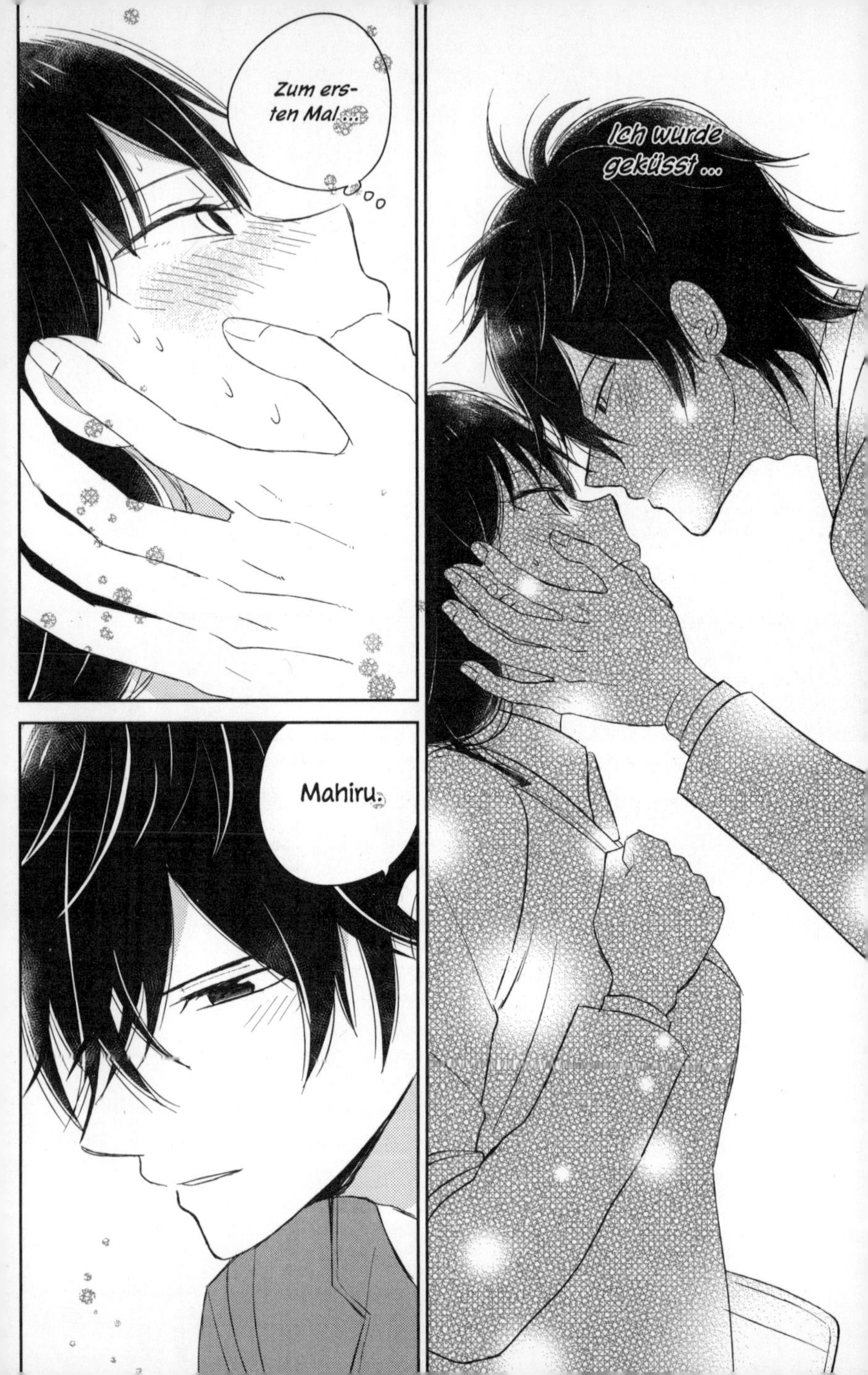
Ich wurde
geküsst ...
Zum ers-
ten Mal ...
Mahiru.

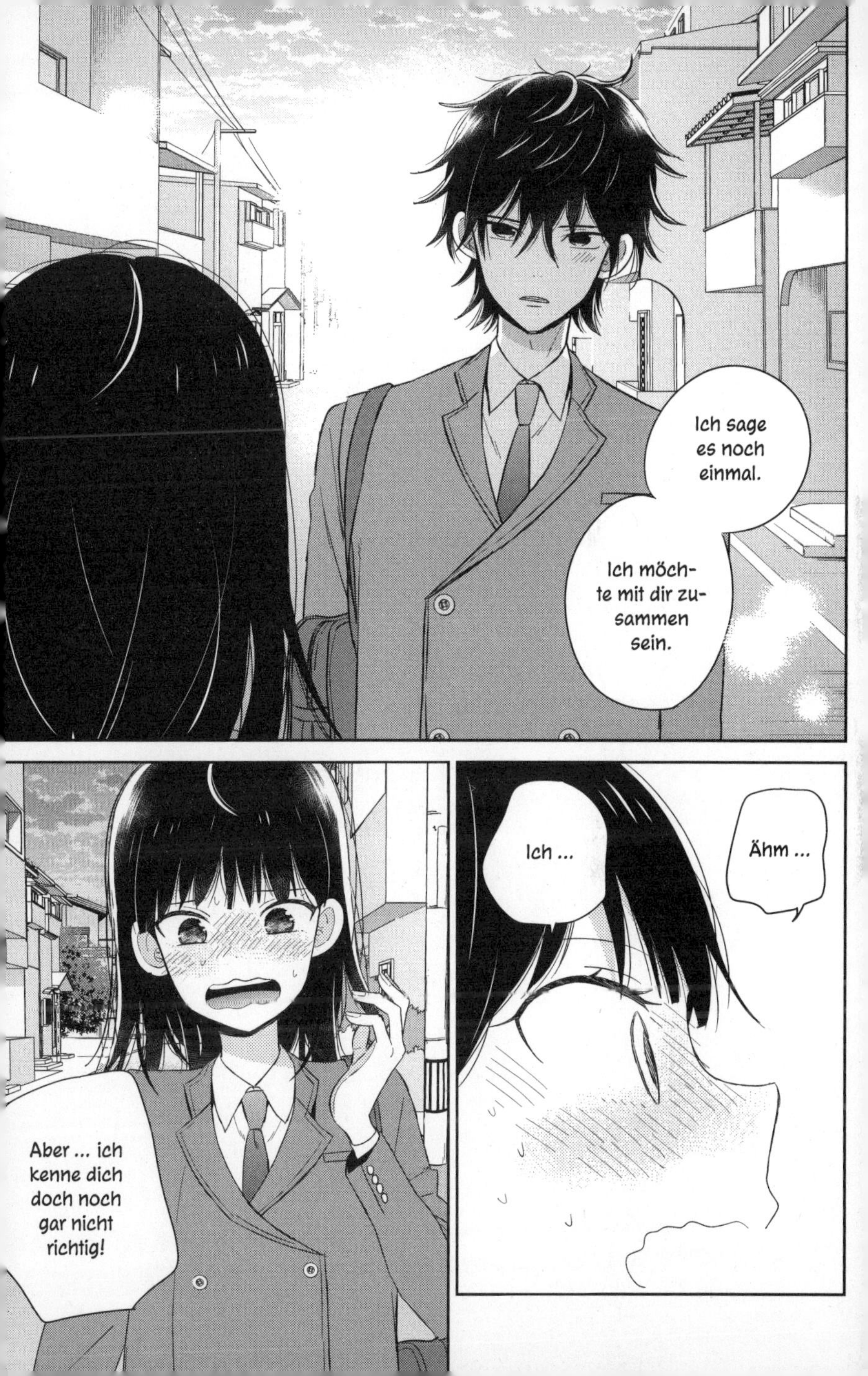

Ich sage es noch einmal.

Ich möchte mit dir zusammen sein.

Ähm ...

Ich ...

Aber ... ich kenne dich doch noch gar nicht richtig!

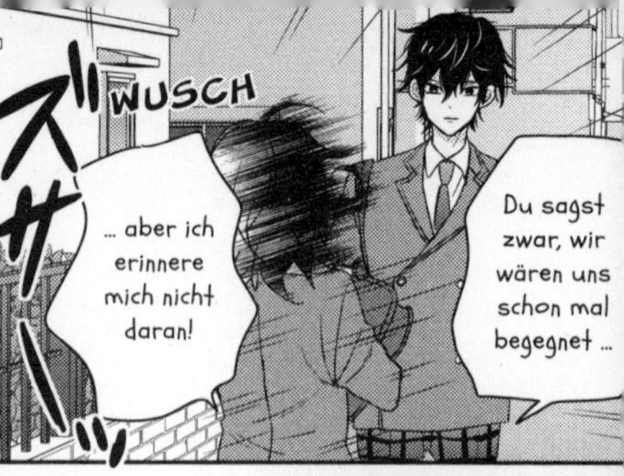
WUSCH
Du sagst zwar, wir wären uns schon mal begegnet ...
... aber ich erinnere mich nicht daran!

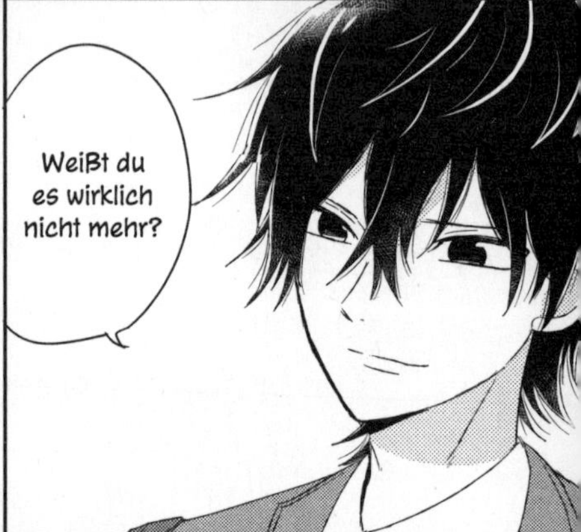
Weißt du es wirklich nicht mehr?

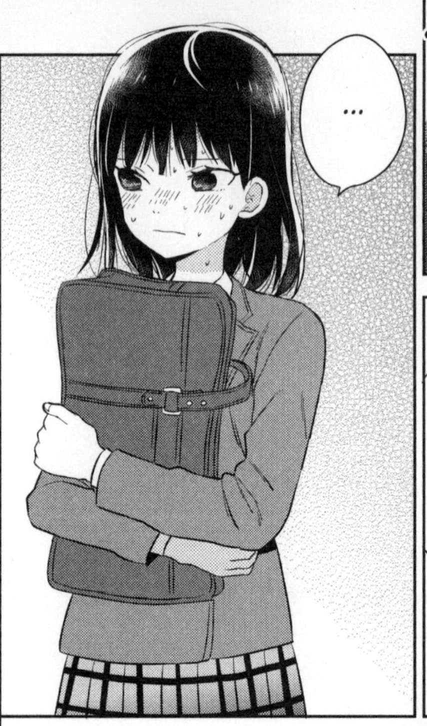
...

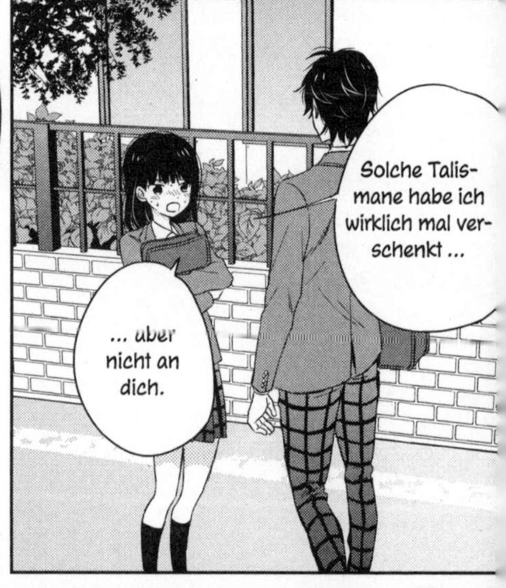
Solche Talismane habe ich wirklich mal verschenkt ...
... aber nicht an dich.

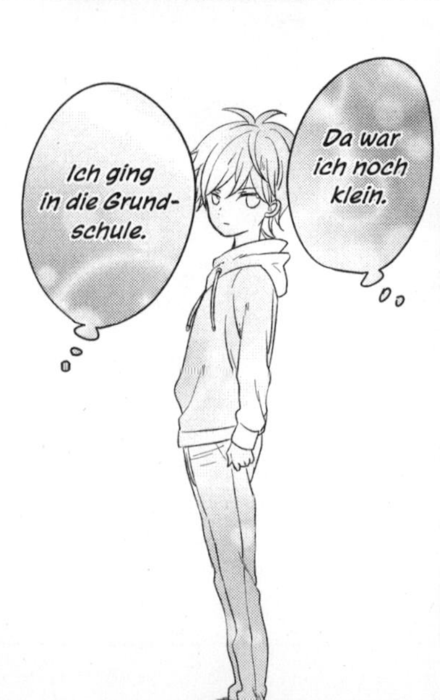
Da war ich noch klein.
Ich ging in die Grundschule.

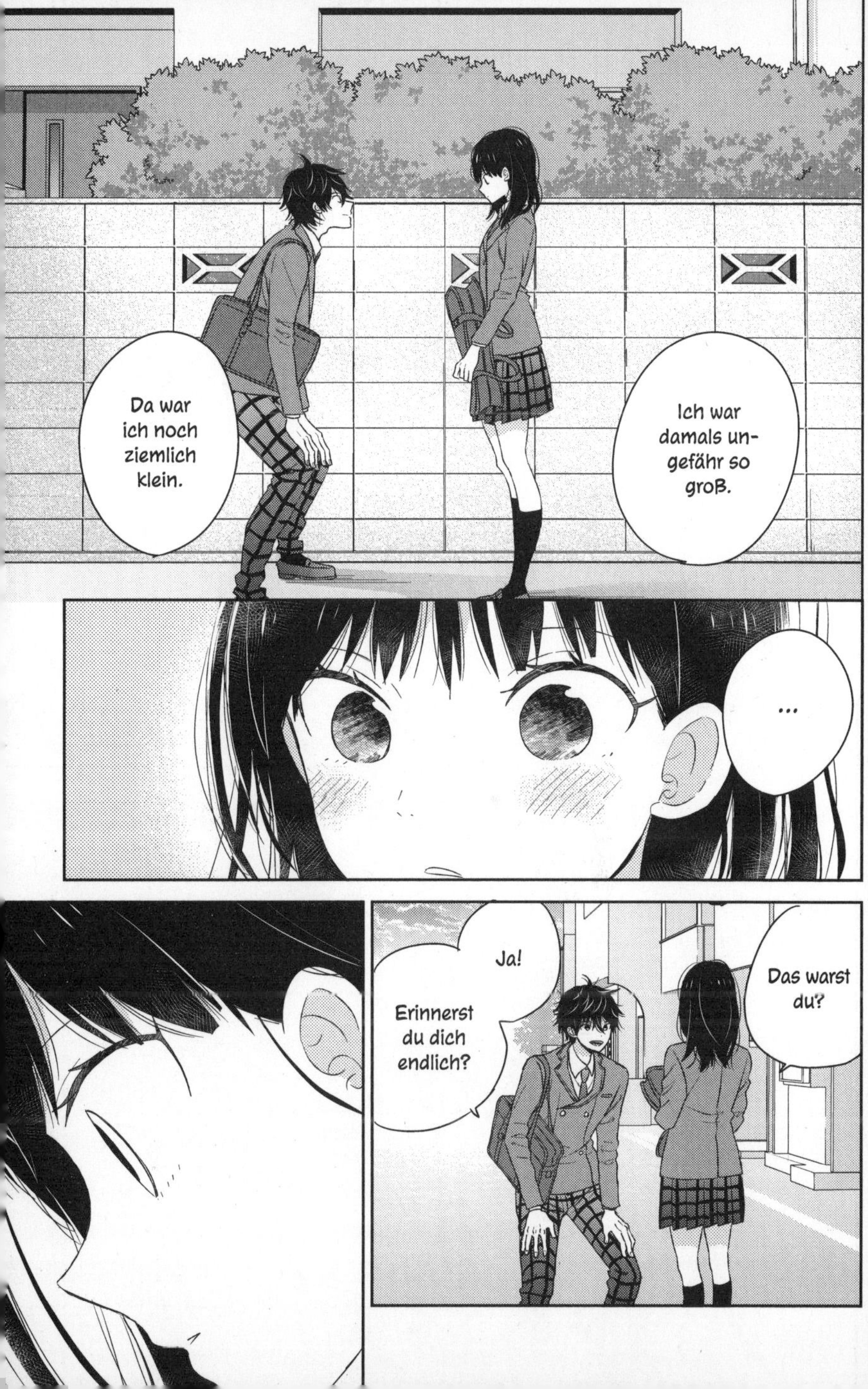

Ich war damals ungefähr so groß.

Da war ich noch ziemlich klein.

...

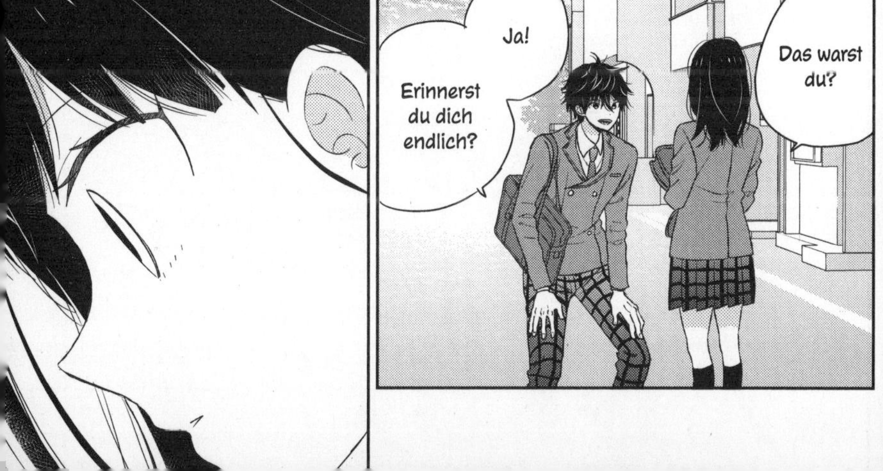

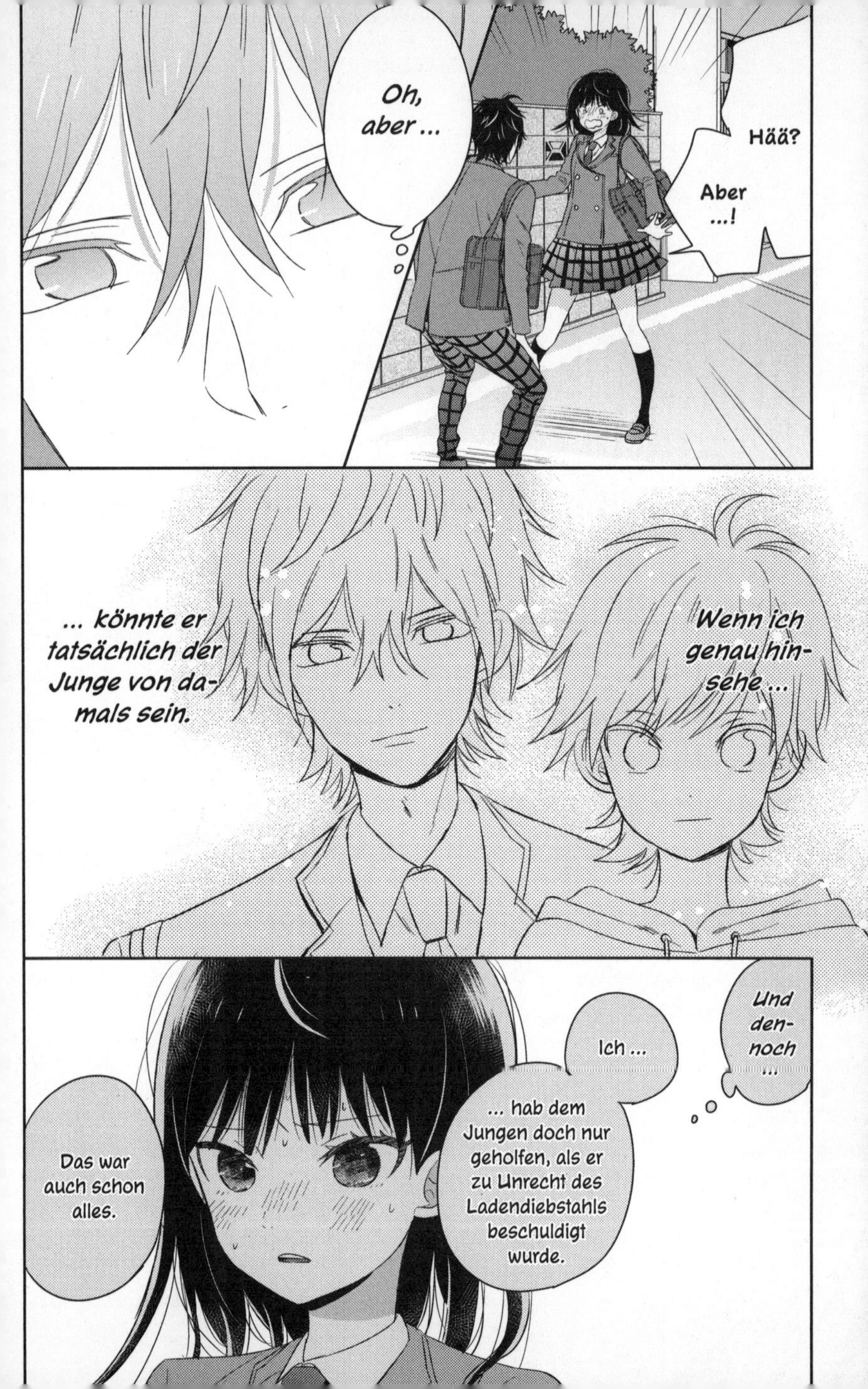
Hää?
Aber ...!
Oh, aber ...
Wenn ich genau hin-sehe ...
... könnte er tatsächlich der Junge von da-mals sein.
Und den-noch ...
Ich ...
... hab dem Jungen doch nur geholfen, als er zu Unrecht des Ladendiebstahls beschuldigt wurde.
Das war auch schon alles.

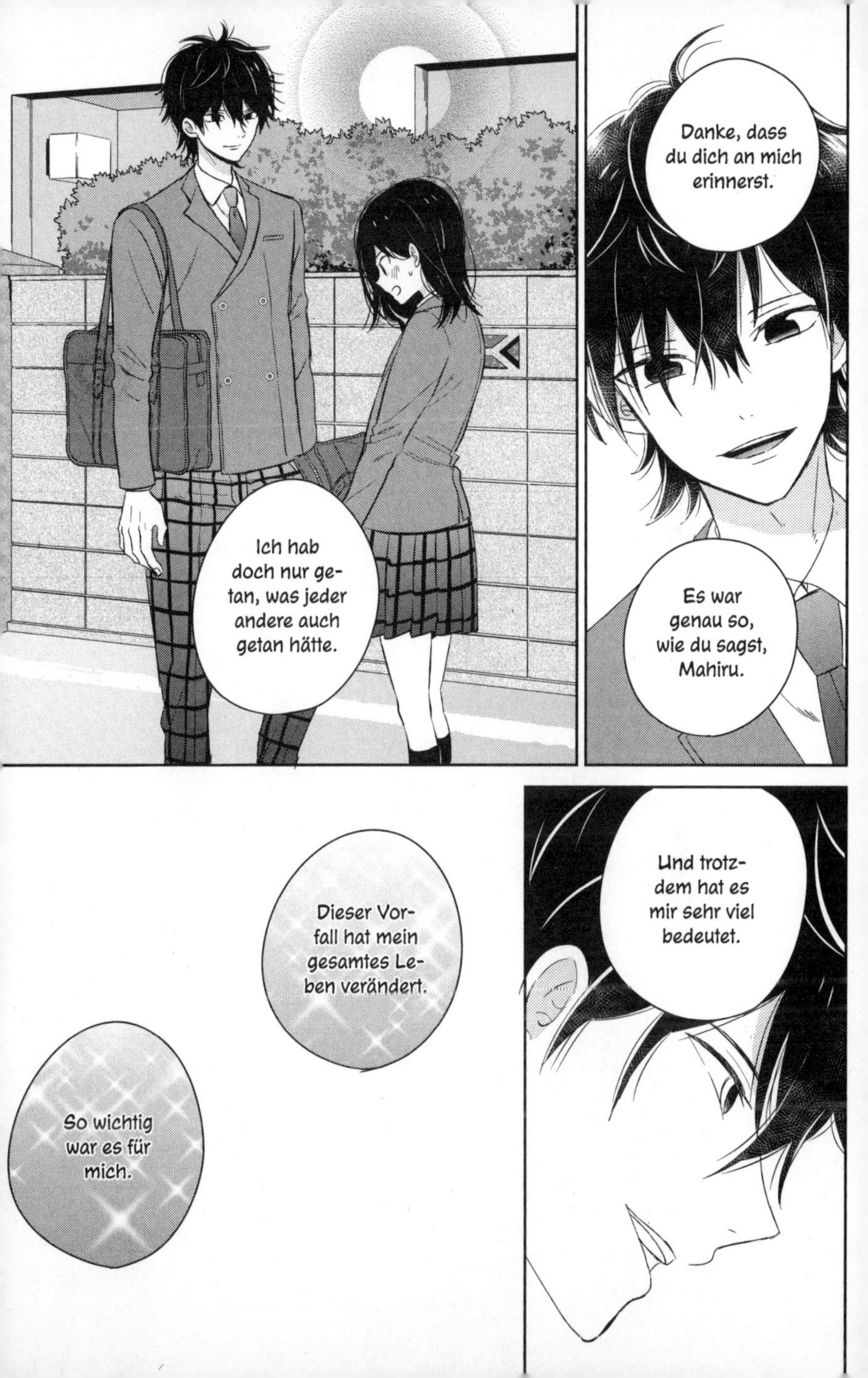

Danke, dass du dich an mich erinnerst.

Es war genau so, wie du sagst, Mahiru.

Ich hab doch nur getan, was jeder andere auch getan hätte.

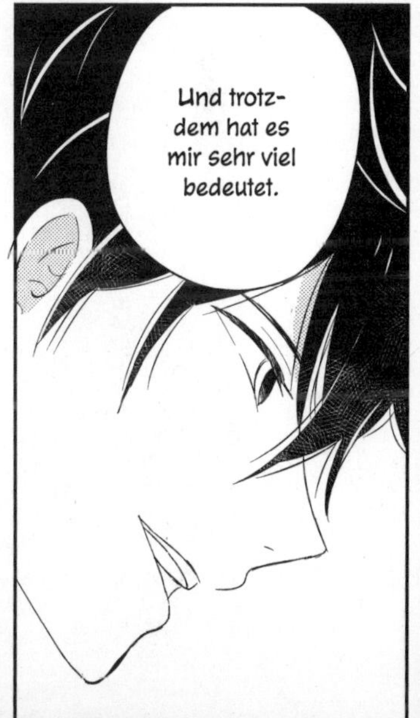

Dieser Vorfall hat mein gesamtes Leben verändert.

So wichtig war es für mich.

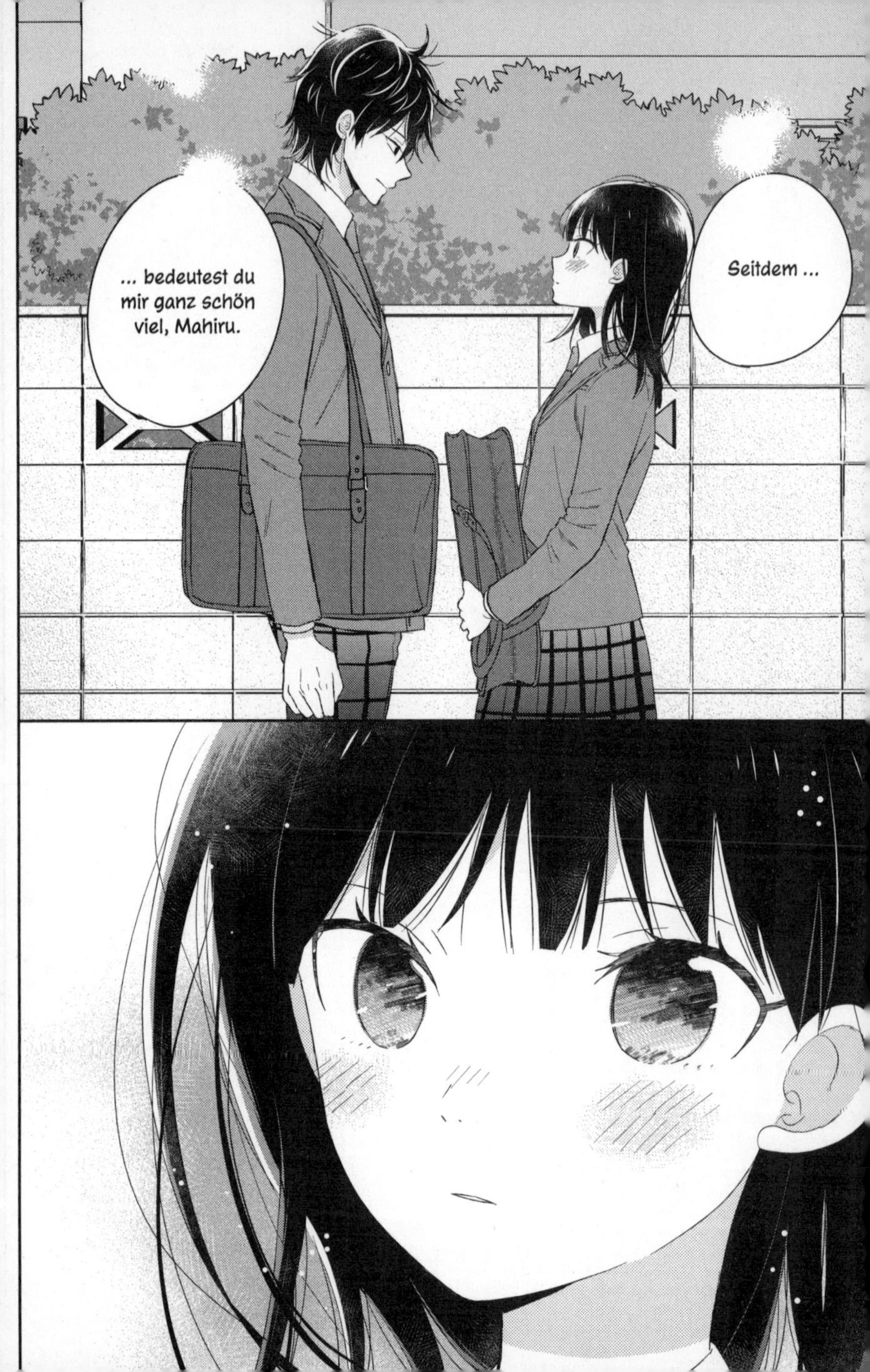
Seitdem ...
... bedeutest du mir ganz schön viel, Mahiru.

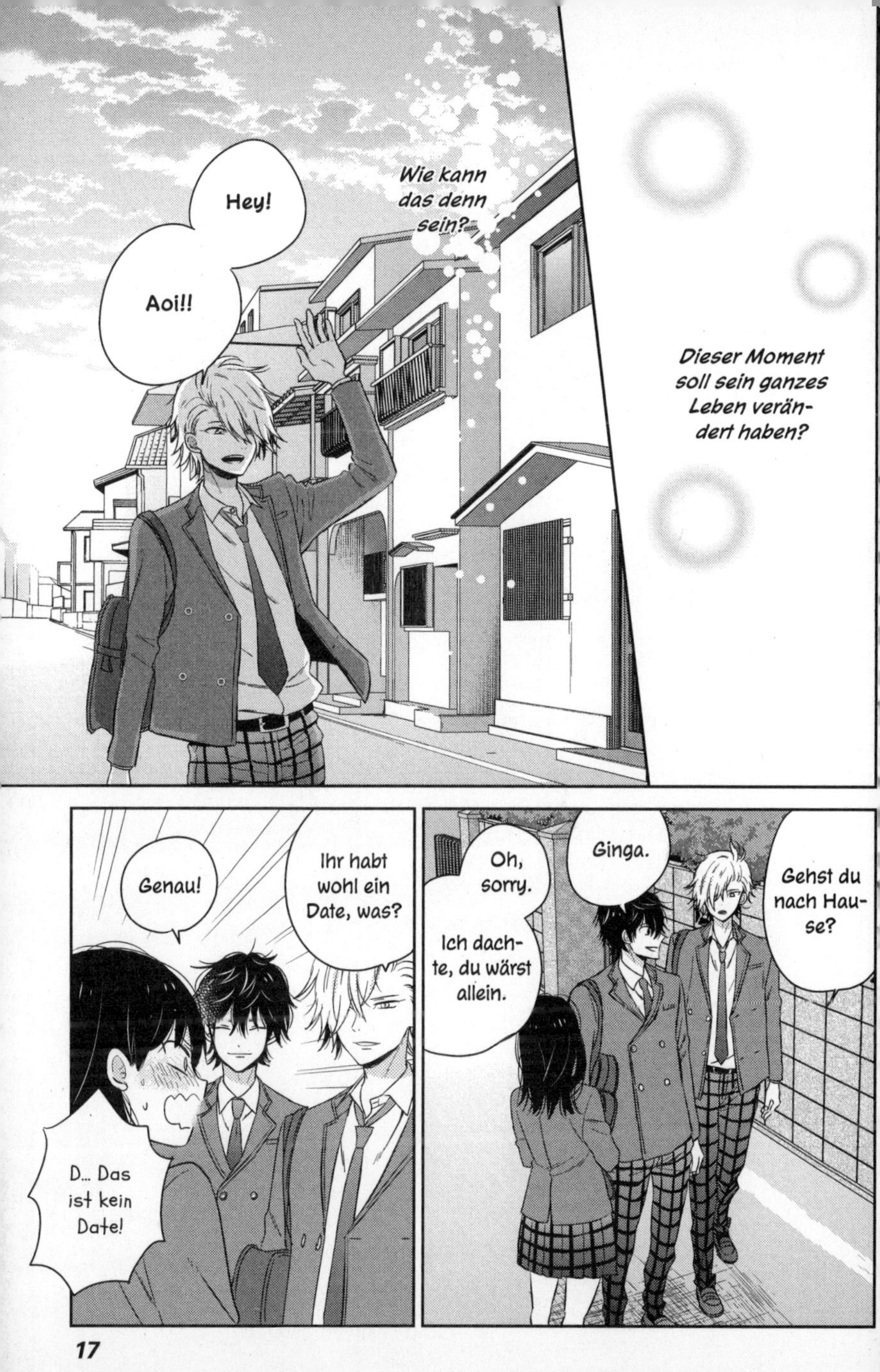

Dieser Moment soll sein ganzes Leben verändert haben?

Wie kann das denn sein?...

Hey!

Aoi!!

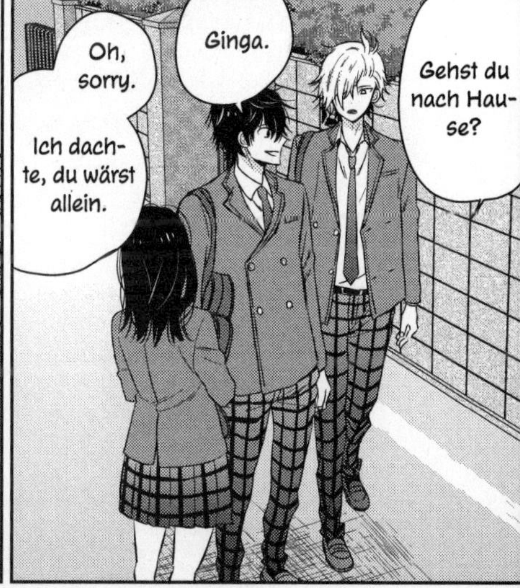

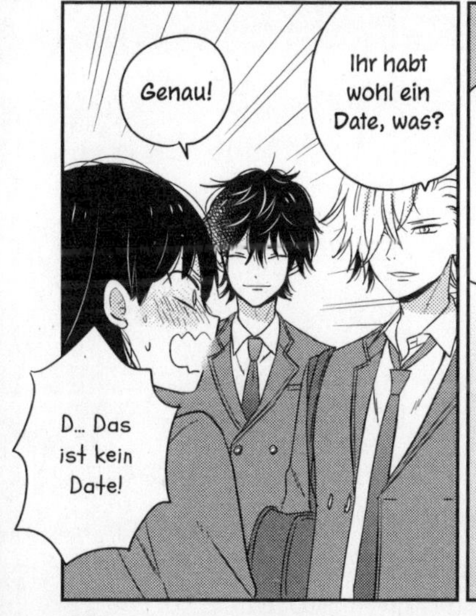

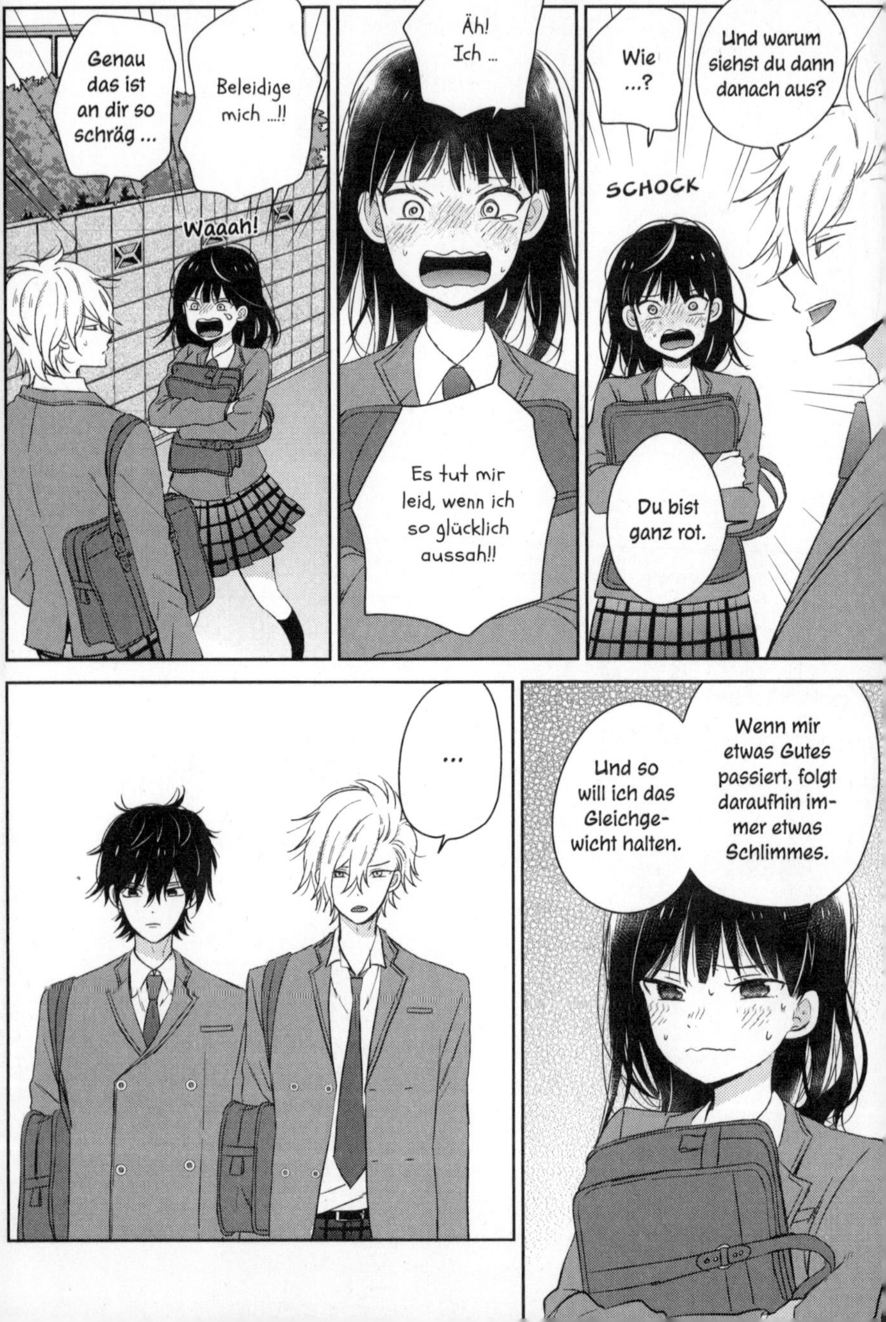

Und warum siehst du dann danach aus?
Wie ...?
SCHOCK
Du bist ganz rot.
Äh! Ich ...
Es tut mir leid, wenn ich so glücklich aussah!!
Genau das ist an dir so schräg ...
Beleidige mich ...!!
Waaah!

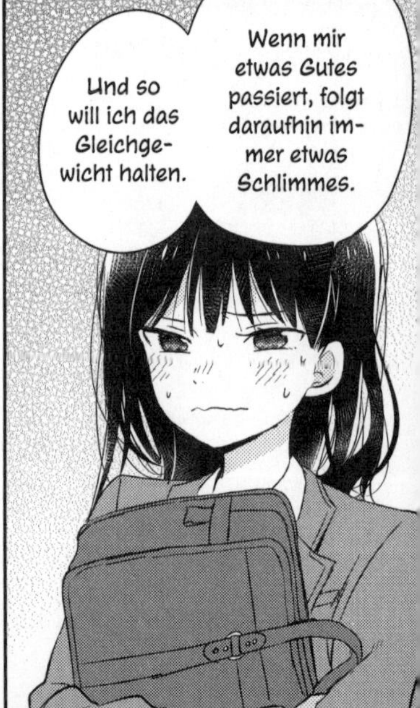

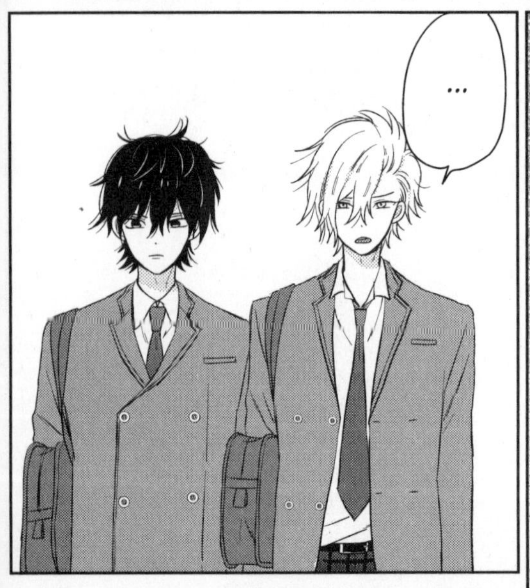

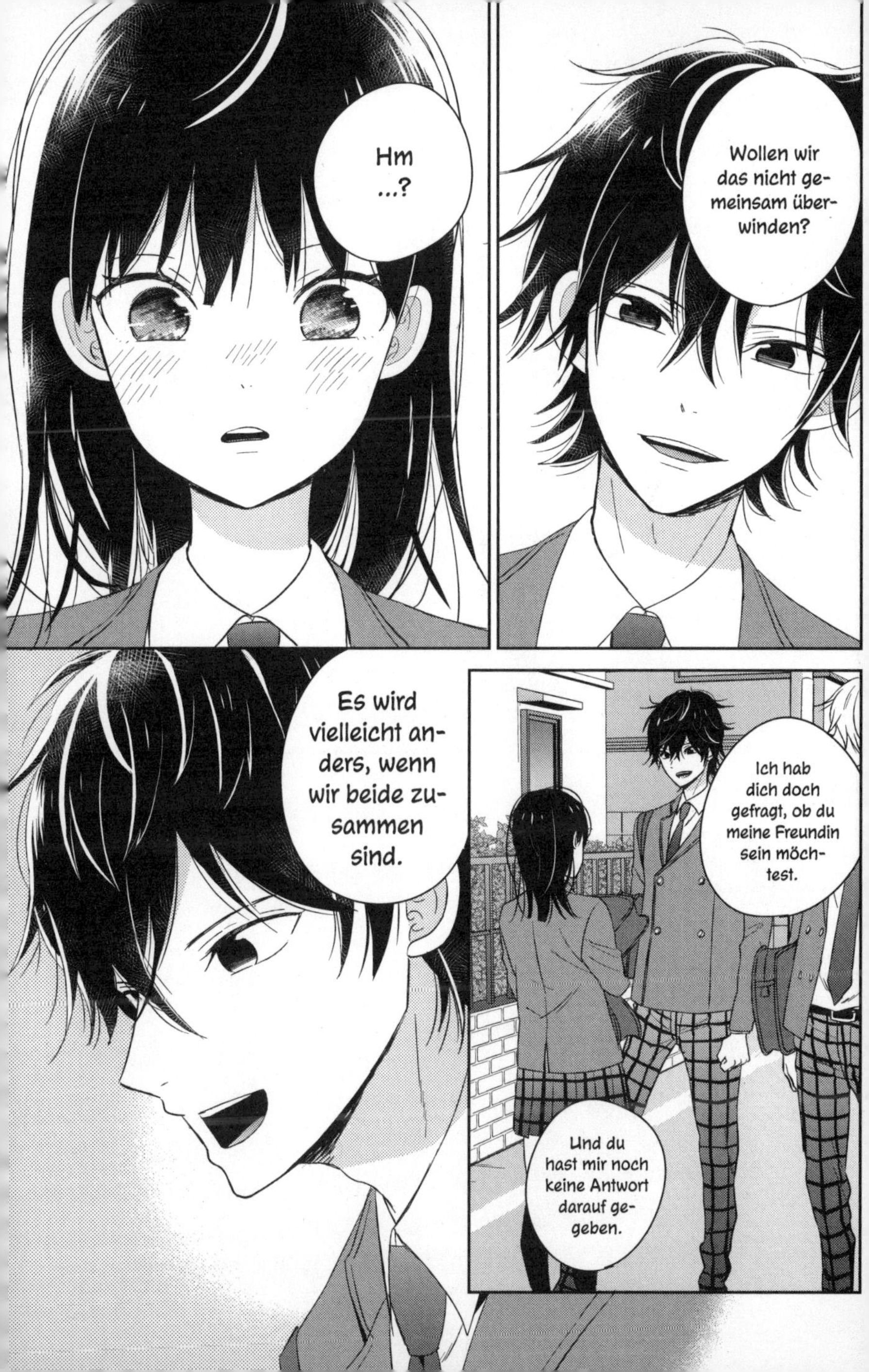
Wollen wir das nicht gemeinsam überwinden?
Hm ...?
Ich hab dich doch gefragt, ob du meine Freundin sein möchtest.
Und du hast mir noch keine Antwort darauf gegeben.
Es wird vielleicht anders, wenn wir beide zusammen sind.

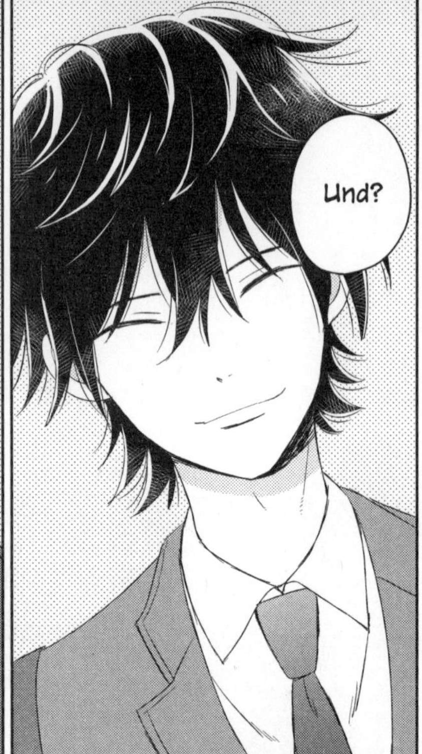
Und?

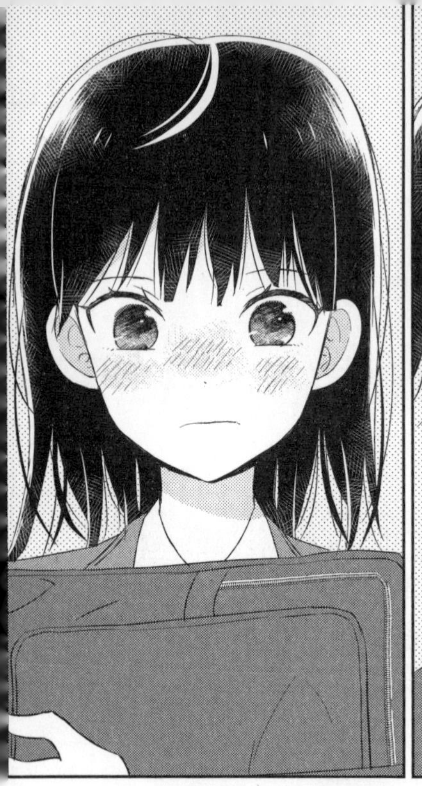

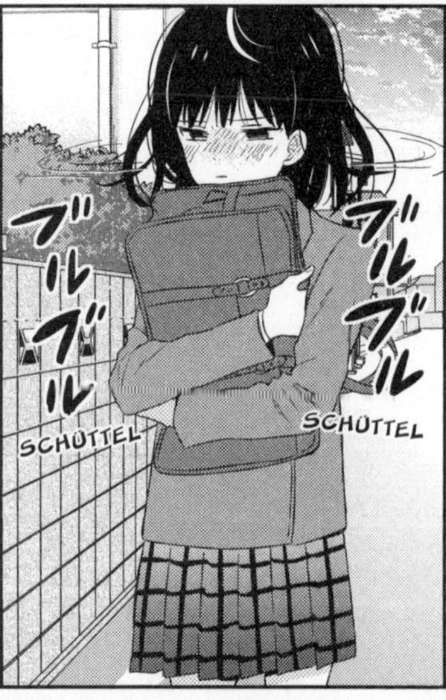
ブルブル
SCHÜTTEL
ブルブル
SCHÜTTEL

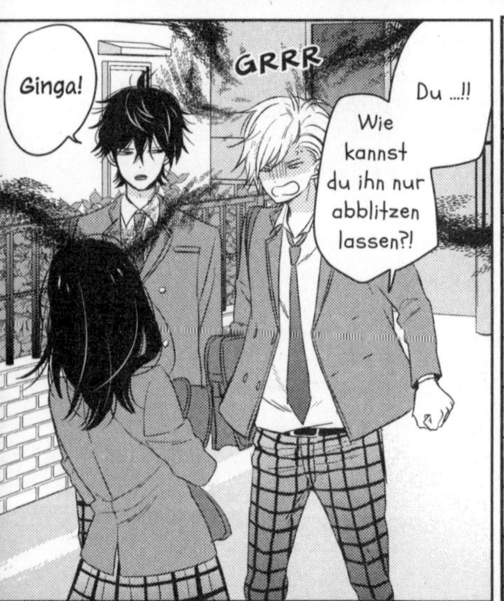
Du ...!!
Wie kannst du ihn nur abblitzen lassen?!
GRRR
Ginga!

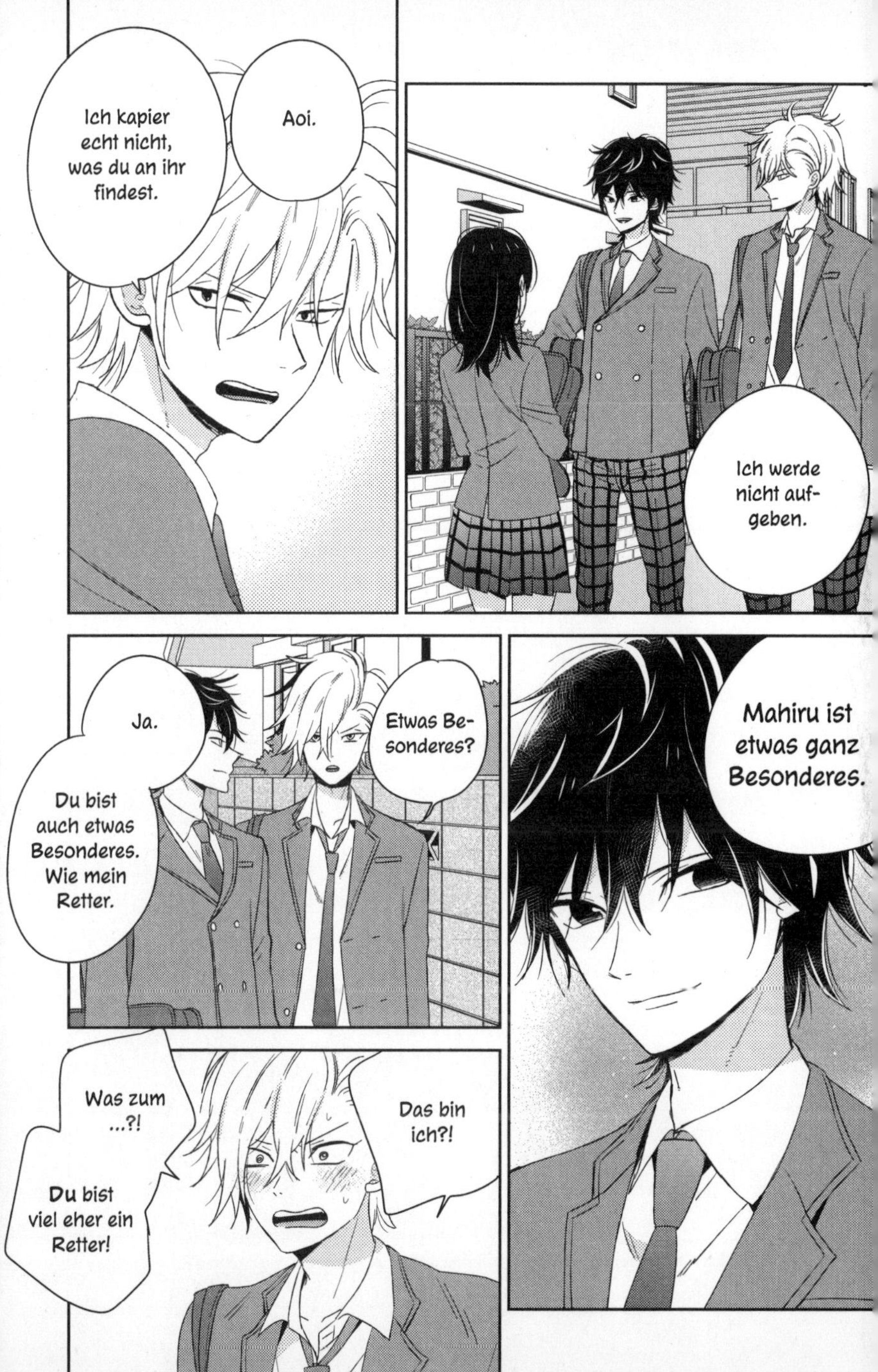
Ich werde nicht aufgeben.
Aoi.
Ich kapier echt nicht, was du an ihr findest.
Mahiru ist etwas ganz Besonderes.
Etwas Besonderes?
Ja.
Du bist auch etwas Besonderes. Wie mein Retter.
Das bin ich?!
Was zum ...?!
Du bist viel eher ein Retter!

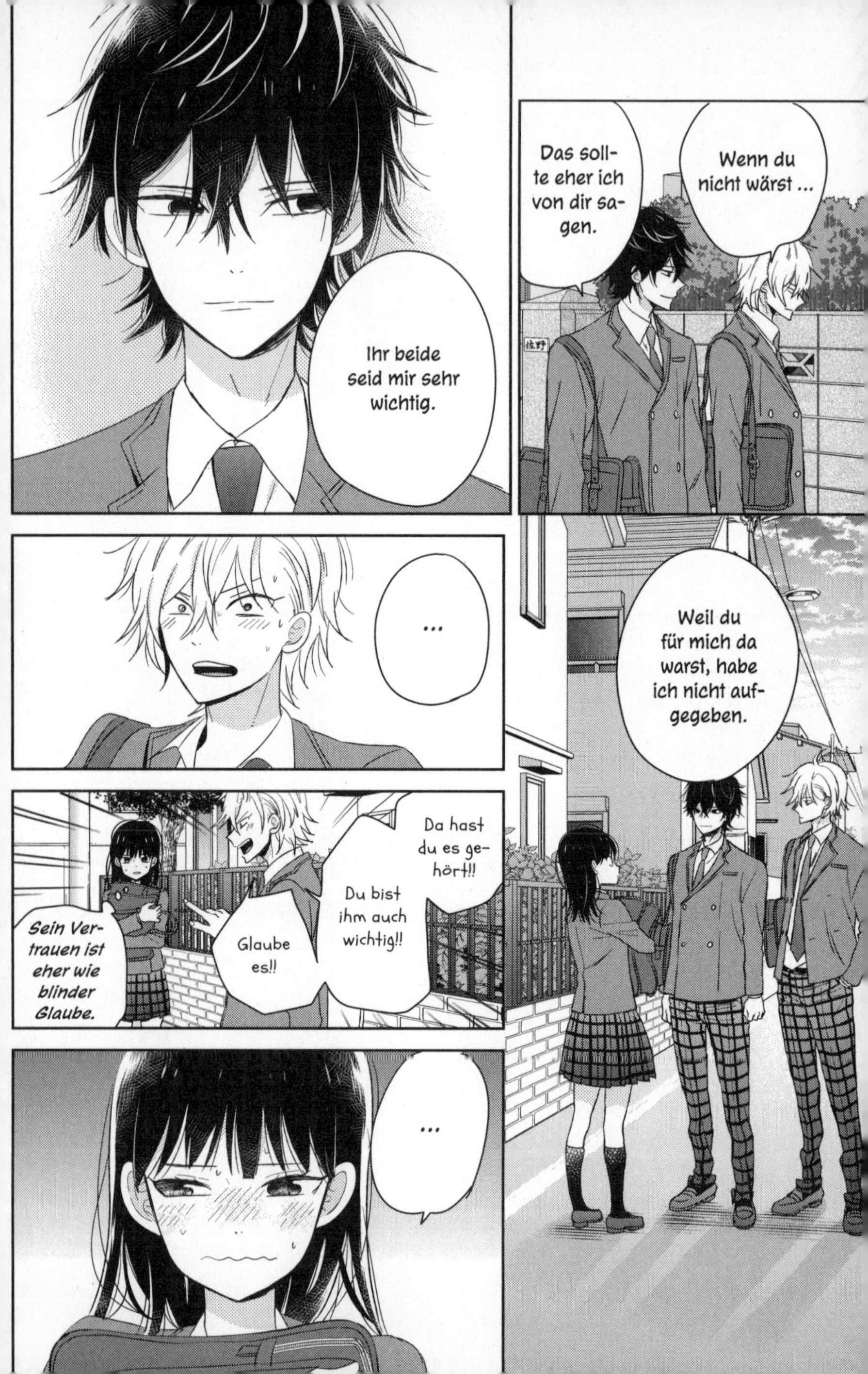

Wenn du nicht wärst ...
Das soll-te eher ich von dir sa-gen.
佐野
Ihr beide seid mir sehr wichtig.
Weil du für mich da warst, habe ich nicht auf-gegeben.
...
Da hast du es ge-hört!!
Du bist ihm auch wichtig!!
Glaube es!!
Sein Ver-trauen ist eher wie blinder Glaube.
...

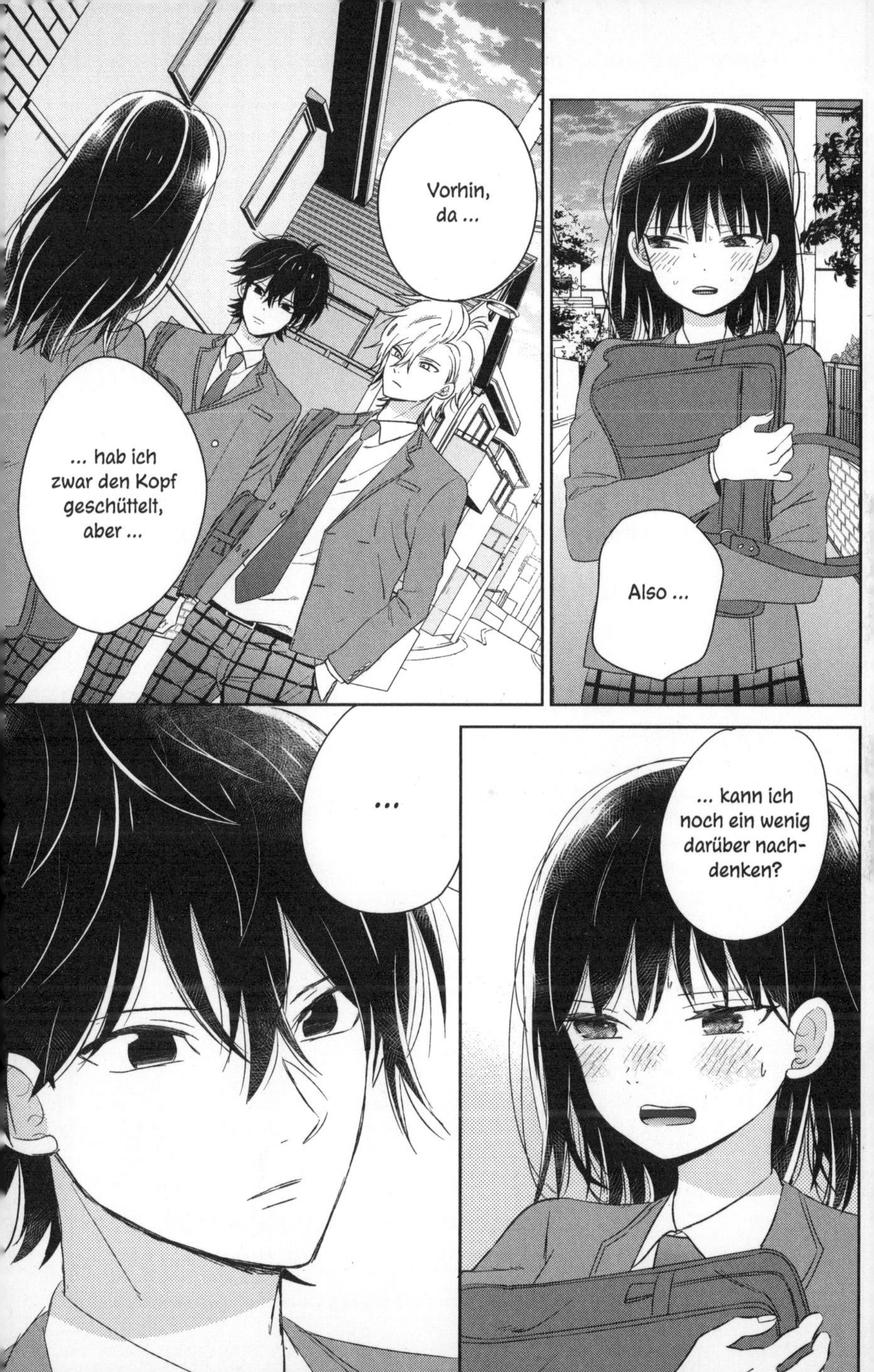
Also ...
Vorhin, da ...
... hab ich zwar den Kopf geschüttelt, aber ...
... kann ich noch ein wenig darüber nach-denken?
...

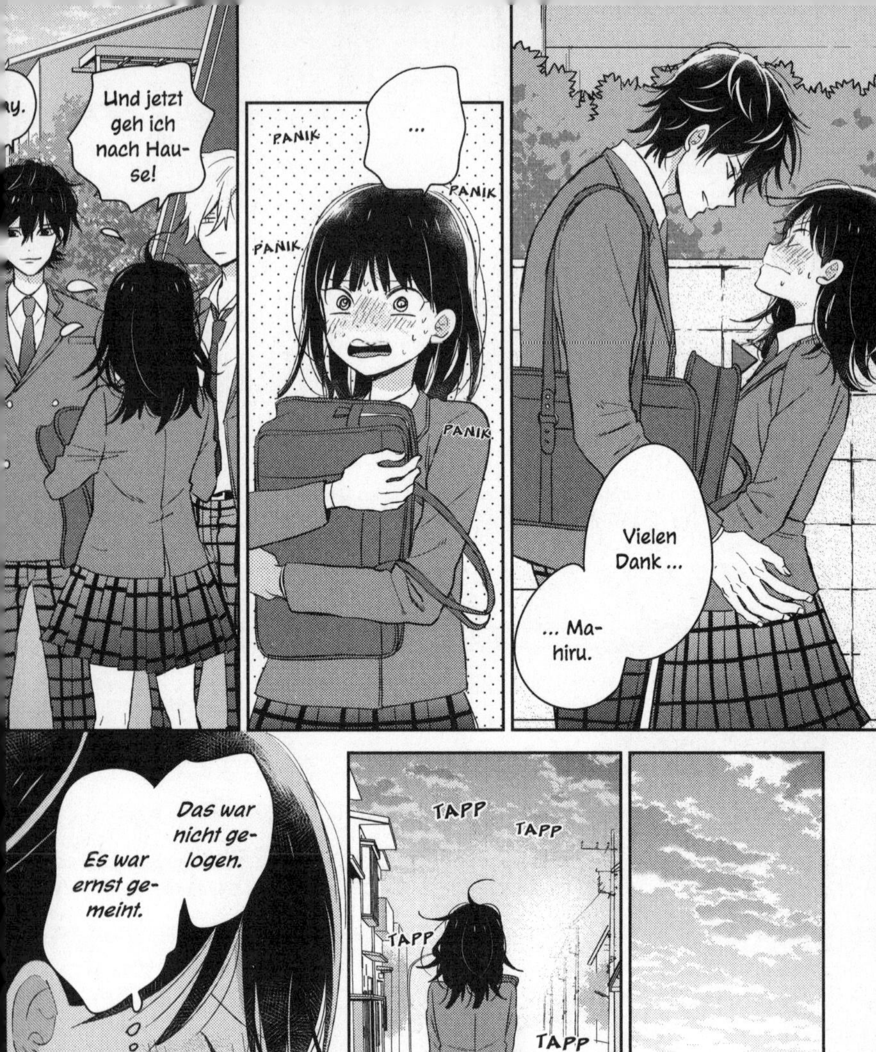

TAPP
TAPP
TAPP
TAPP

Das war nicht gelogen.
Es war ernst gemeint.

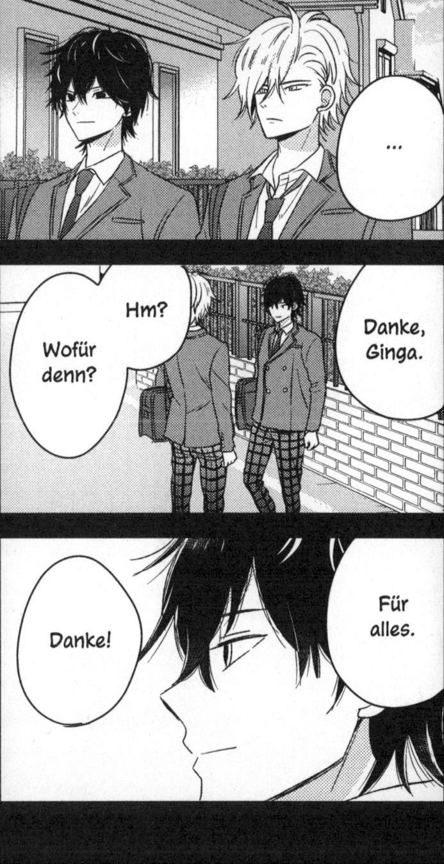
...
Danke, Ginga.
Hm? Wofür denn?
Für alles.
Danke!

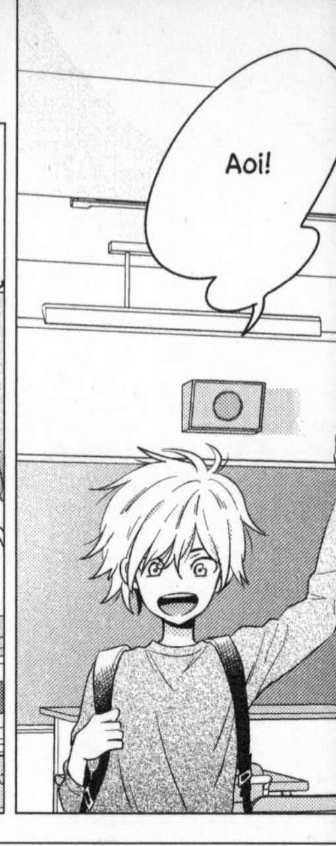
Aoi!
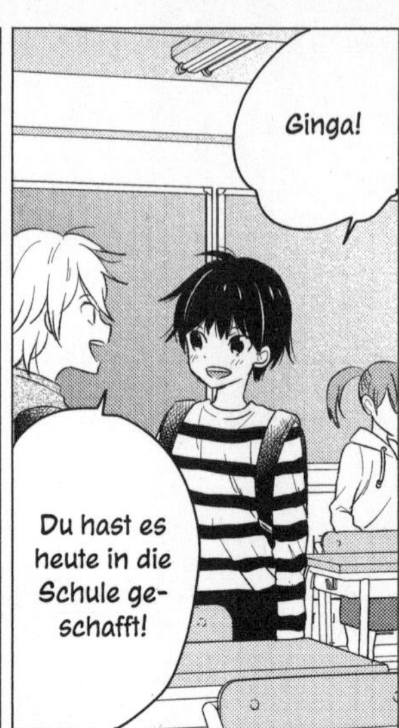
Ginga!
Du hast es heute in die Schule geschafft!
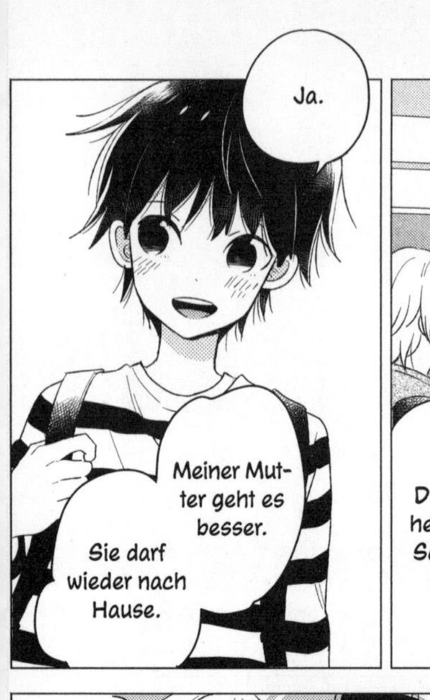
Ja.
Meiner Mutter geht es besser.
Sie darf wieder nach Hause.
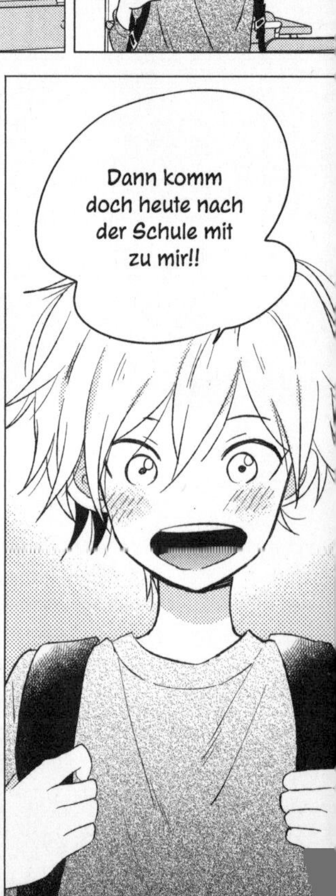
Dann komm doch heute nach der Schule mit zu mir!!
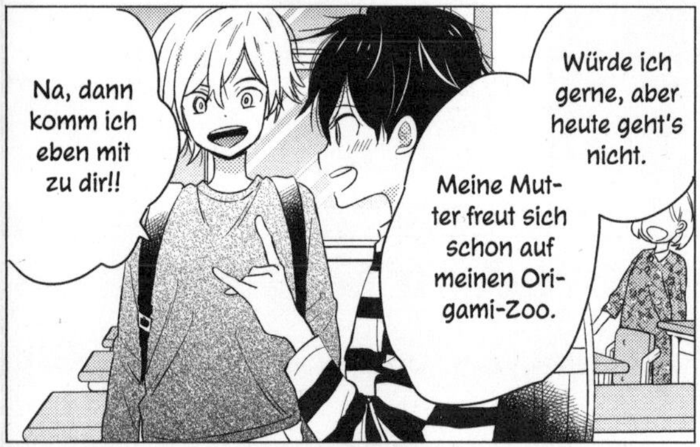
Würde ich gerne, aber heute geht's nicht.
Meine Mutter freut sich schon auf meinen Origami-Zoo.
Na, dann komm ich eben mit zu dir!!
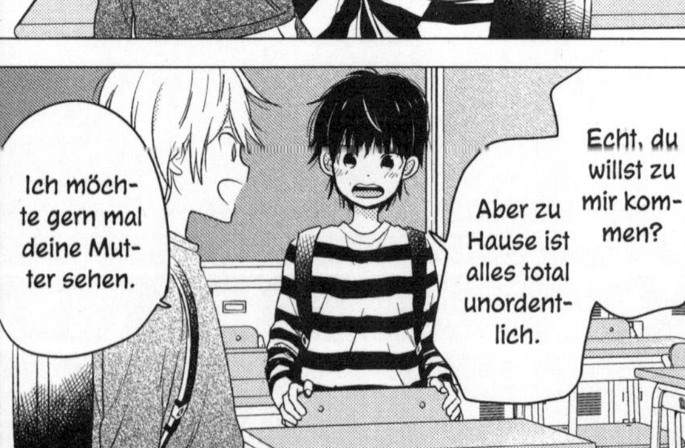
Echt, du willst zu mir kommen?
Aber zu Hause ist alles total unordentlich.
Ich möchte gern mal deine Mutter sehen.

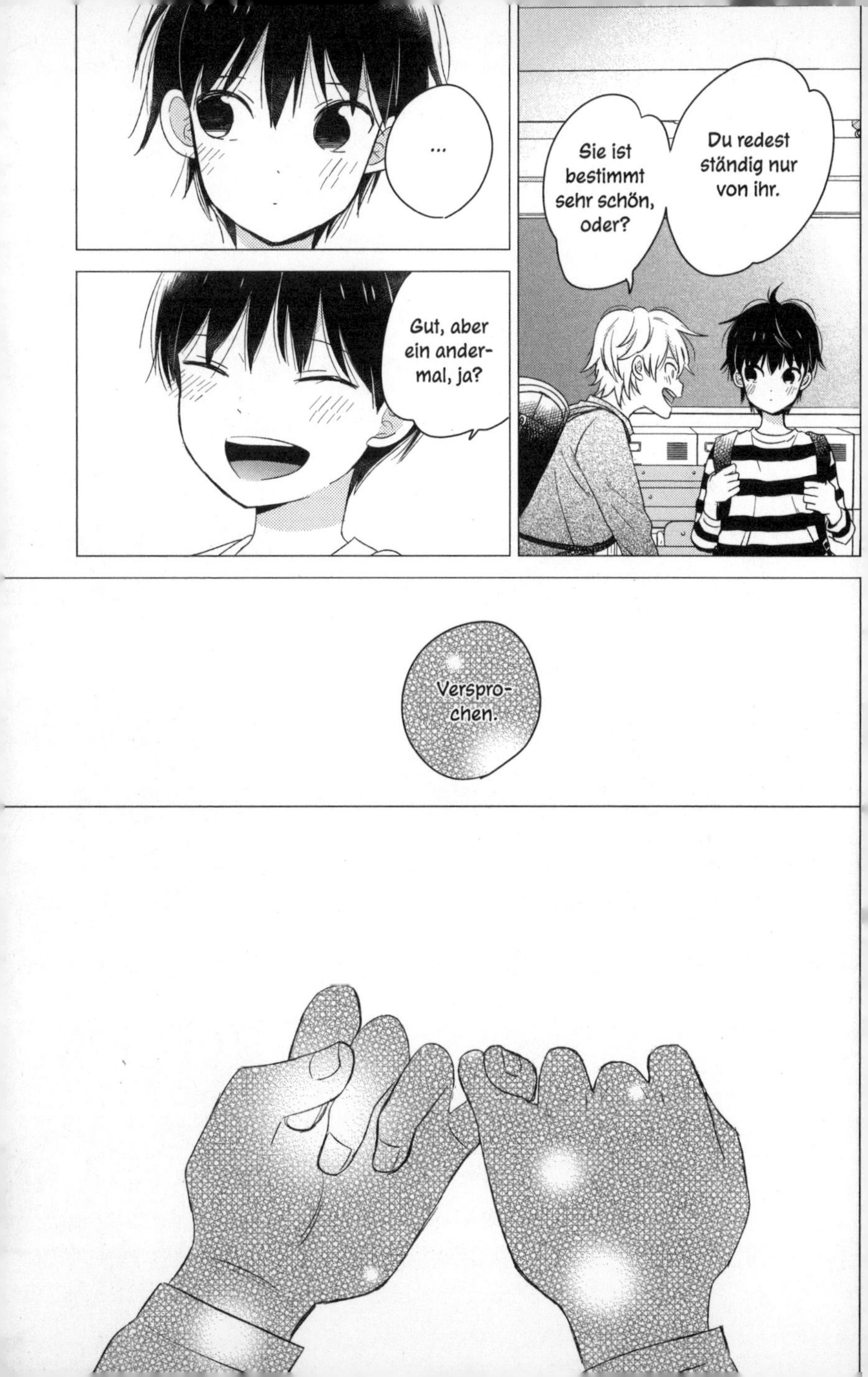

Du redest ständig nur von ihr.

Sie ist bestimmt sehr schön, oder?

...

Gut, aber ein andermal, ja?

Versprochen.

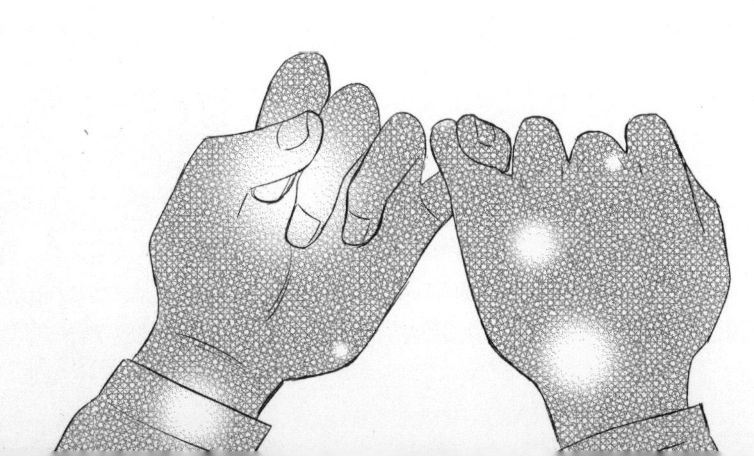

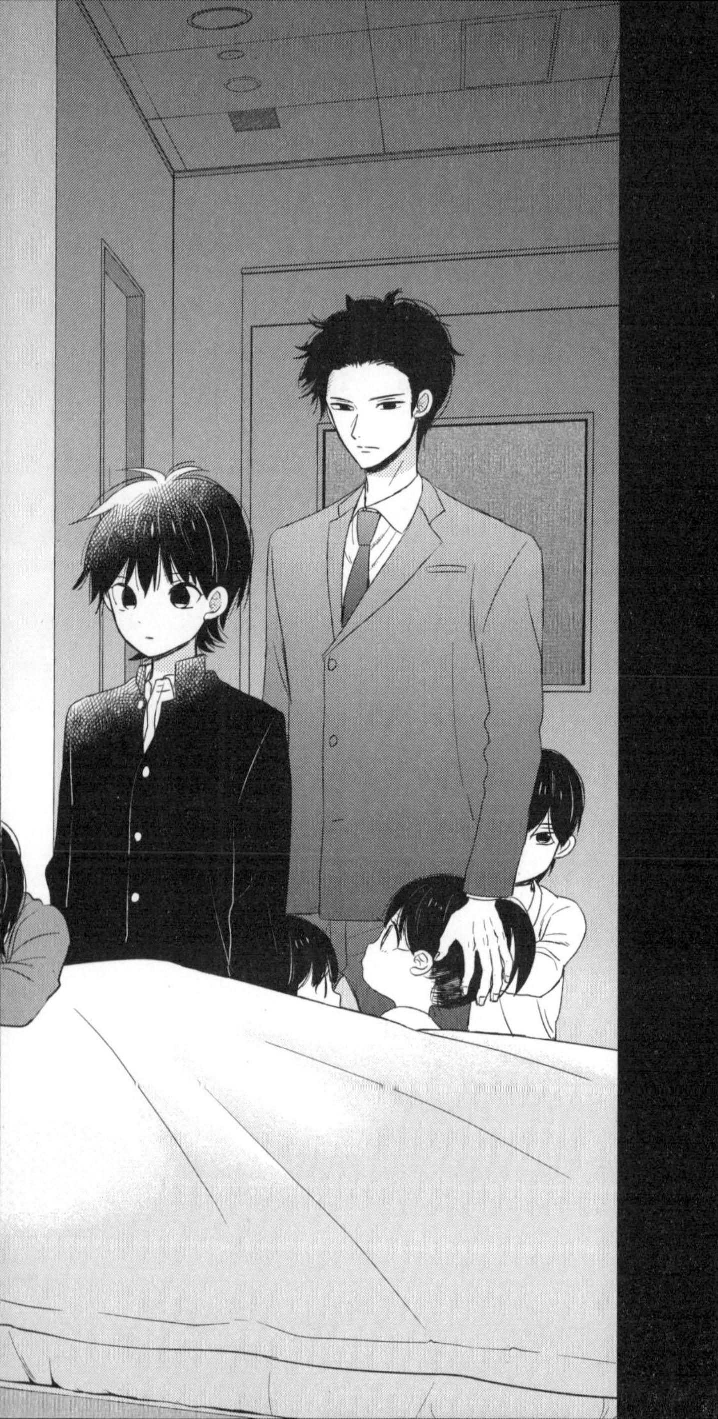

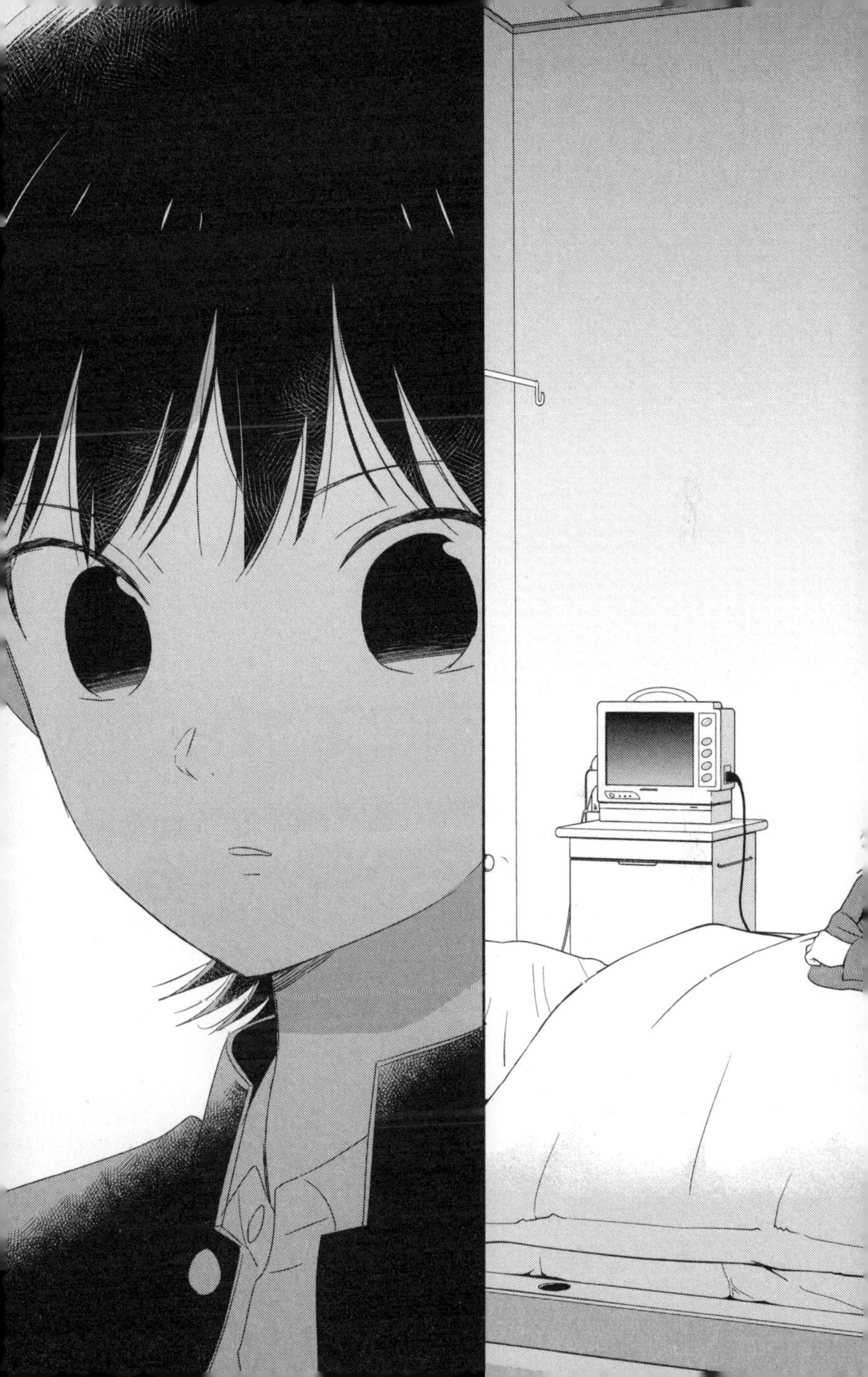

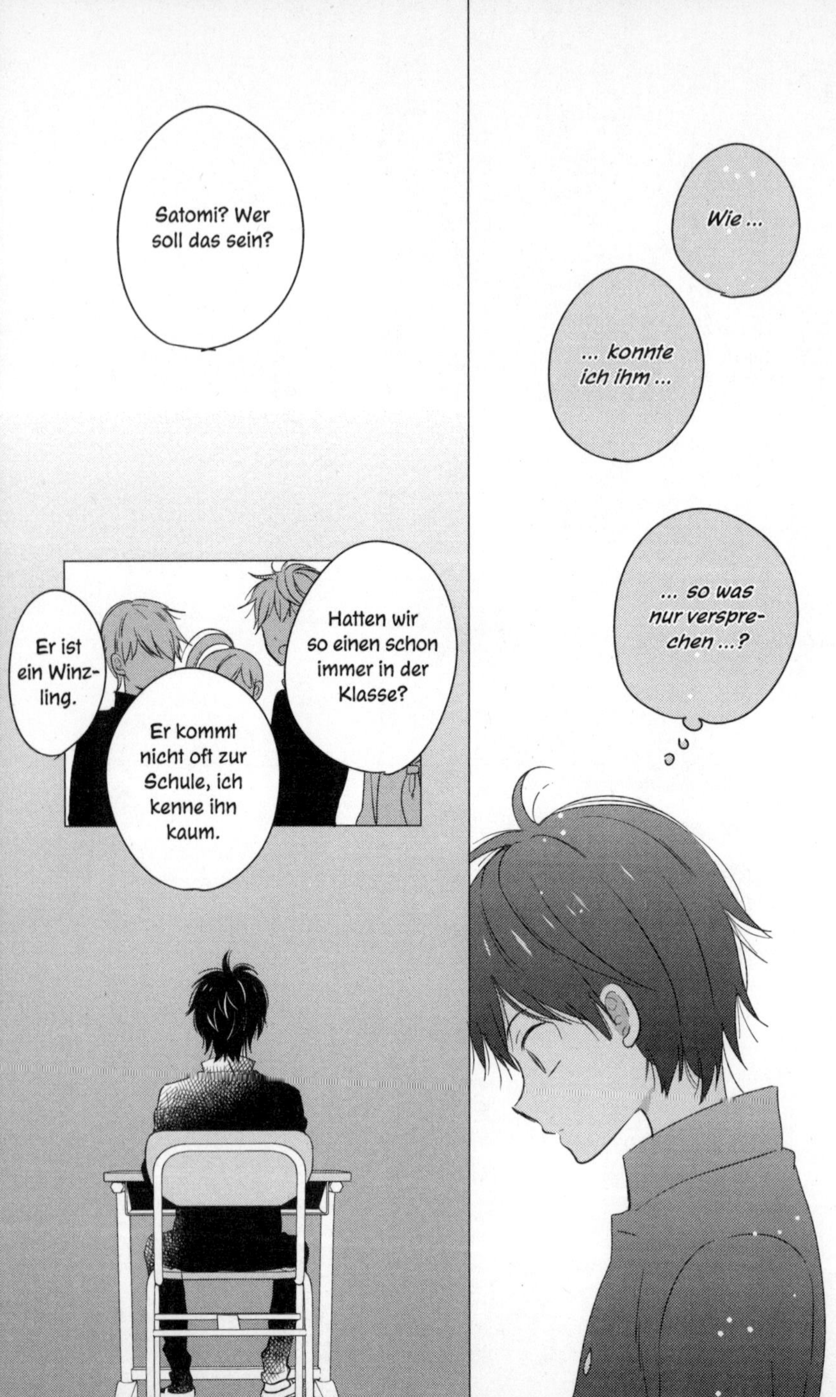
Wie ...
... konnte ich ihm ...
... so was nur verspre-chen ...?
Satomi? Wer soll das sein?
Hatten wir so einen schon immer in der Klasse?
Er kommt nicht oft zur Schule, ich kenne ihn kaum.
Er ist ein Winz-ling.

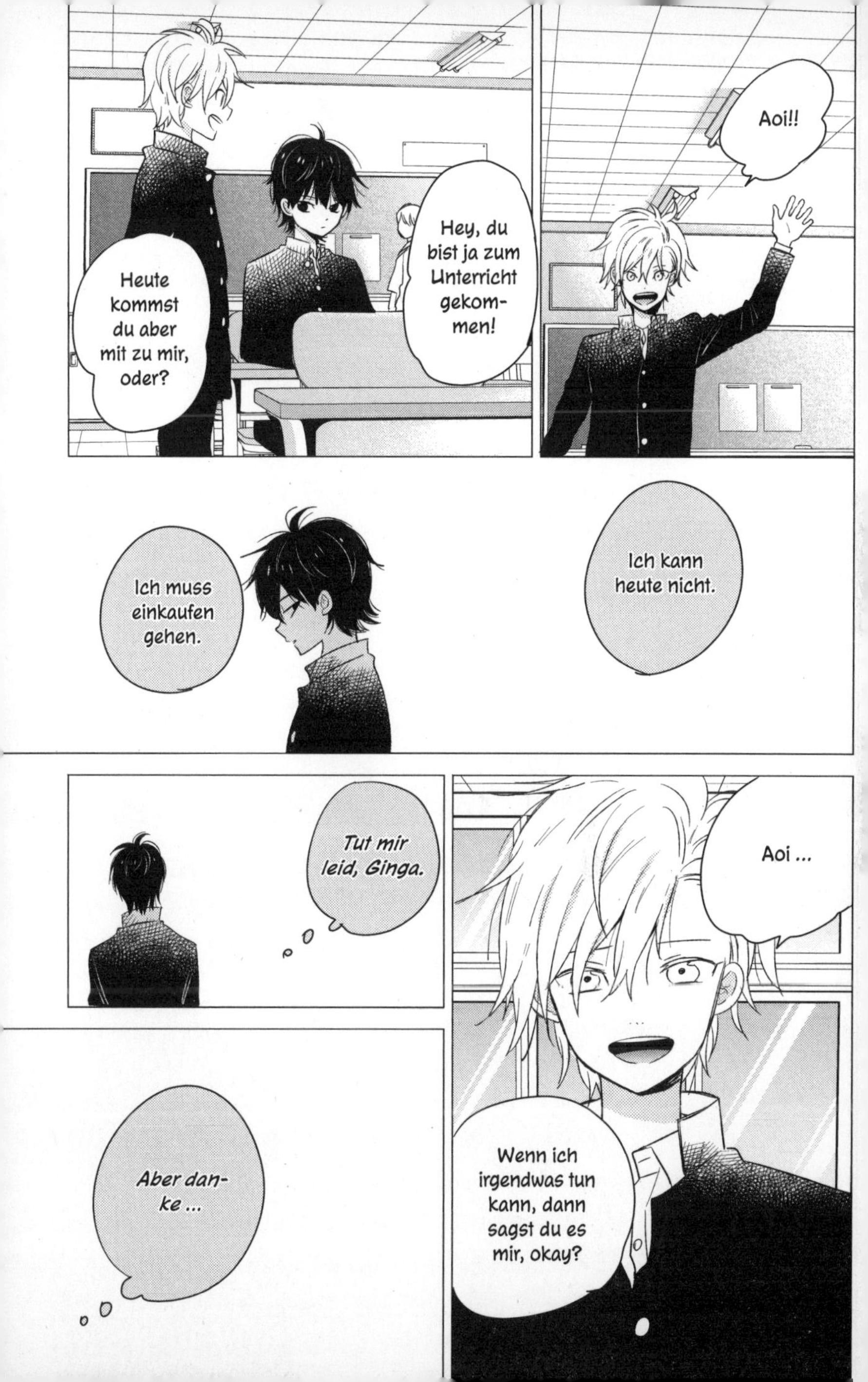

Aoi!!

Hey, du bist ja zum Unterricht gekommen!

Heute kommst du aber mit zu mir, oder?

Ich kann heute nicht.

Ich muss einkaufen gehen.

Aoi ...

Wenn ich irgendwas tun kann, dann sagst du es mir, okay?

Tut mir leid, Ginga.

Aber danke ...

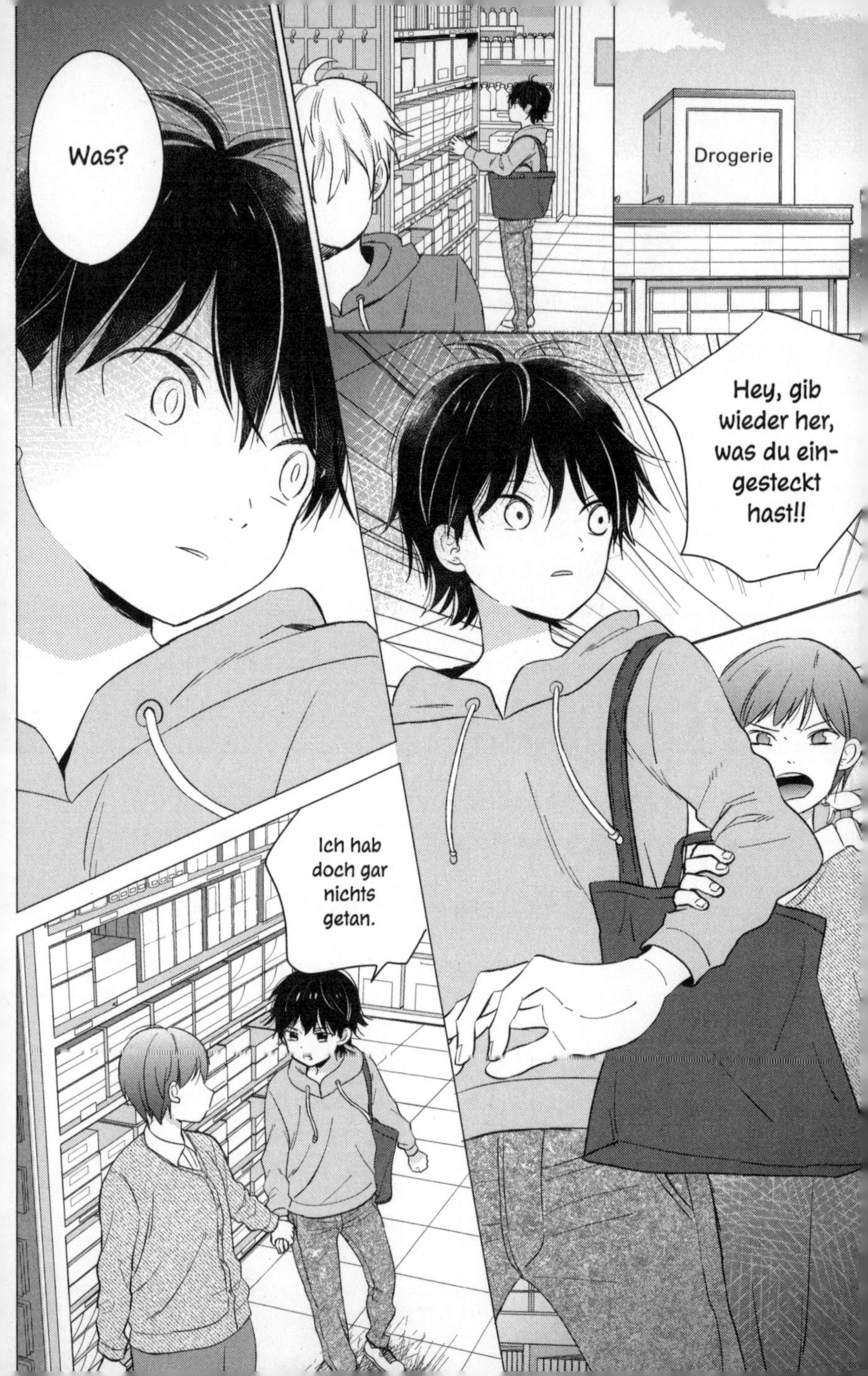

Drogerie
Hey, gib wieder her, was du eingesteckt hast!!
Was?
Ich hab doch gar nichts getan.

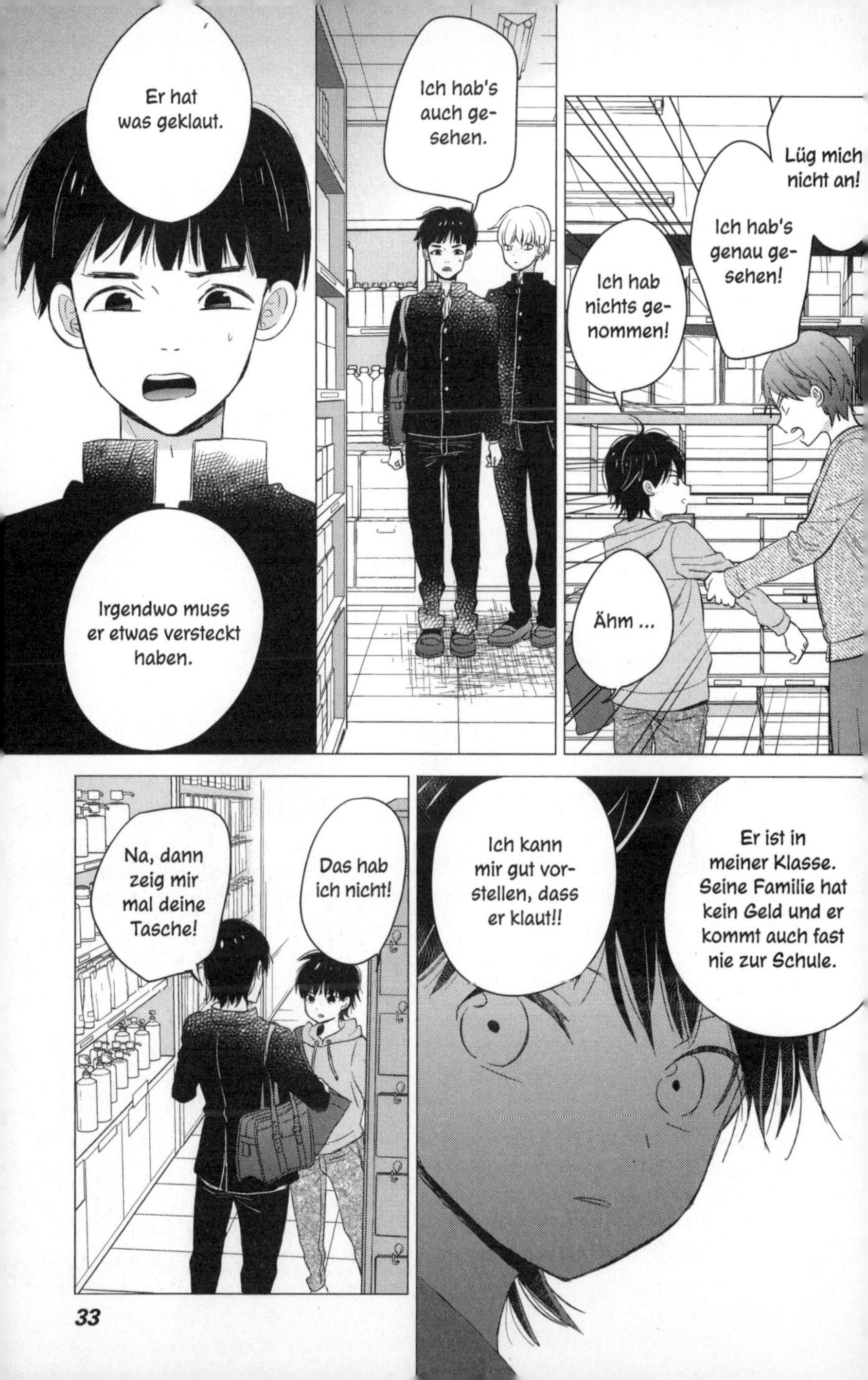

Ich hab nichts genommen!

Lüg mich nicht an!

Ich hab's genau gesehen!

Ähm ...

Ich hab's auch gesehen.

Er hat was geklaut.

Irgendwo muss er etwas versteckt haben.

Er ist in meiner Klasse. Seine Familie hat kein Geld und er kommt auch fast nie zur Schule.

Ich kann mir gut vorstellen, dass er klaut!!

Das hab ich nicht!

Na, dann zeig mir mal deine Tasche!

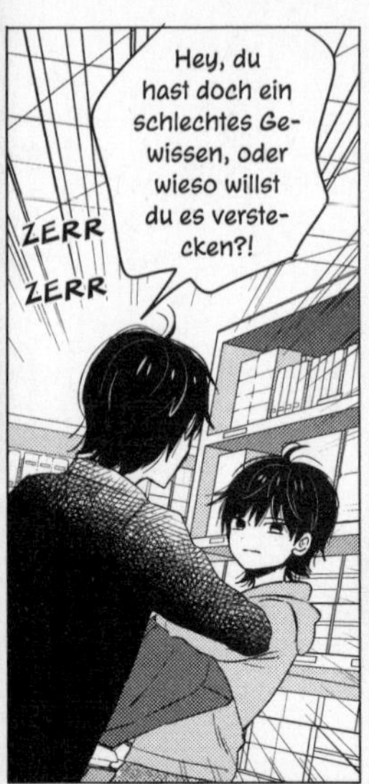
Hey, du hast doch ein schlechtes Gewissen, oder wieso willst du es verstecken?!
ZERR
ZERR

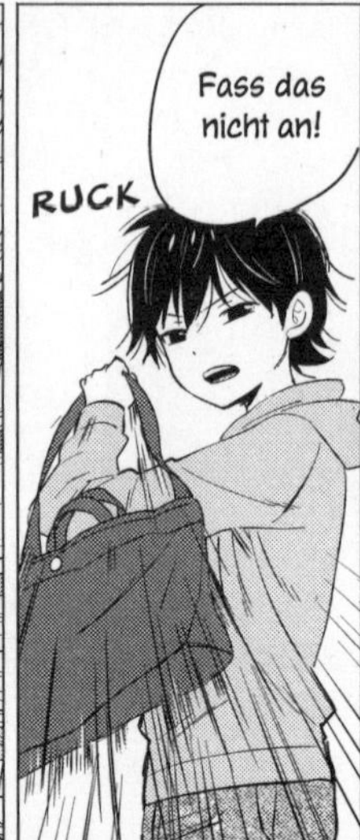
Fass das nicht an!
RUCK

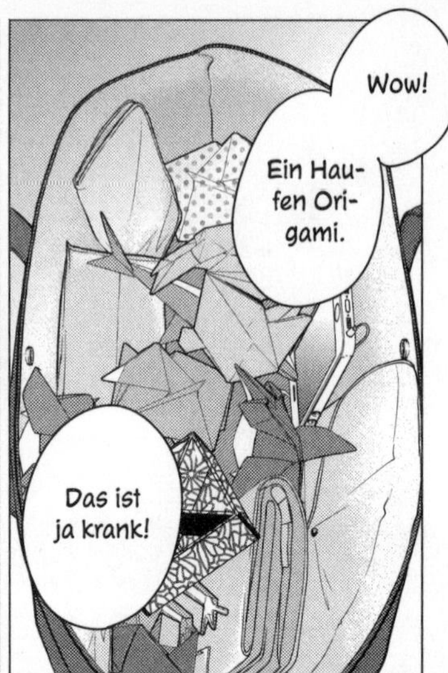
Wow!
Ein Haufen Origami.
Das ist ja krank!

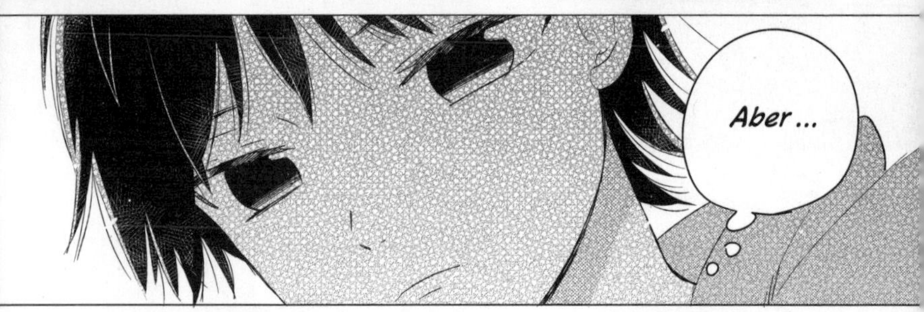
Aber ...

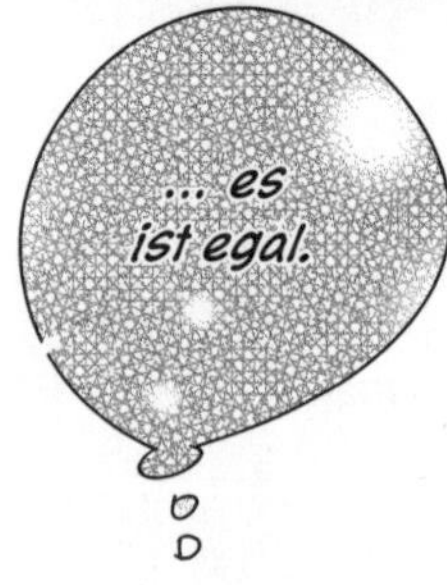
Er wird mich so oder so weiter beschuldigen.
... es ist egal.

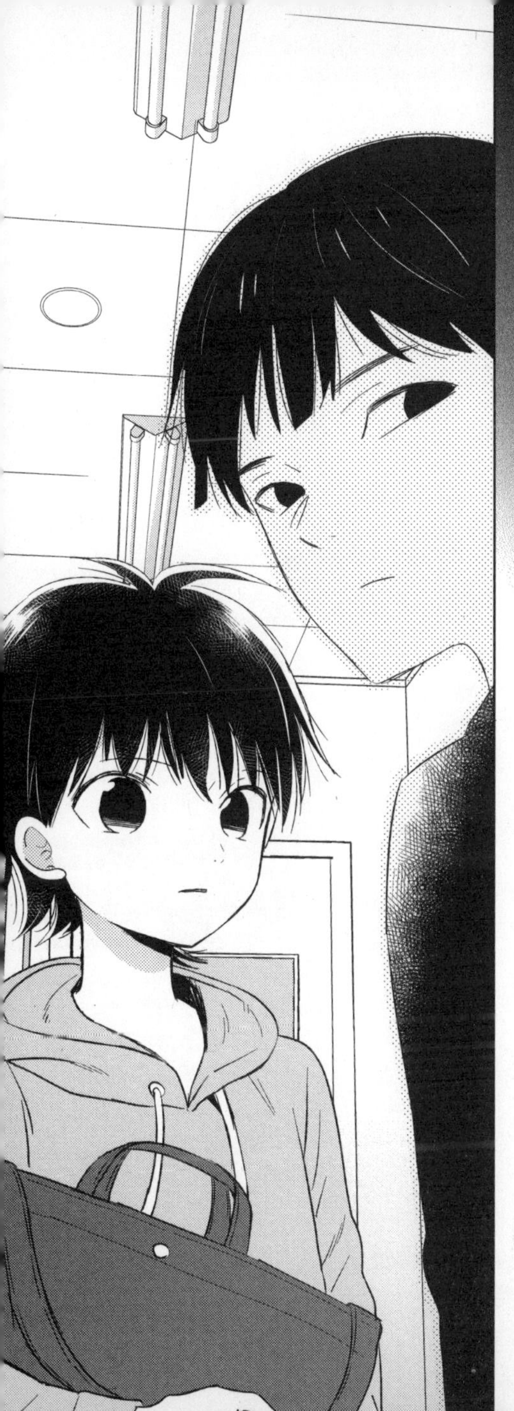

Und es spielt auch keine Rolle mehr ...
Er war es nicht!

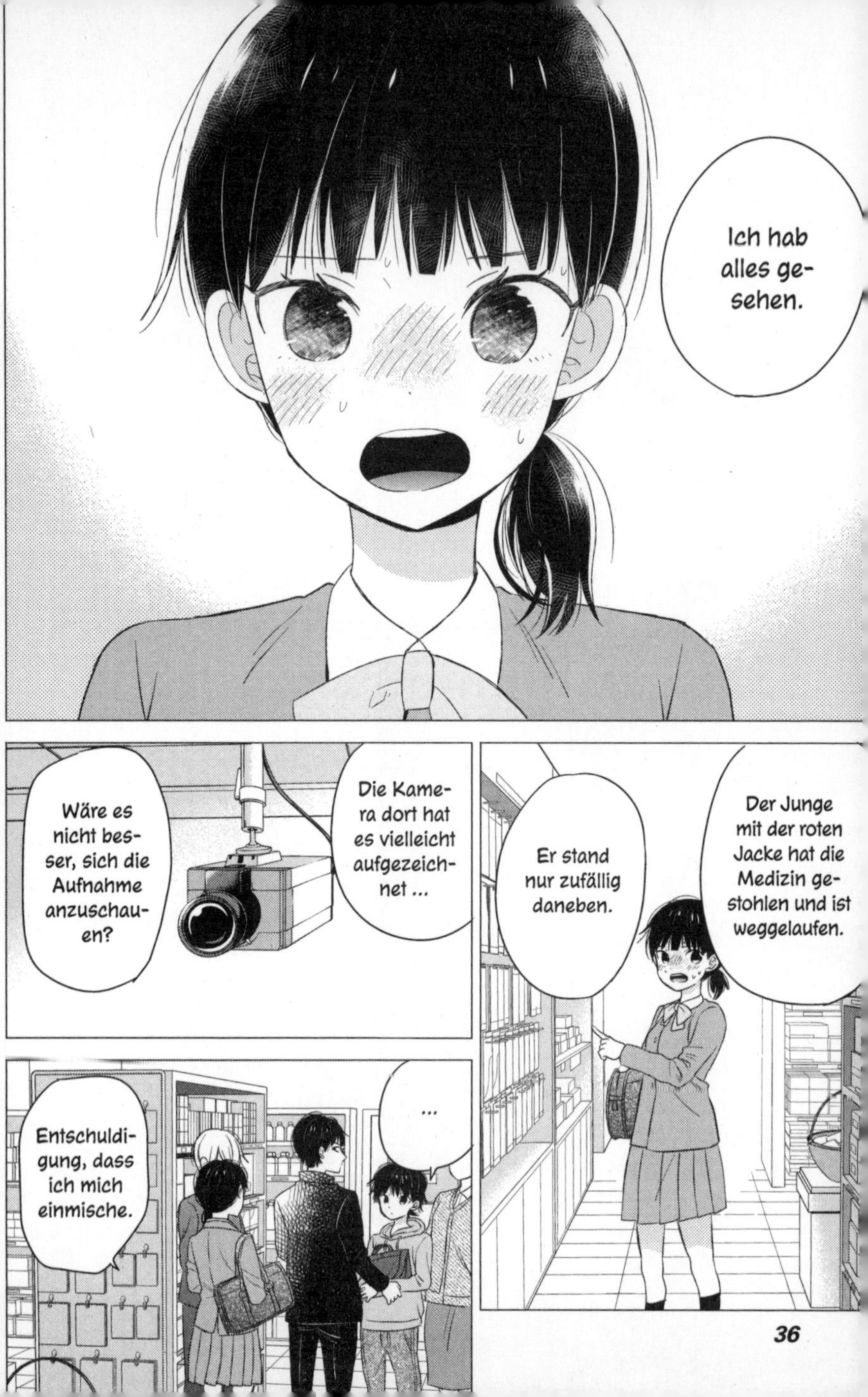

Ich hab alles gesehen.
Der Junge mit der roten Jacke hat die Medizin gestohlen und ist weggelaufen.
Er stand nur zufällig daneben.
Die Kamera dort hat es vielleicht aufgezeichnet ...
Wäre es nicht besser, sich die Aufnahme anzuschauen?
...
Entschuldigung, dass ich mich einmische.

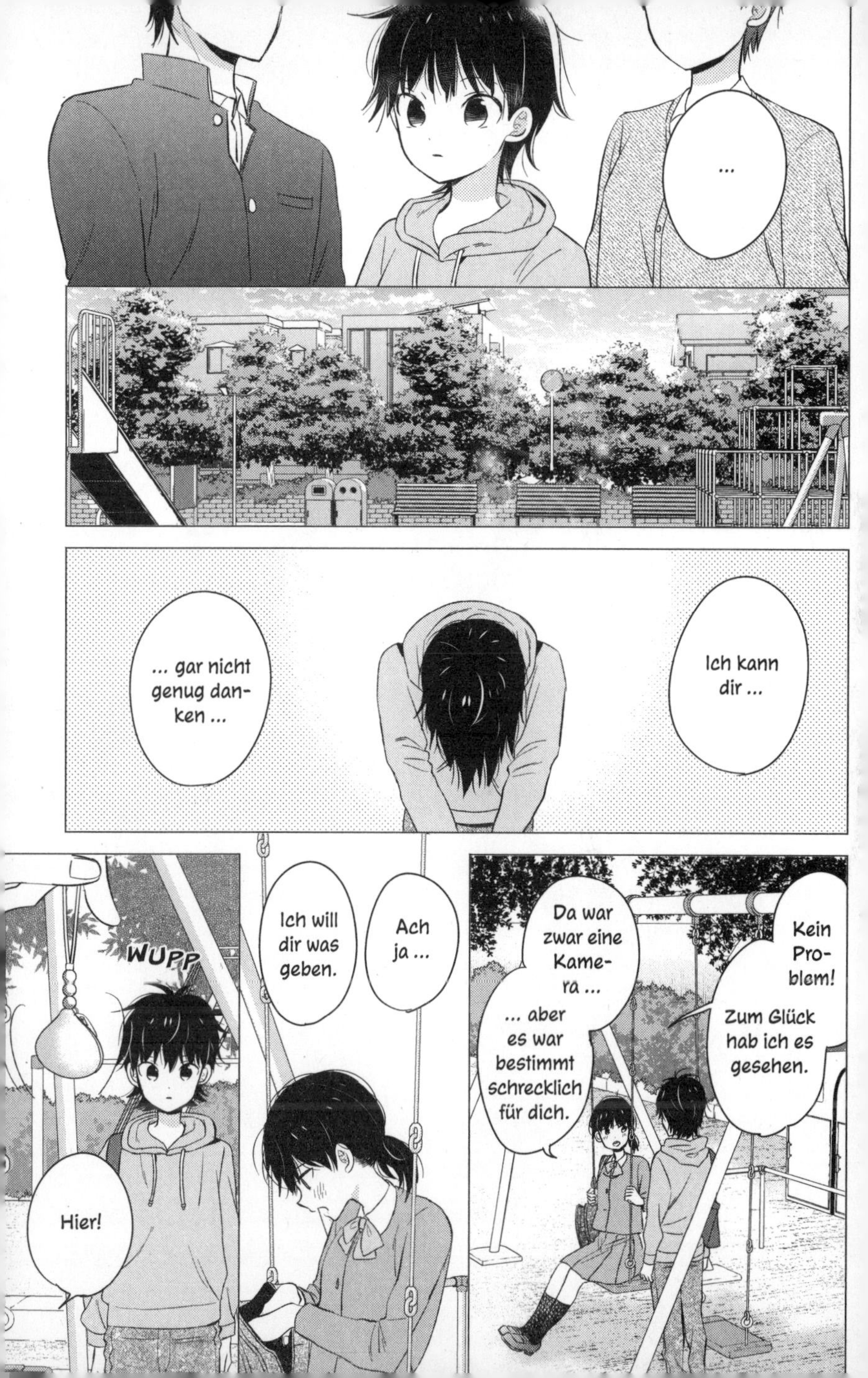

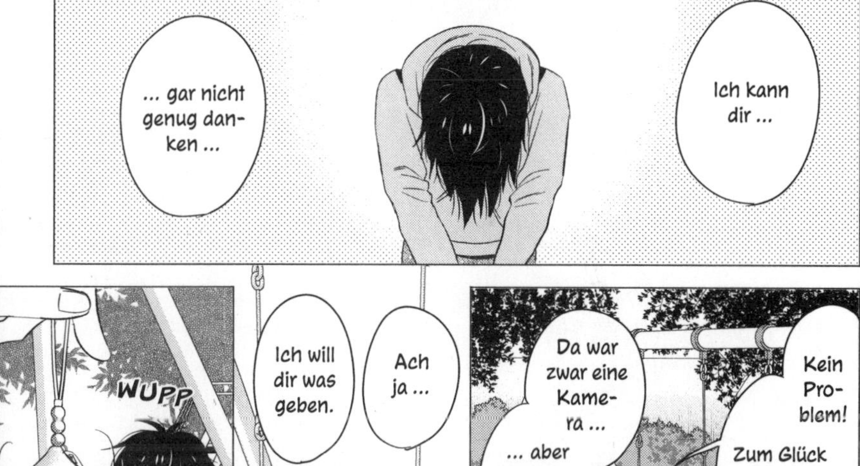
...
Ich kann dir ...
... gar nicht genug danken ...
Kein Problem!
Zum Glück hab ich es gesehen.
Da war zwar eine Kamera ...
... aber es war bestimmt schrecklich für dich.
Ach ja ...
Ich will dir was geben.
WUPP
Hier!

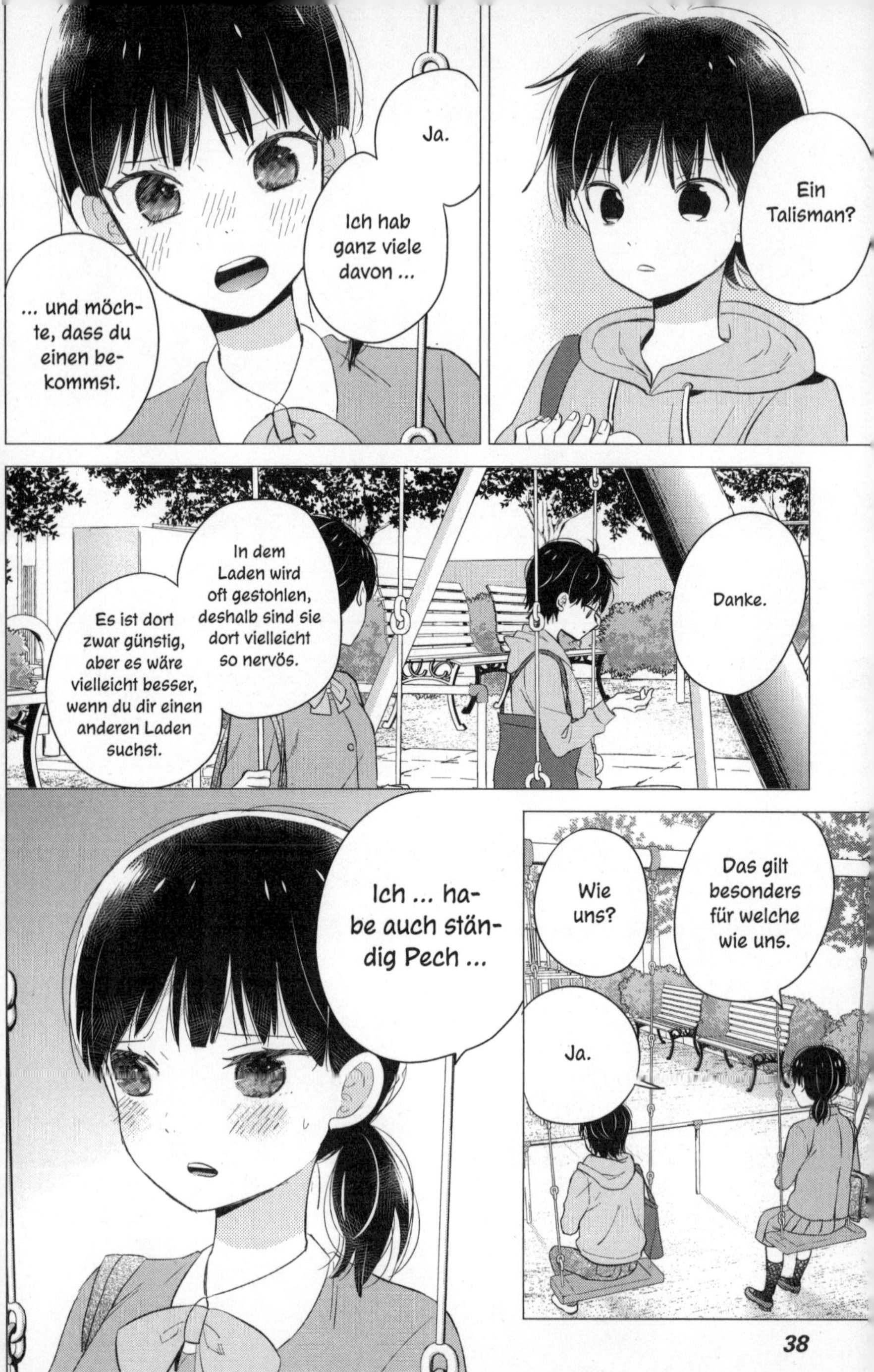

Ein Talisman?

Ja.

Ich hab ganz viele davon ...

... und möchte, dass du einen bekommst.

Danke.

In dem Laden wird oft gestohlen, deshalb sind sie dort vielleicht so nervös.

Es ist dort zwar günstig, aber es wäre vielleicht besser, wenn du dir einen anderen Laden suchst.

Das gilt besonders für welche wie uns.

Wie uns?

Ja.

Ich ... habe auch ständig Pech ...

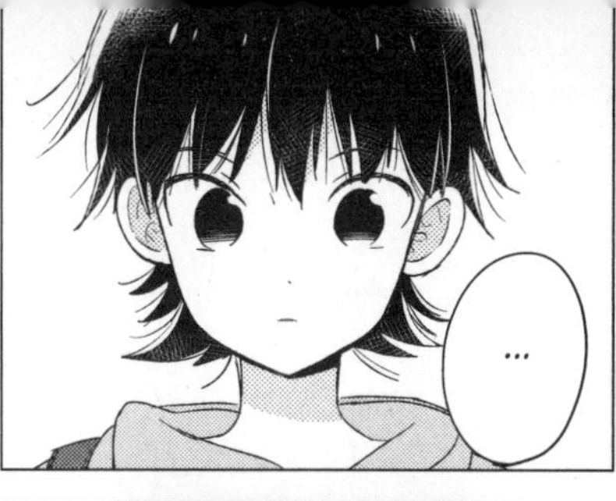
...

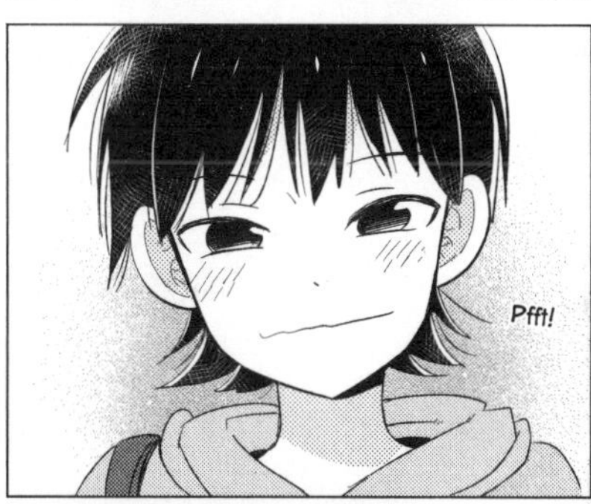
Pfft!

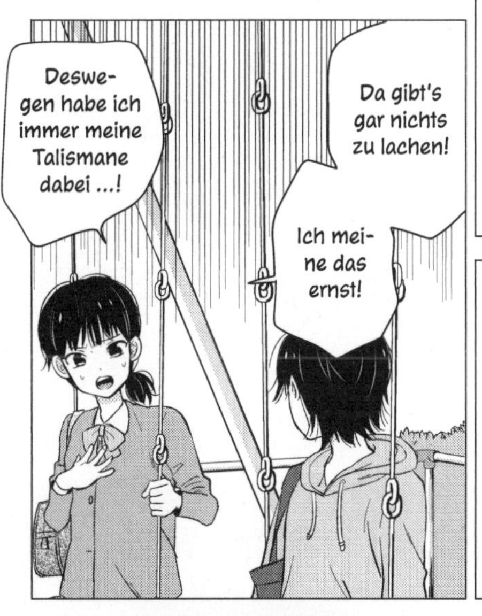
Da gibt's gar nichts zu lachen!
Ich meine das ernst!
Deswegen habe ich immer meine Talismane dabei ...!

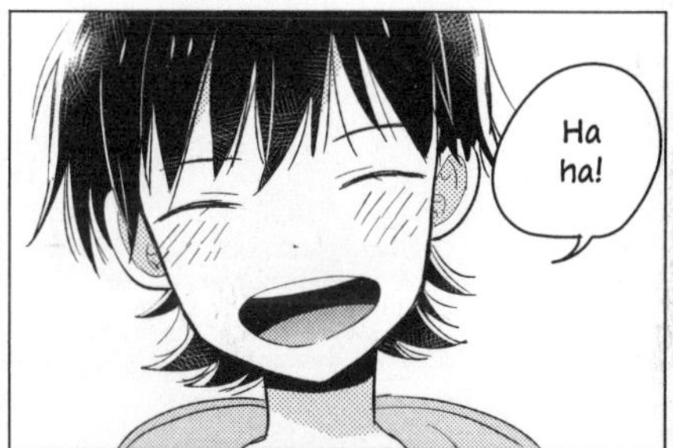
Ha ha!

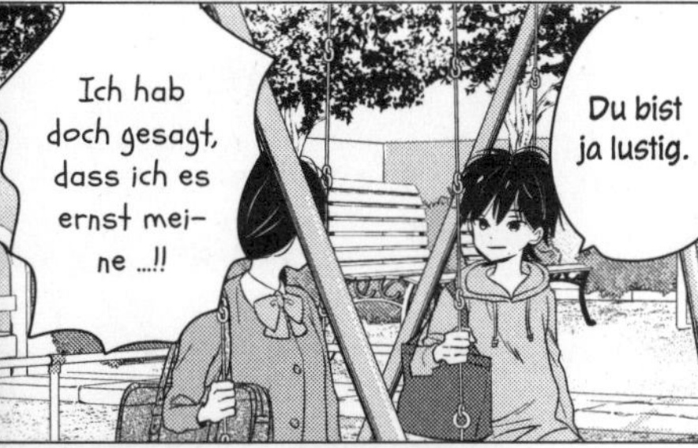
Du bist ja lustig.
Ich hab doch gesagt, dass ich es ernst meine ...!!

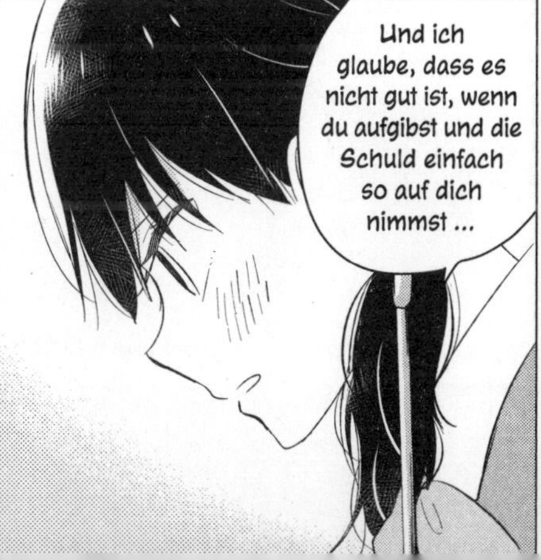
Und ich glaube, dass es nicht gut ist, wenn du aufgibst und die Schuld einfach so auf dich nimmst ...

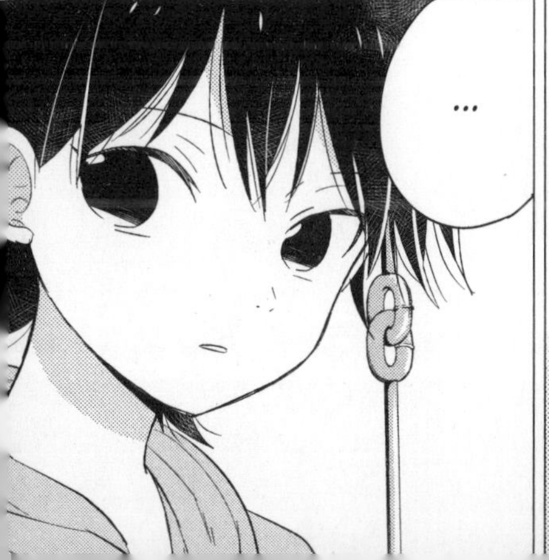
...

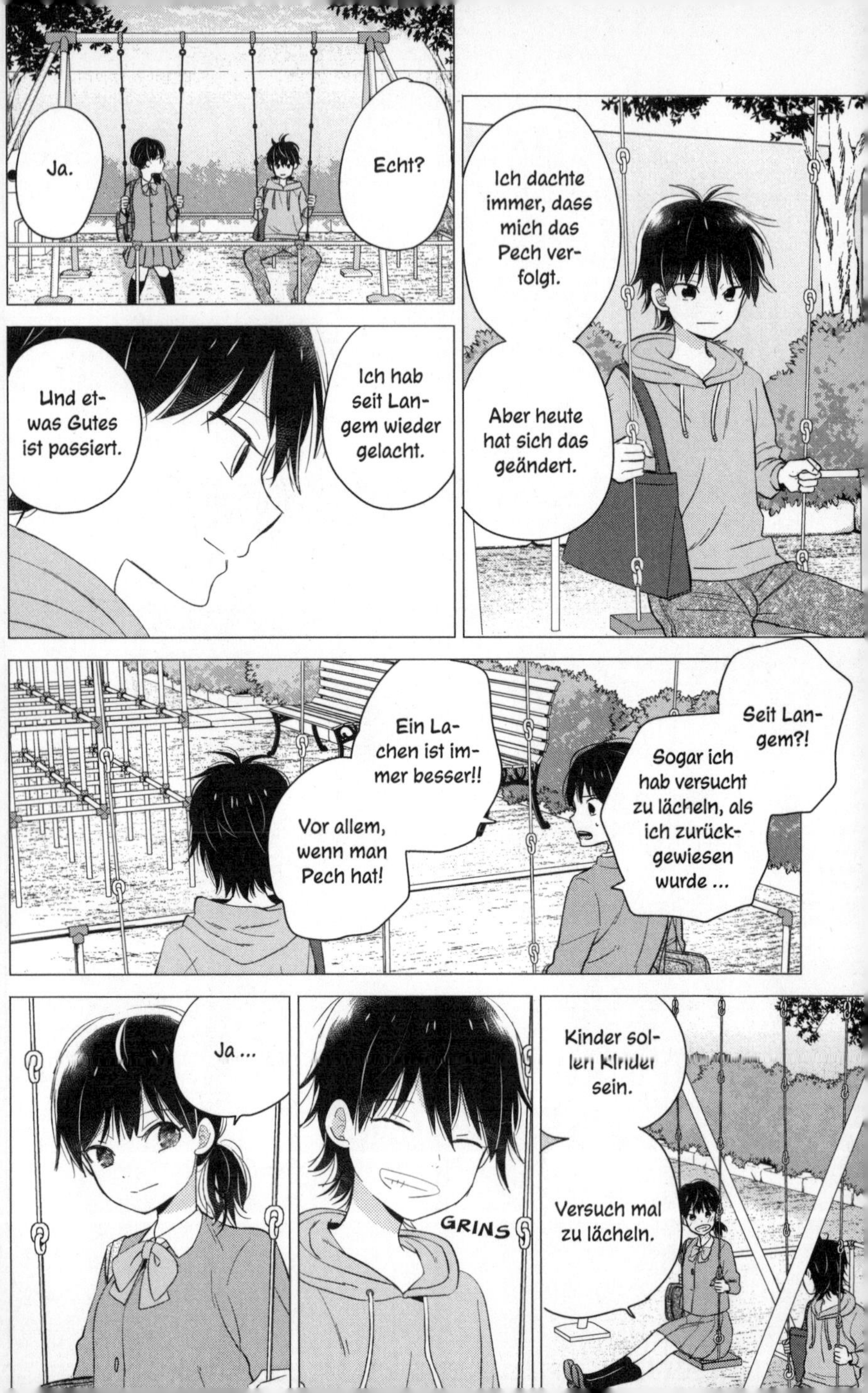

Echt?

Ja.

Ich dachte immer, dass mich das Pech verfolgt.

Aber heute hat sich das geändert.

Ich hab seit Langem wieder gelacht.

Und etwas Gutes ist passiert.

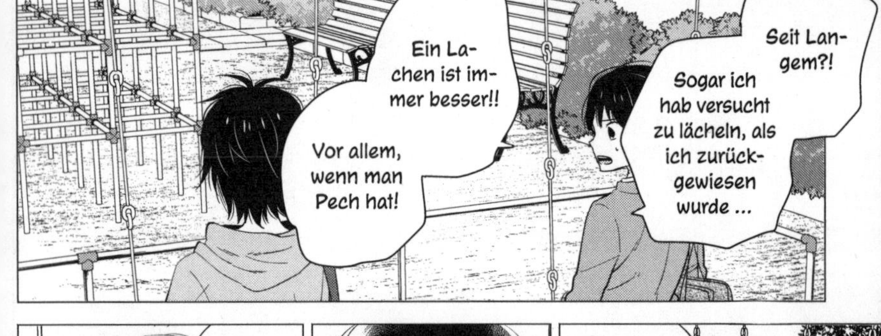

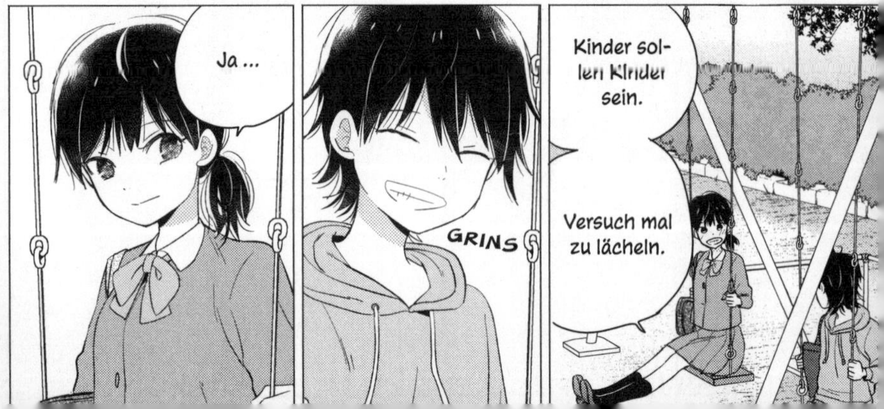

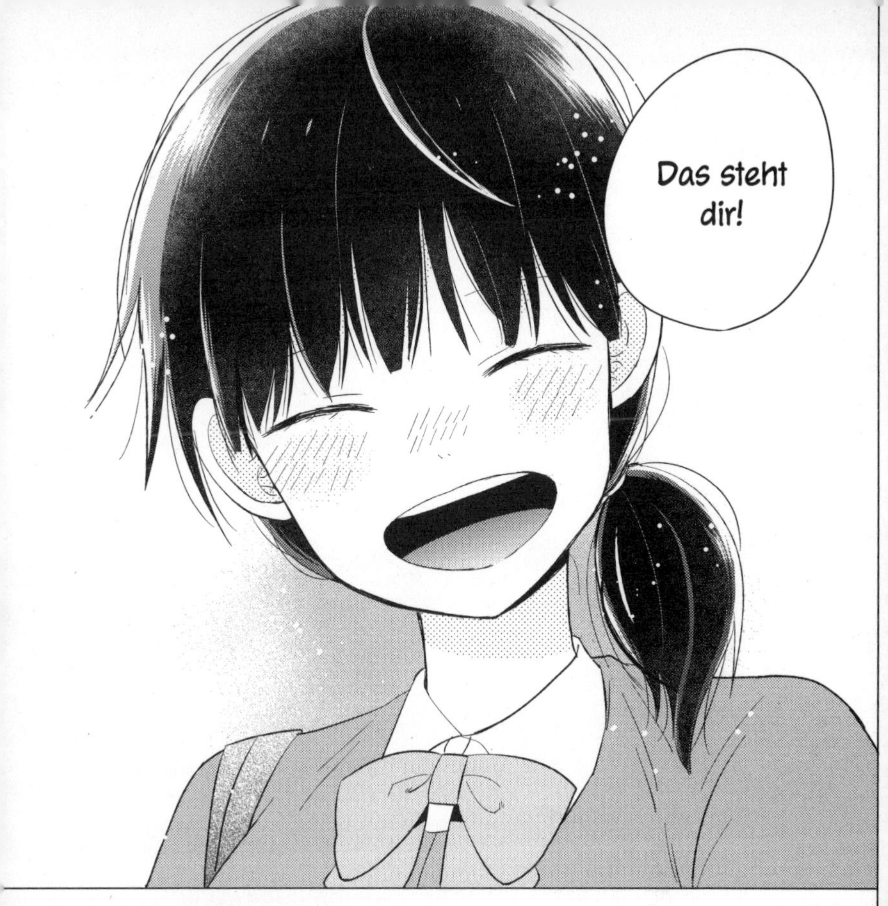

Mahiru ...

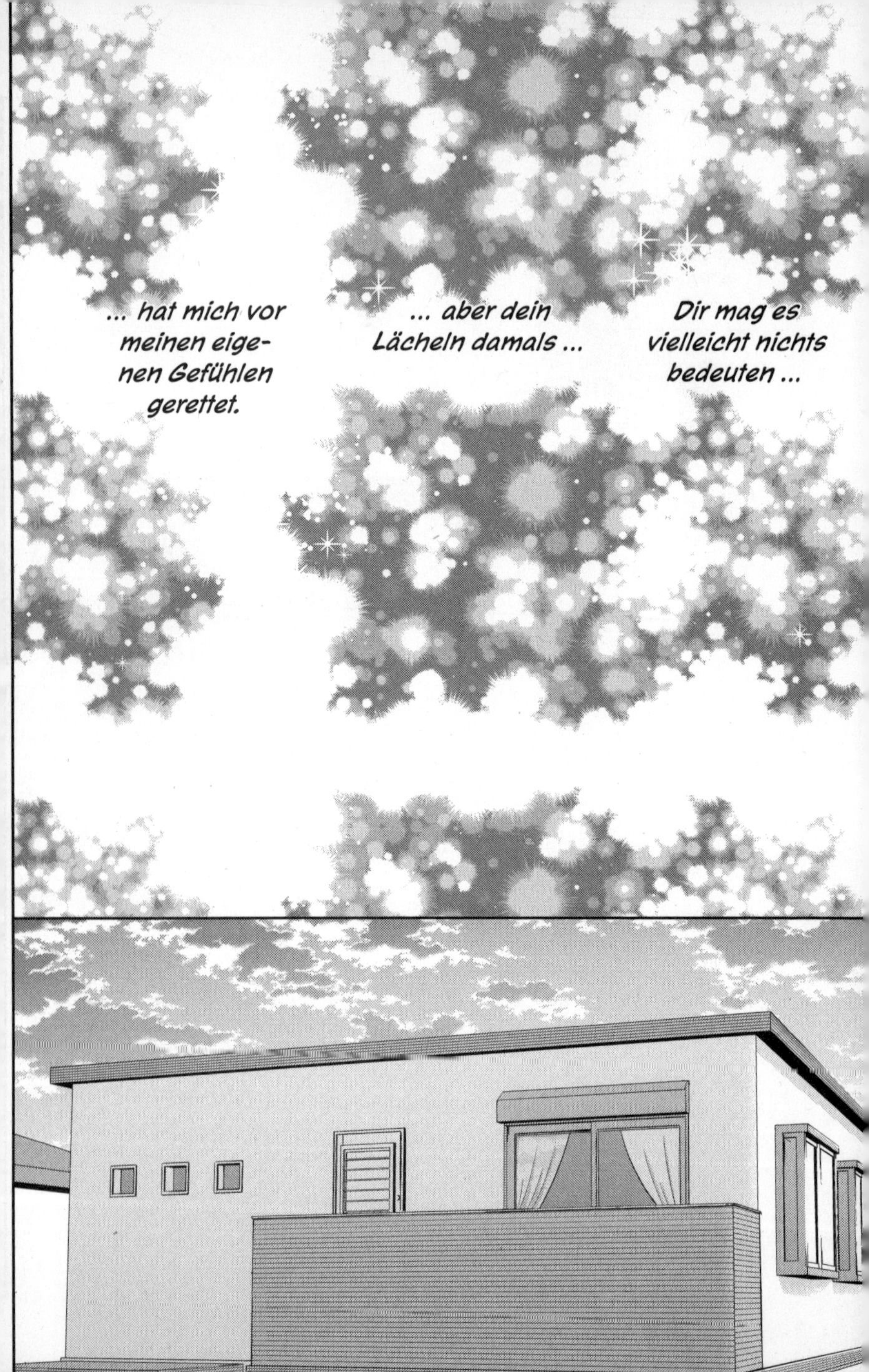
Dir mag es vielleicht nichts bedeuten ...
... aber dein Lächeln damals ...
... hat mich vor meinen eige-nen Gefühlen gerettet.

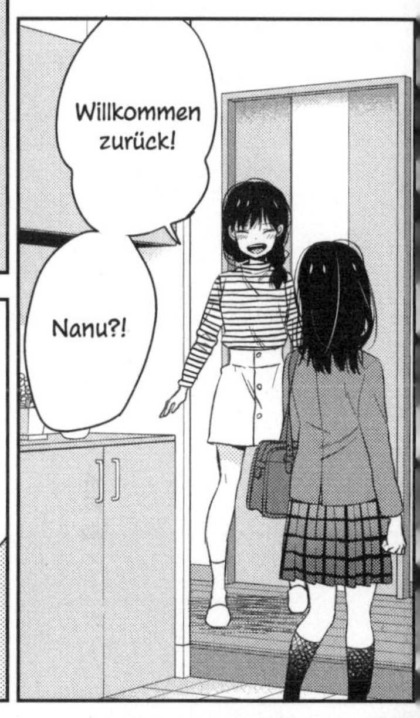

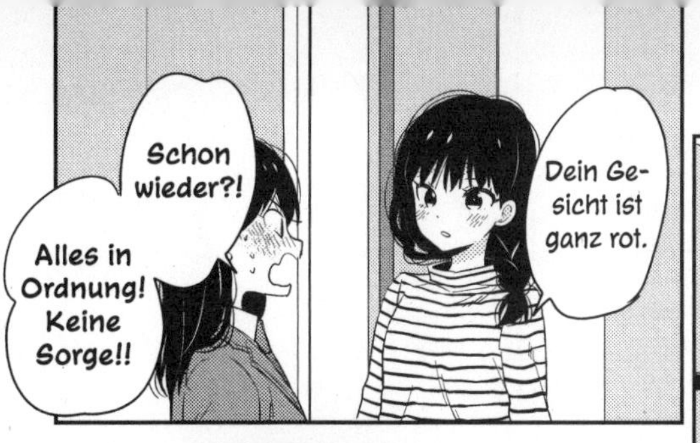

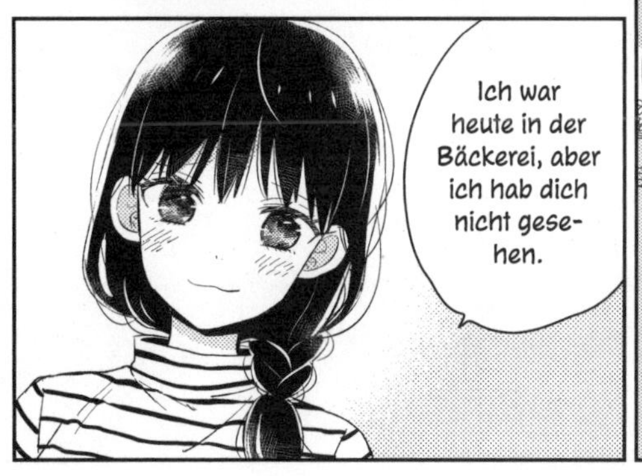

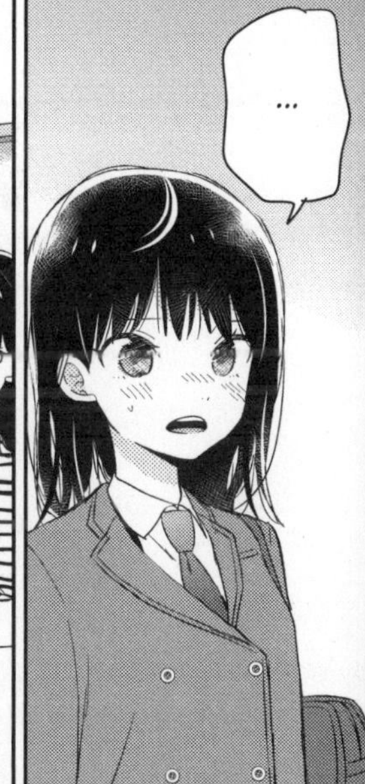

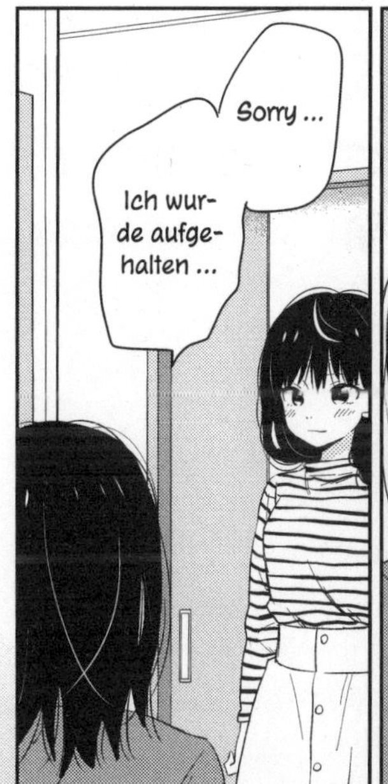

Es tut mir leid, Mayo.

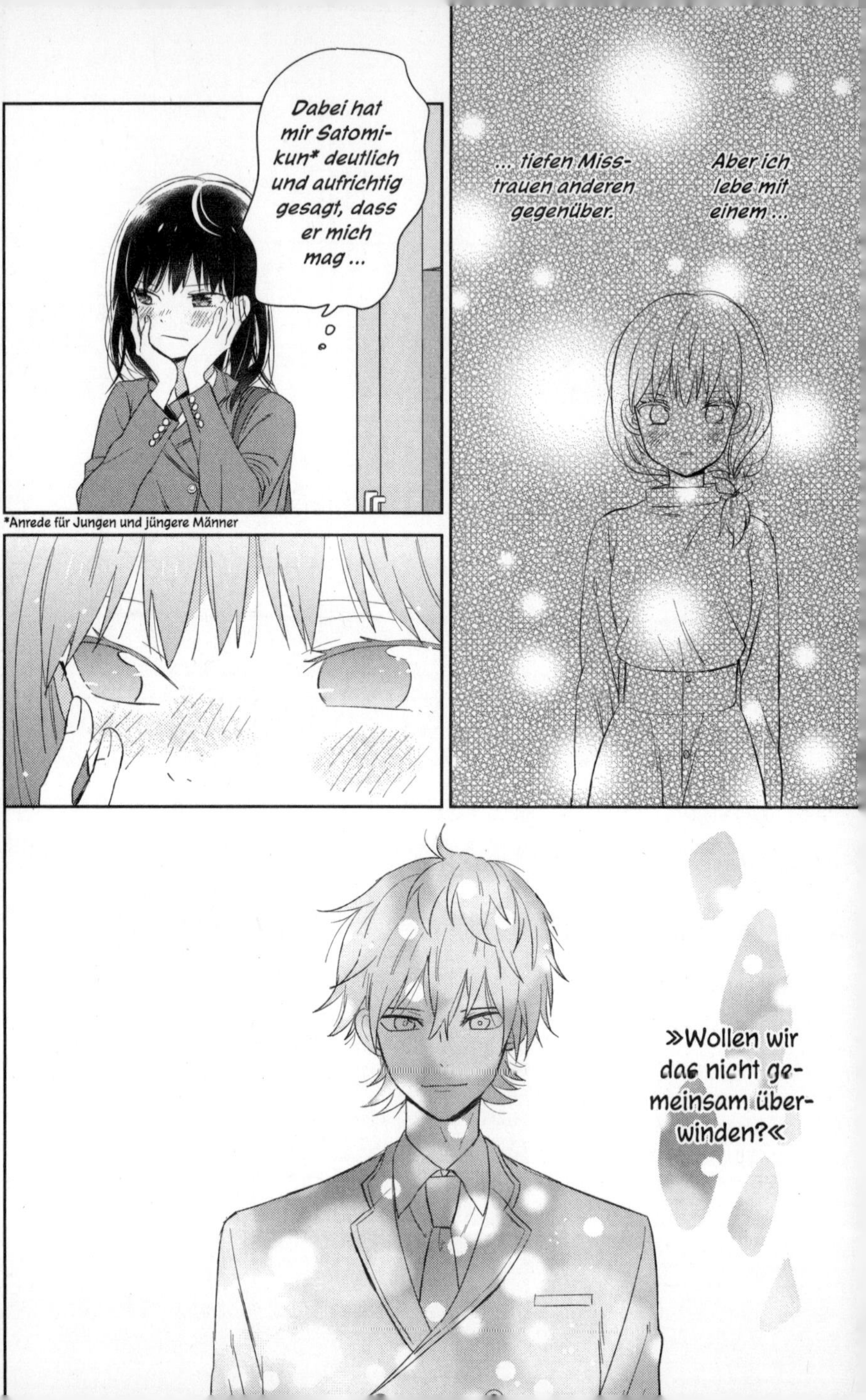

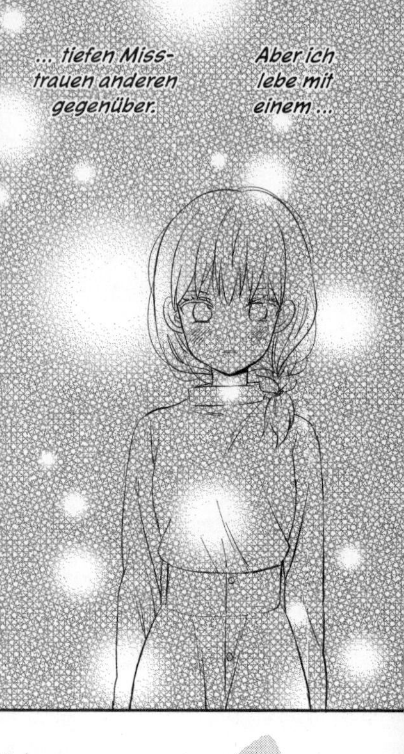

Dabei hat mir Satomi-kun* deutlich und aufrichtig gesagt, dass er mich mag ...

*Anrede für Jungen und jüngere Männer

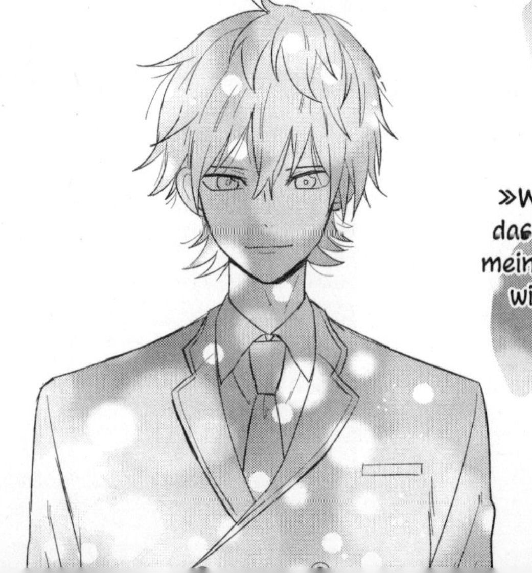

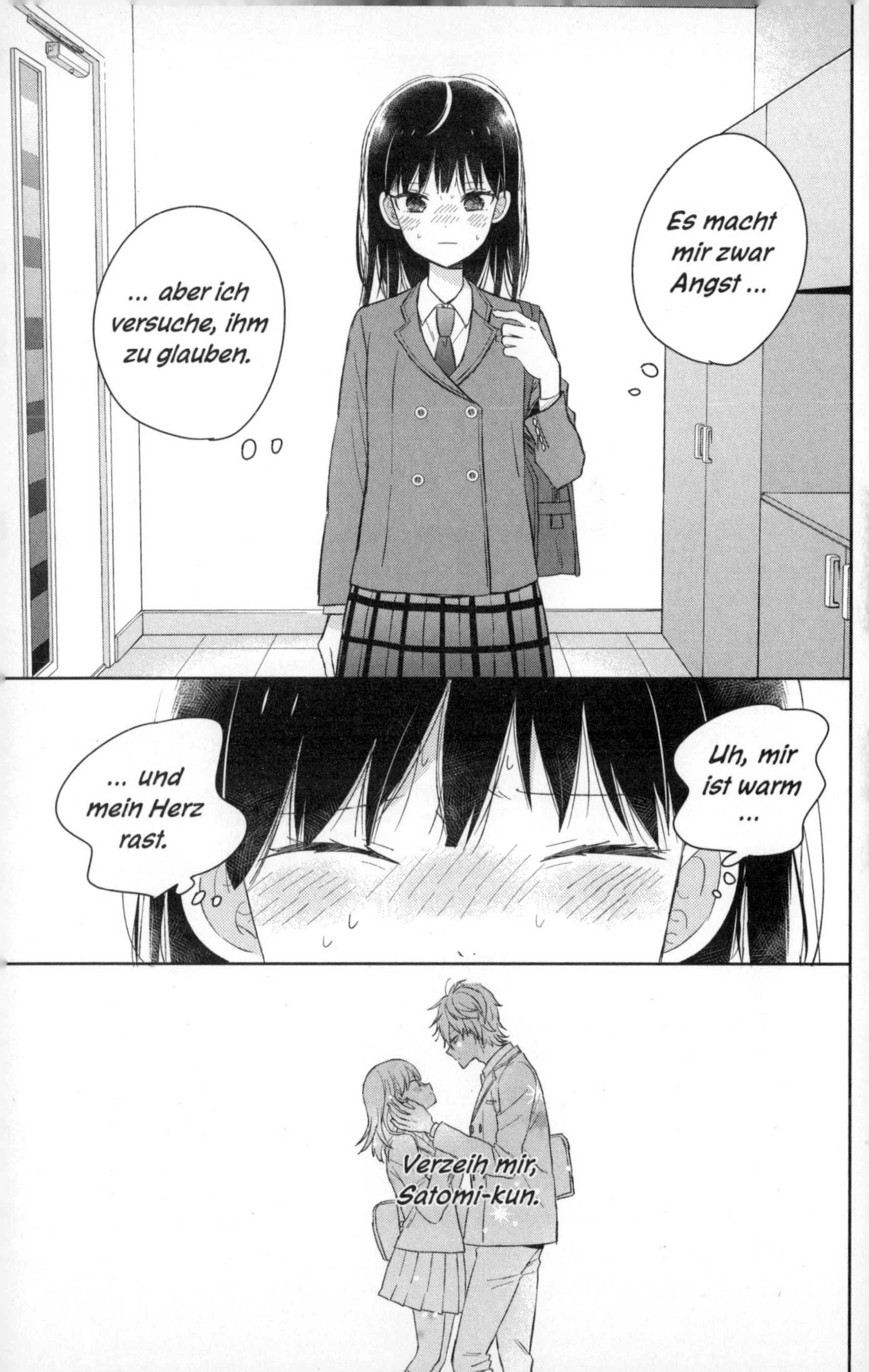
Es macht mir zwar Angst ...
... aber ich versuche, ihm zu glauben.
Uh, mir ist warm ...
... und mein Herz rast.
Verzeih mir, Satomi-kun.

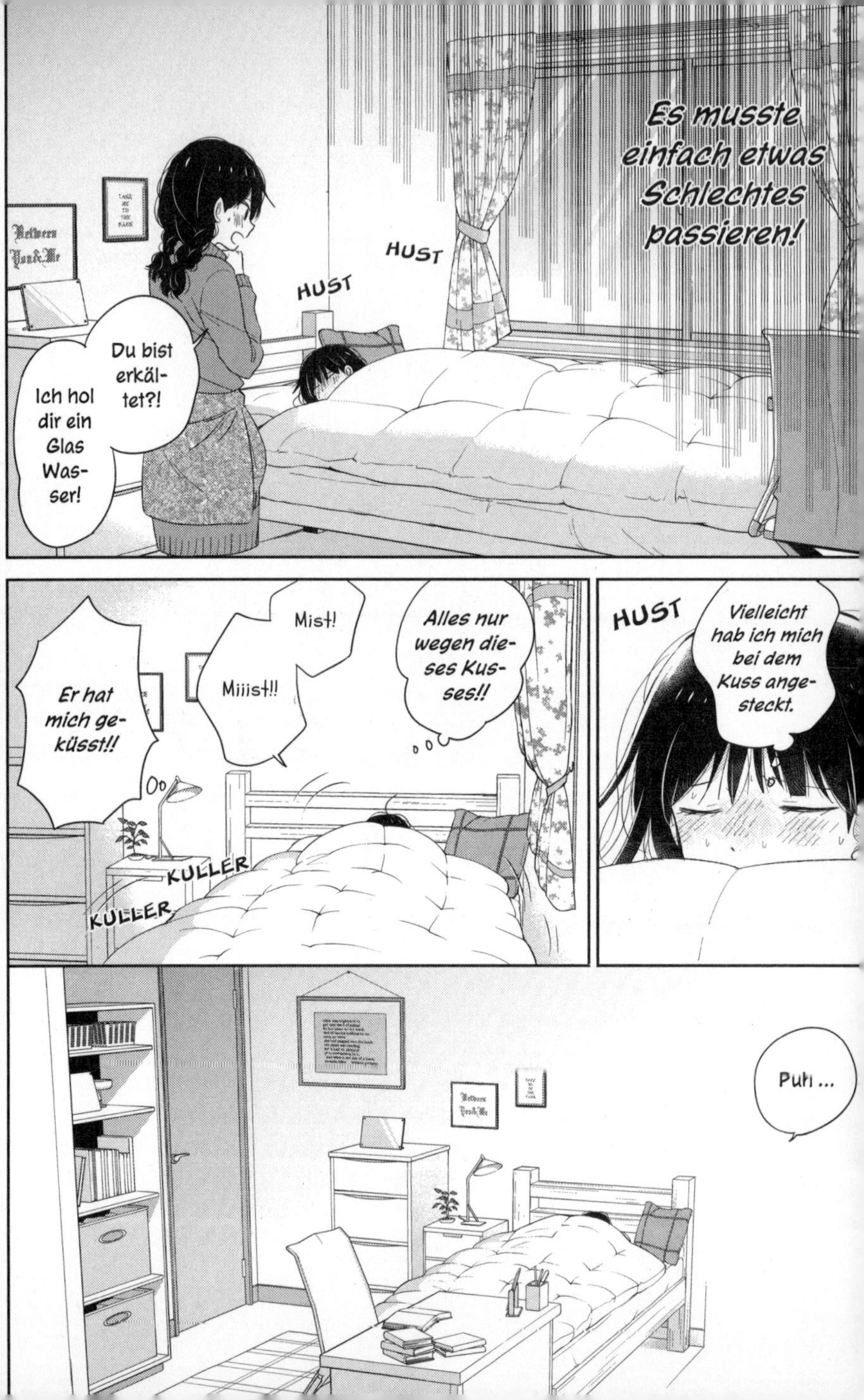

Es musste einfach etwas Schlechtes passieren!

HUST

HUST

Du bist erkältet?!

Ich hol dir ein Glas Wasser!

HUST

Vielleicht hab ich mich bei dem Kuss angesteckt.

Alles nur wegen dieses Kusses!!

Mist!

Miiist!!

Er hat mich geküsst!!

KULLER

KULLER

Puh ...

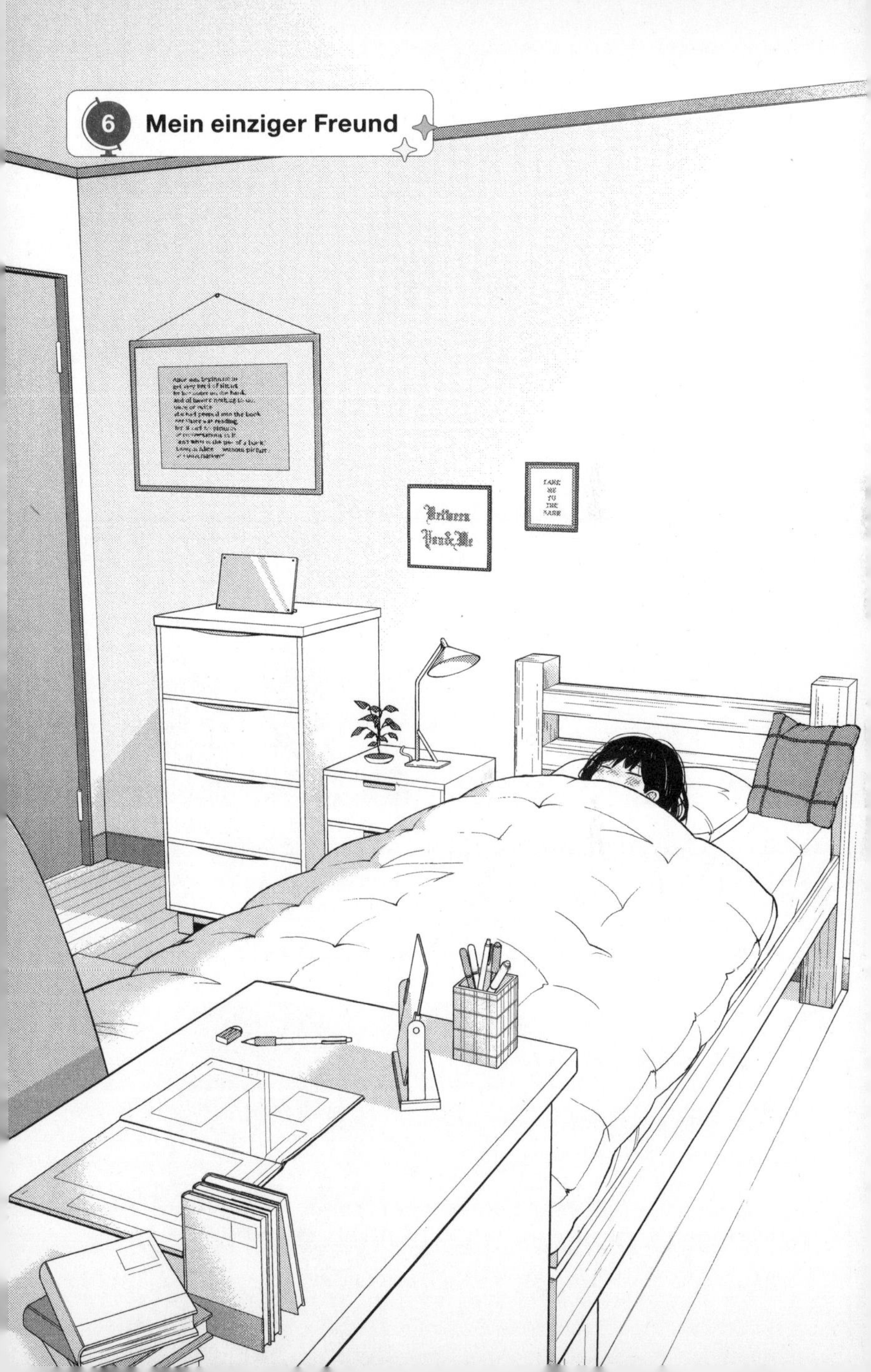
6
Mein einziger Freund

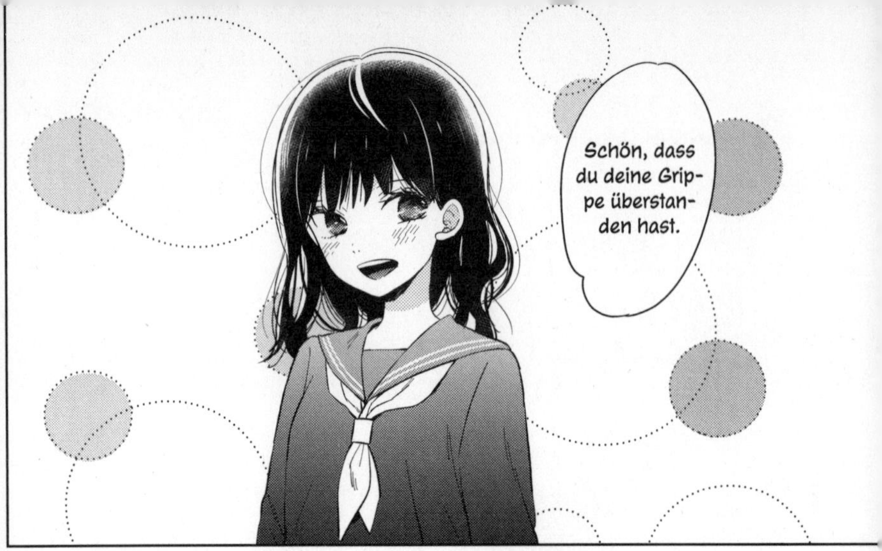

Schön, dass du deine Grippe überstanden hast.

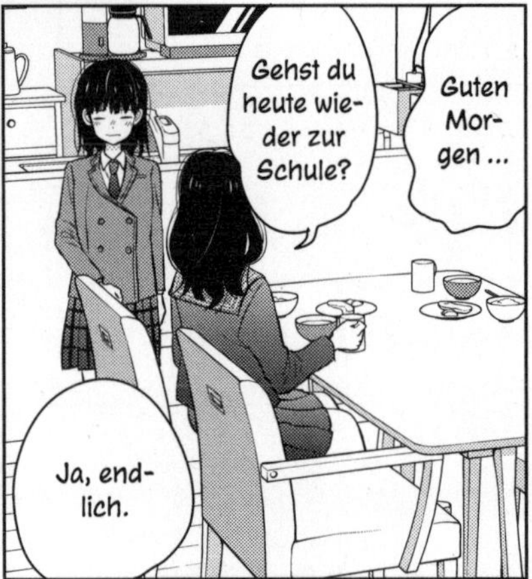

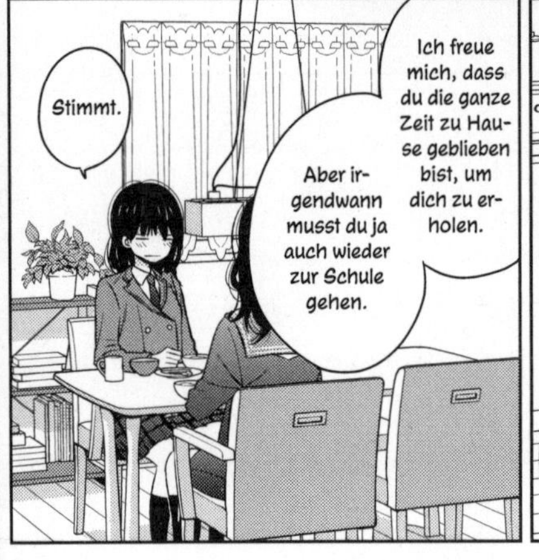

Wenn ich Mayos Gesicht zeichne, fange ich genauso wie bei Mahiru an. Dann denke ich daran, dass sie nach meinem Geschmack durch ihren Gesichtsausdruck niedlicher aussehen soll als ihre Schwester. So bringe ich sie zu Papier.

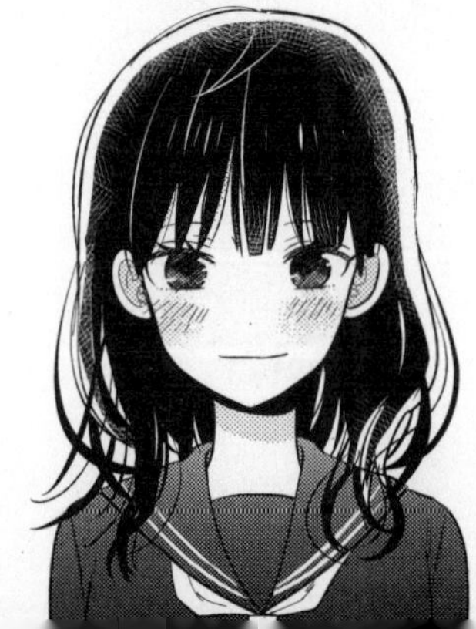

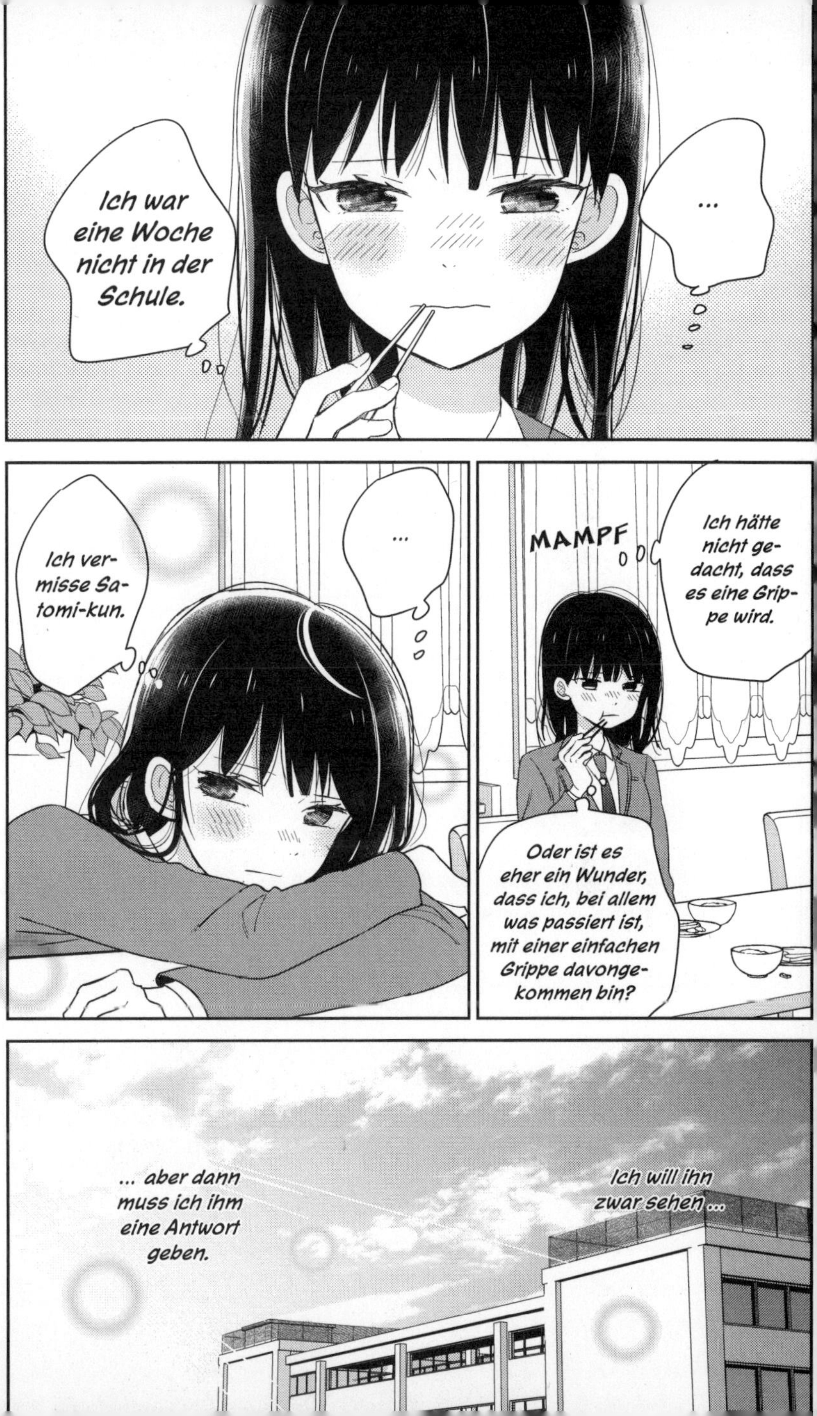

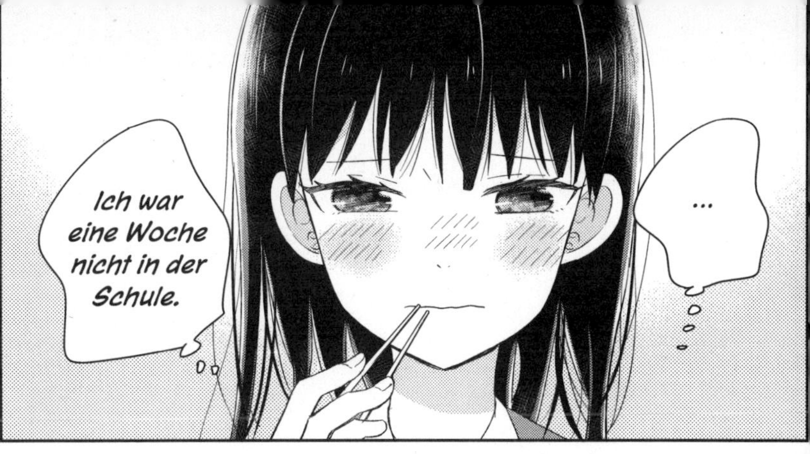
...
Ich war eine Woche nicht in der Schule.

MAMPF
Ich hätte nicht gedacht, dass es eine Grippe wird.
Oder ist es eher ein Wunder, dass ich, bei allem was passiert ist, mit einer einfachen Grippe davongekommen bin?
...
Ich vermisse Satomi-kun.

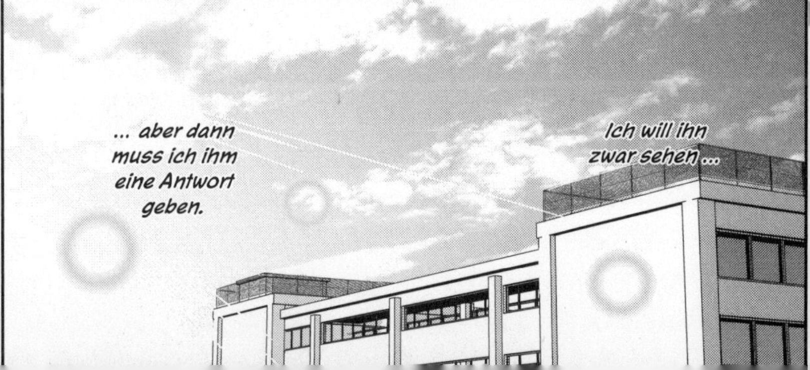
Ich will ihn zwar sehen ...
... aber dann muss ich ihm eine Antwort geben.

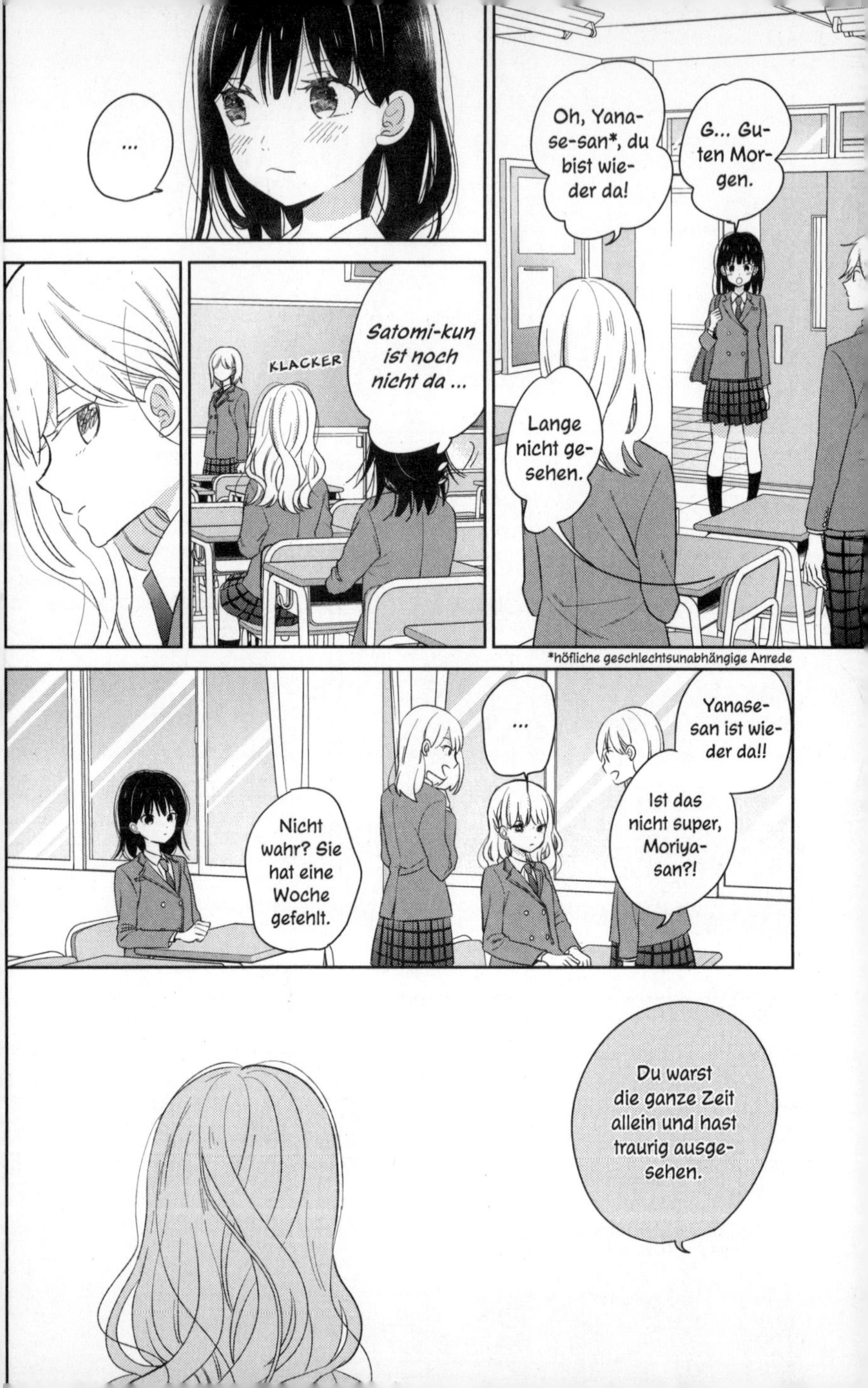

G... Guten Morgen.

Oh, Yanase-san*, du bist wieder da!

Lange nicht gesehen.

...

Satomi-kun ist noch nicht da ...

KLACKER

*höfliche geschlechtsunabhängige Anrede

Yanase-san ist wieder da!!

Ist das nicht super, Moriya-san?!

...

Nicht wahr? Sie hat eine Woche gefehlt.

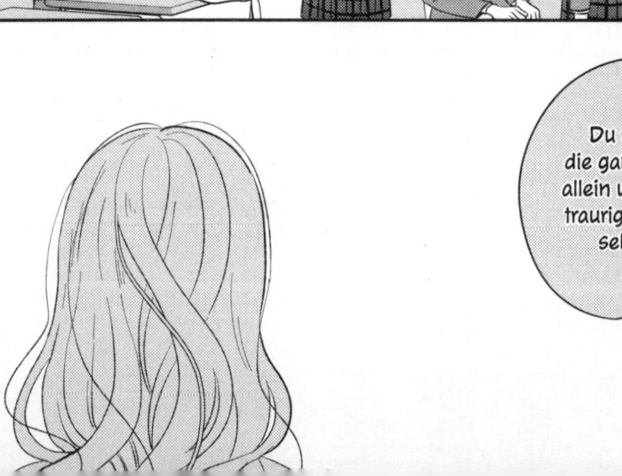

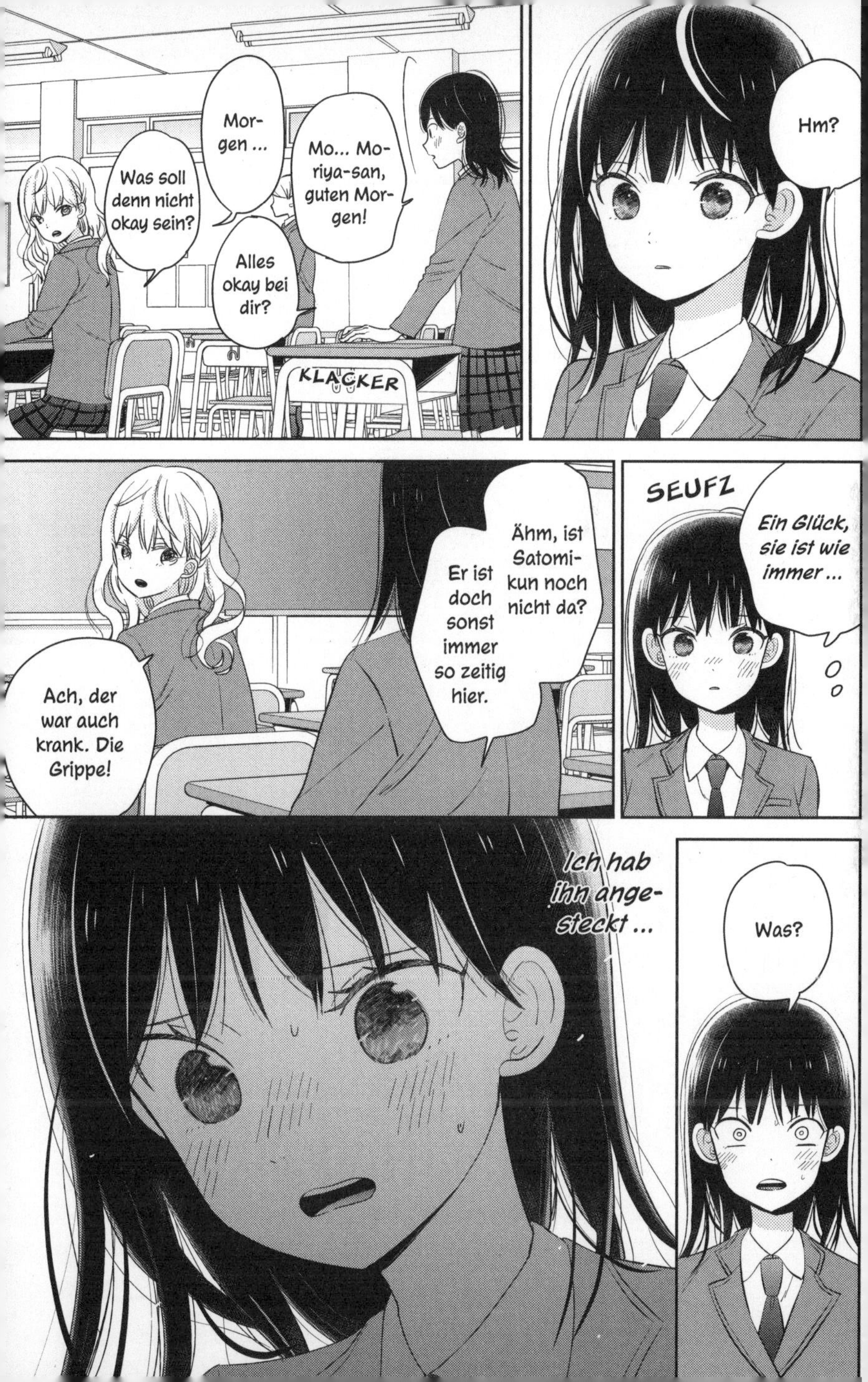

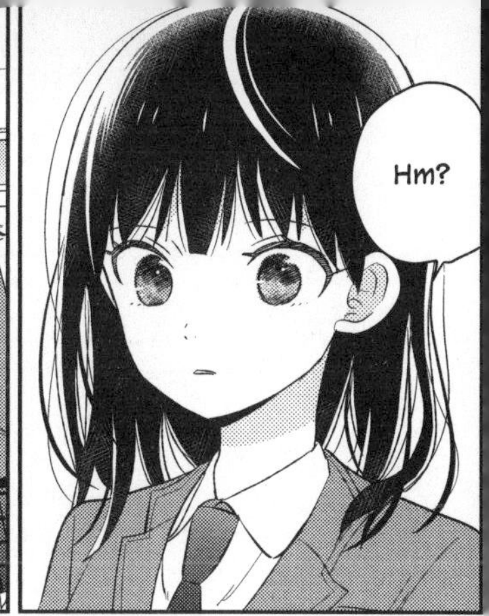
Hm?

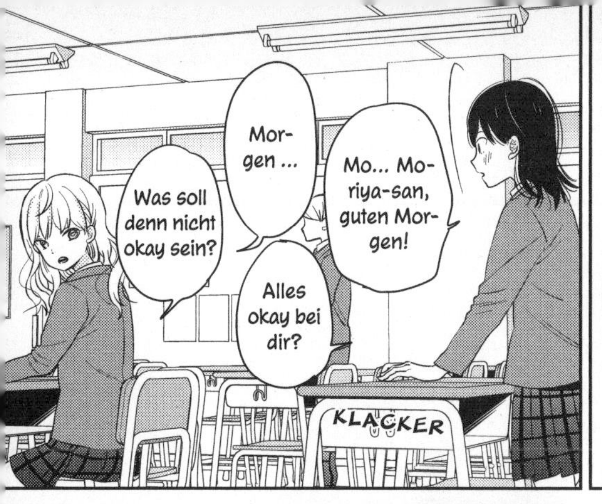
Mo... Moriya-san, guten Morgen!
Morgen ...
Alles okay bei dir?
Was soll denn nicht okay sein?
KLACKER

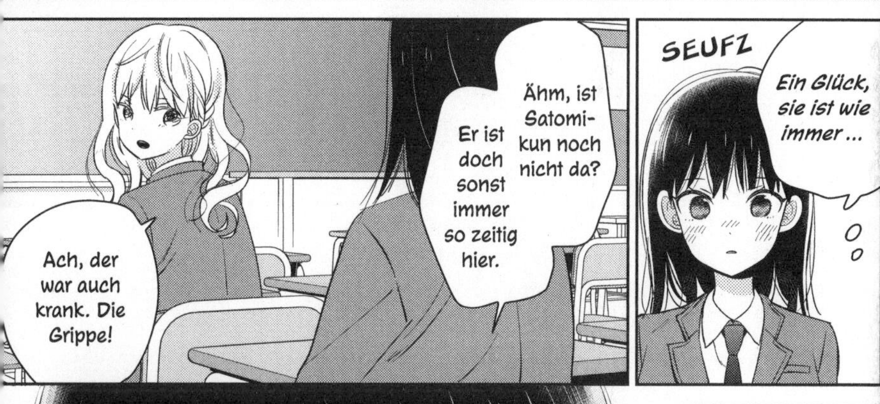
SEUFZ
Ein Glück, sie ist wie immer ...
Ähm, ist Satomi-kun noch nicht da?
Er ist doch sonst immer so zeitig hier.
Ach, der war auch krank. Die Grippe!

Was?
Ich hab ihn angesteckt ...

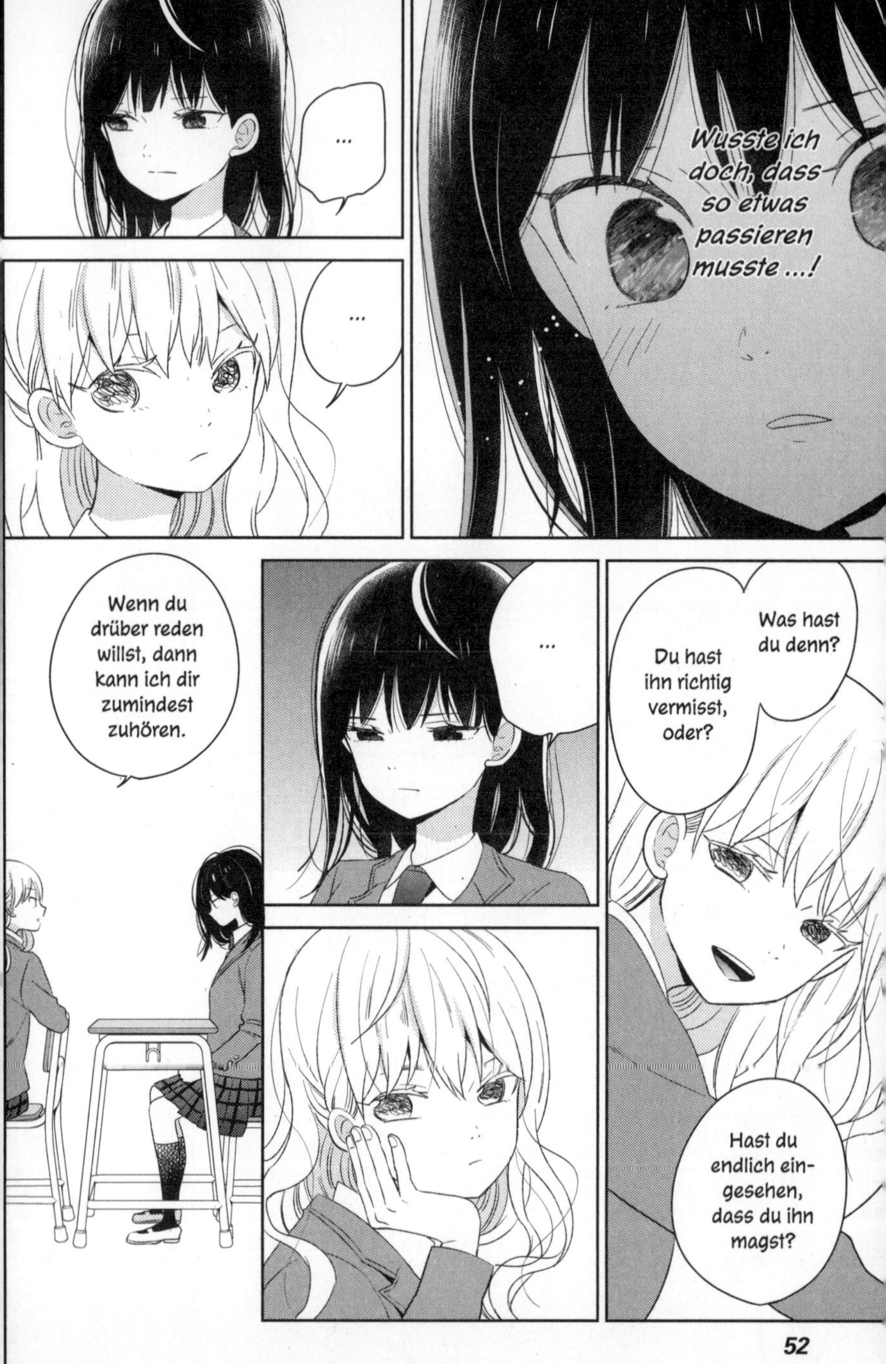
Wusste ich doch, dass so etwas passieren musste ...!
...
...
Was hast du denn?
Du hast ihn richtig vermisst, oder?
Hast du endlich ein-gesehen, dass du ihn magst?
...
Wenn du drüber reden willst, dann kann ich dir zumindest zuhören.

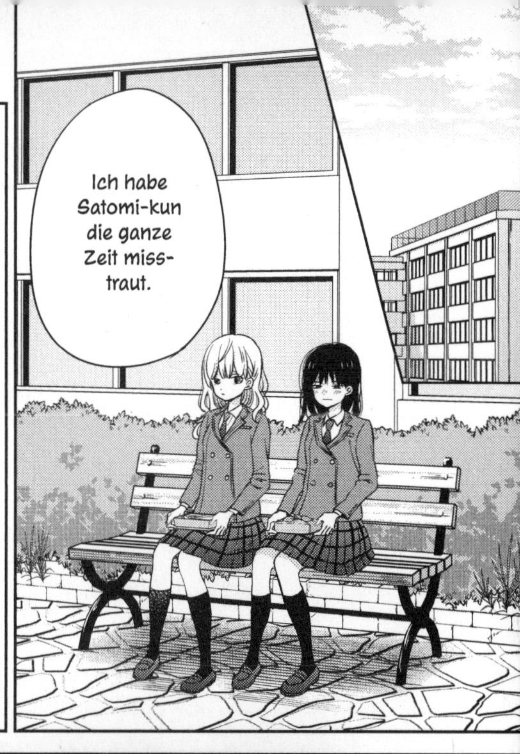
Ich habe Satomi-kun die ganze Zeit miss-traut.

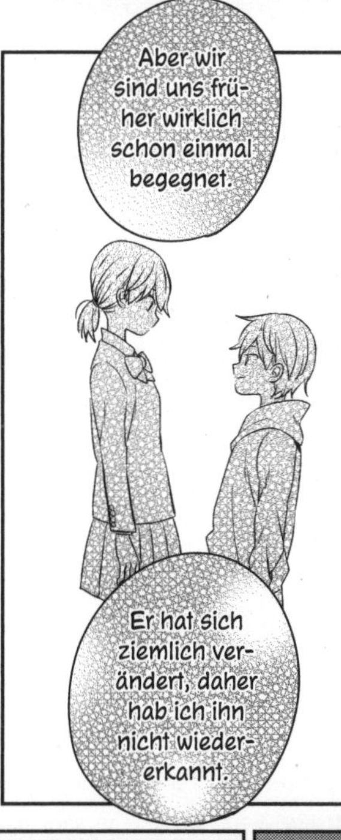
Aber wir sind uns frü-her wirklich schon einmal begegnet.
Er hat sich ziemlich ver-ändert, daher hab ich ihn nicht wieder-erkannt.

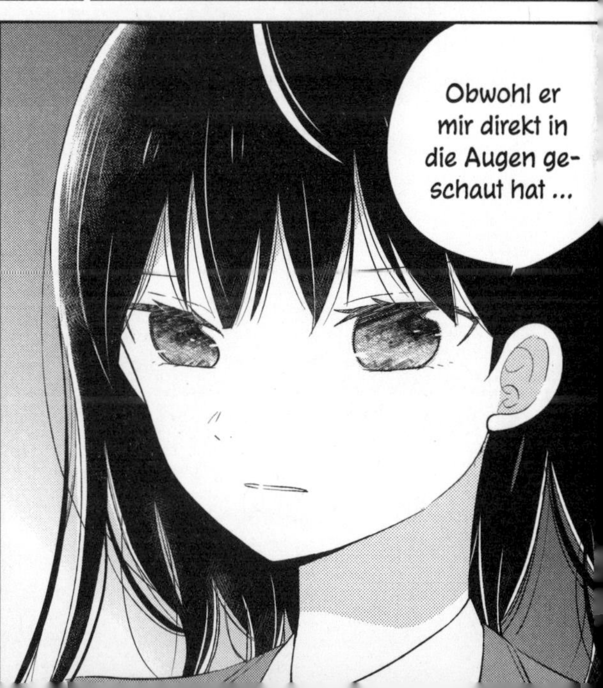
Obwohl er mir direkt in die Augen ge-schaut hat ...

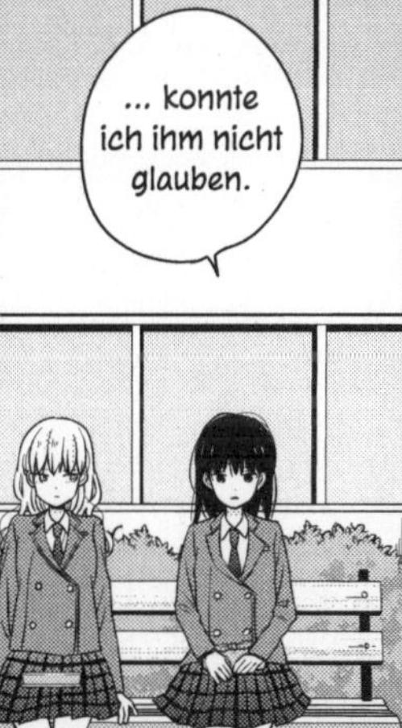
... konnte ich ihm nicht glauben.

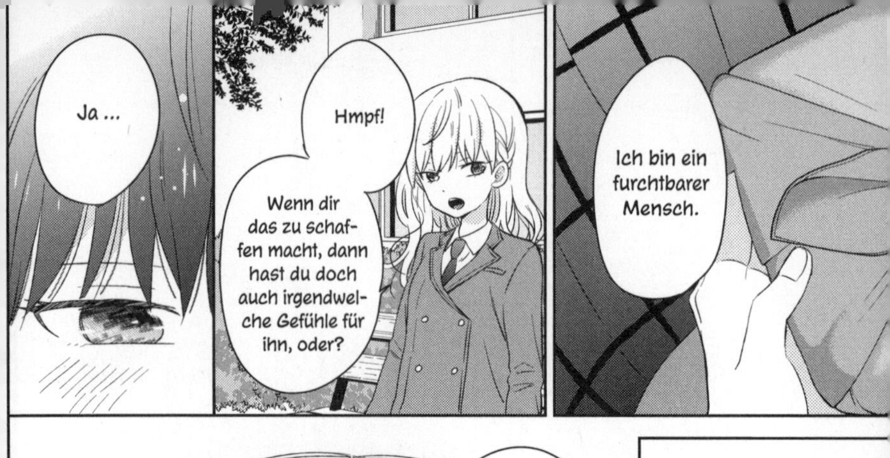

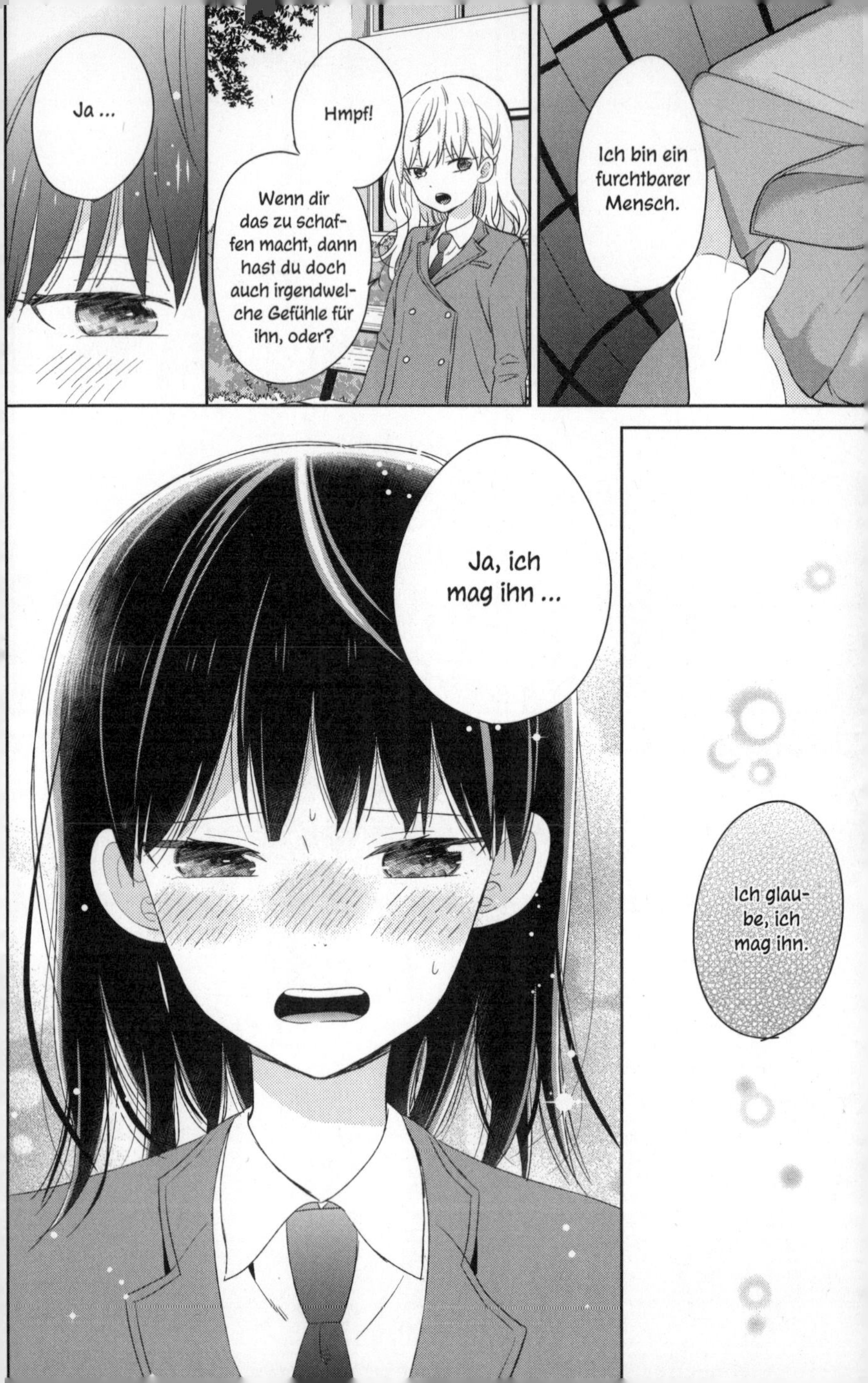

Ich glaube, ich mag ihn.

Ja, ich mag ihn ...

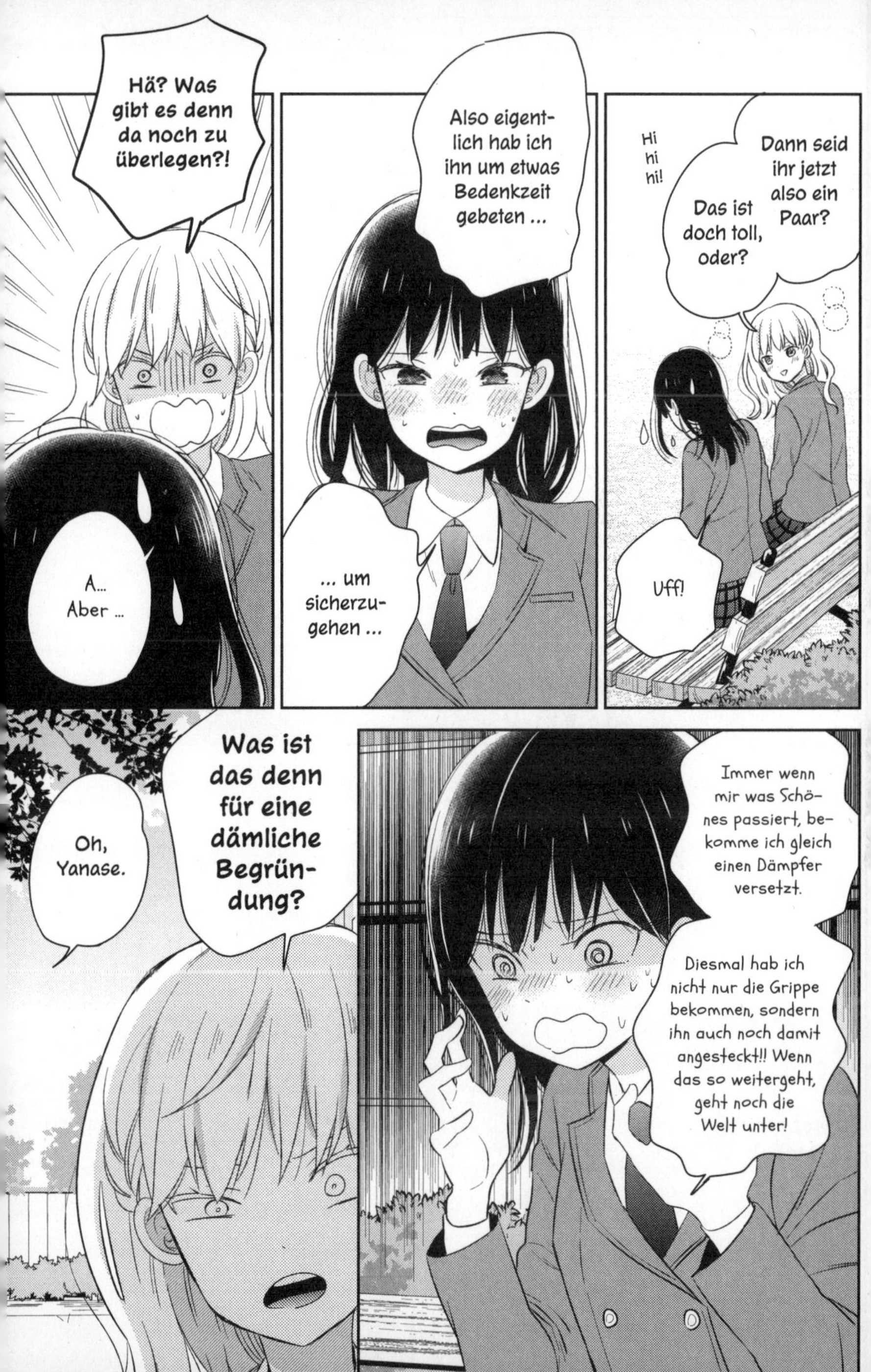
Dann seid ihr jetzt also ein Paar?
Das ist doch toll, oder?
Hi hi hi!
Uff!
Also eigentlich hab ich ihn um etwas Bedenkzeit gebeten ...
... um sicherzugehen ...
Hä? Was gibt es denn da noch zu überlegen?!
A... Aber ...
Immer wenn mir was Schönes passiert, bekomme ich gleich einen Dämpfer versetzt.
Diesmal hab ich nicht nur die Grippe bekommen, sondern ihn auch noch damit angesteckt!! Wenn das so weitergeht, geht noch die Welt unter!
Was ist das denn für eine dämliche Begründung?
Oh, Yanase.

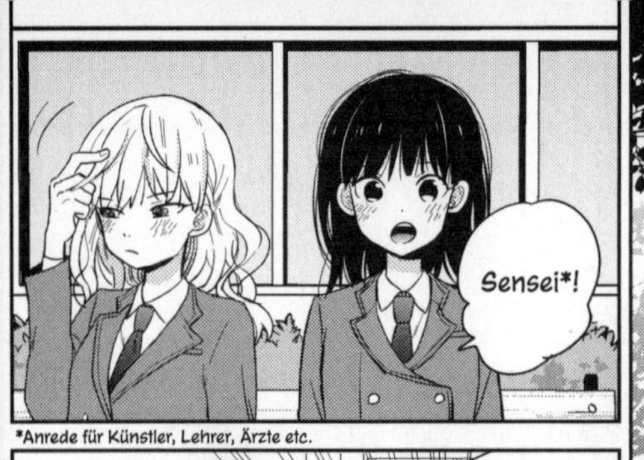

*Anrede für Künstler, Lehrer, Ärzte etc.

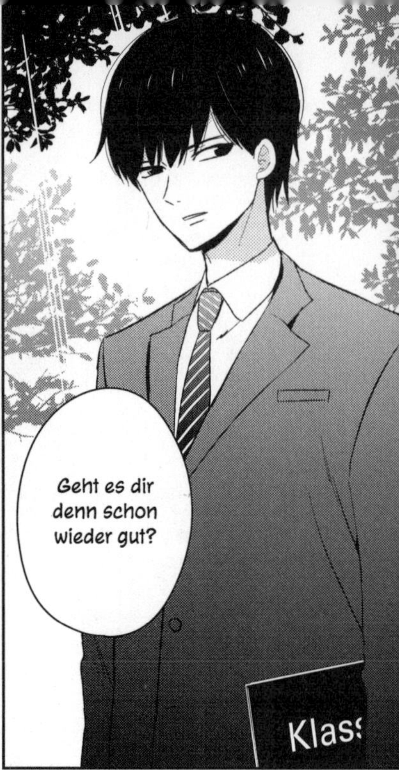

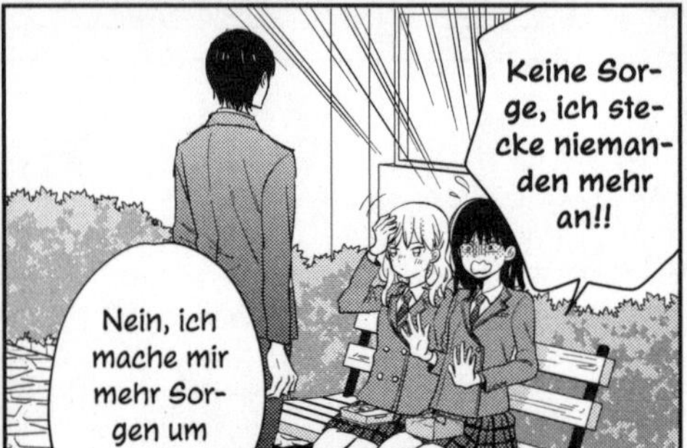

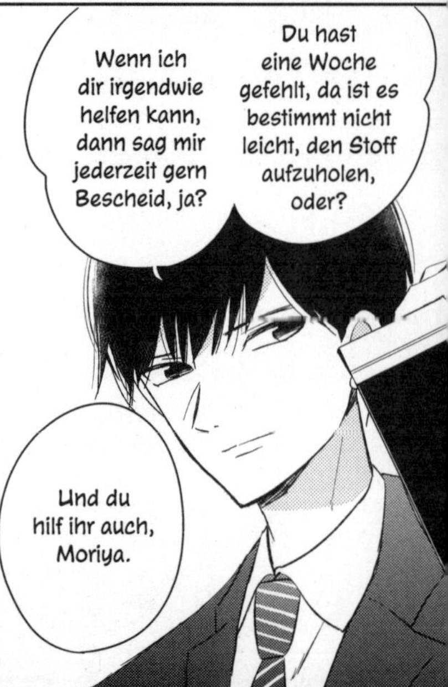

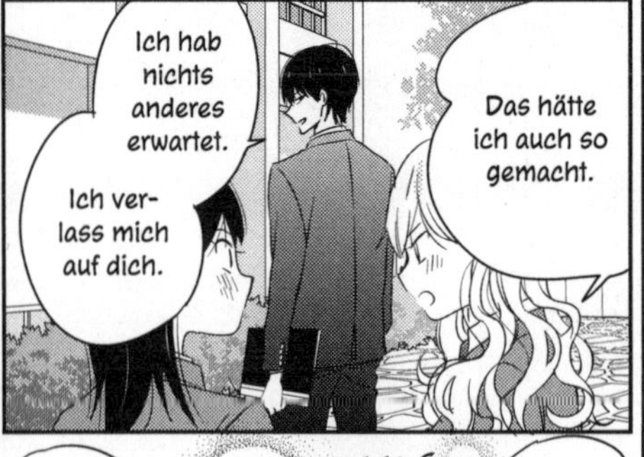

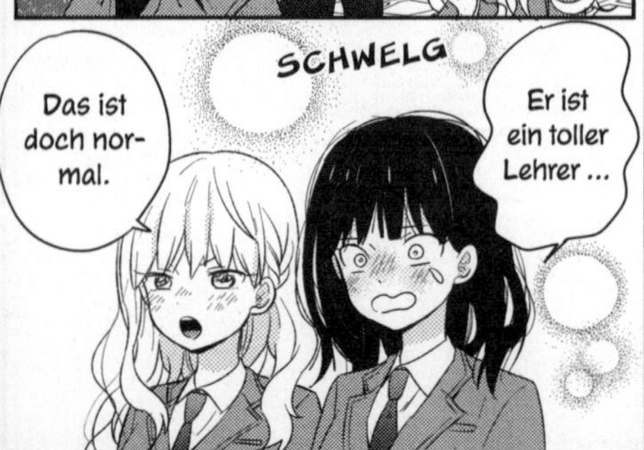

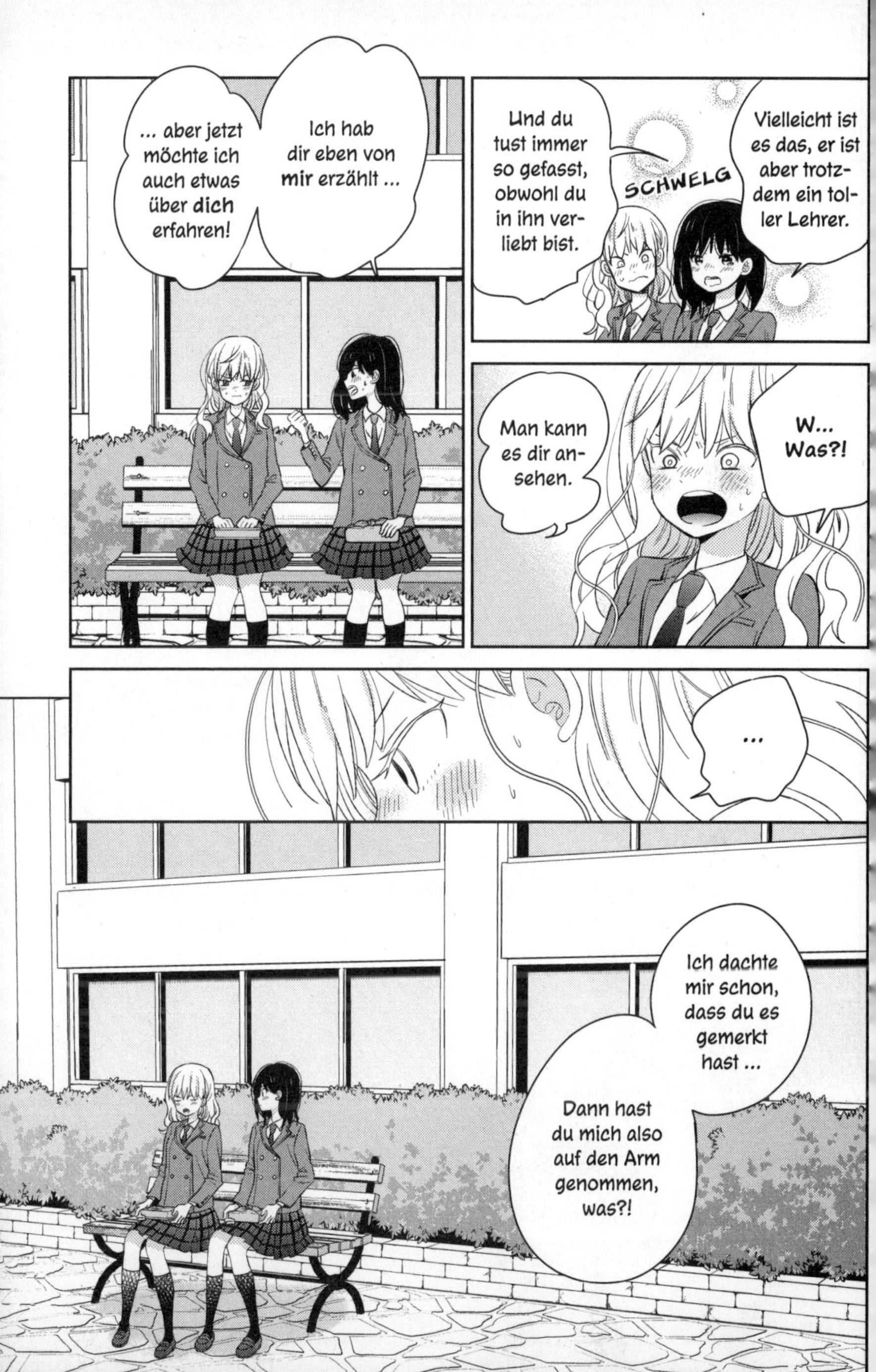
Vielleicht ist es das, er ist aber trotzdem ein toller Lehrer.
SCHWELG
Und du tust immer so gefasst, obwohl du in ihn verliebt bist.
Ich hab dir eben von mir erzählt ...
... aber jetzt möchte ich auch etwas über dich erfahren!
W... Was?!
Man kann es dir ansehen.
...
Ich dachte mir schon, dass du es gemerkt hast ...
Dann hast du mich also auf den Arm genommen, was?!

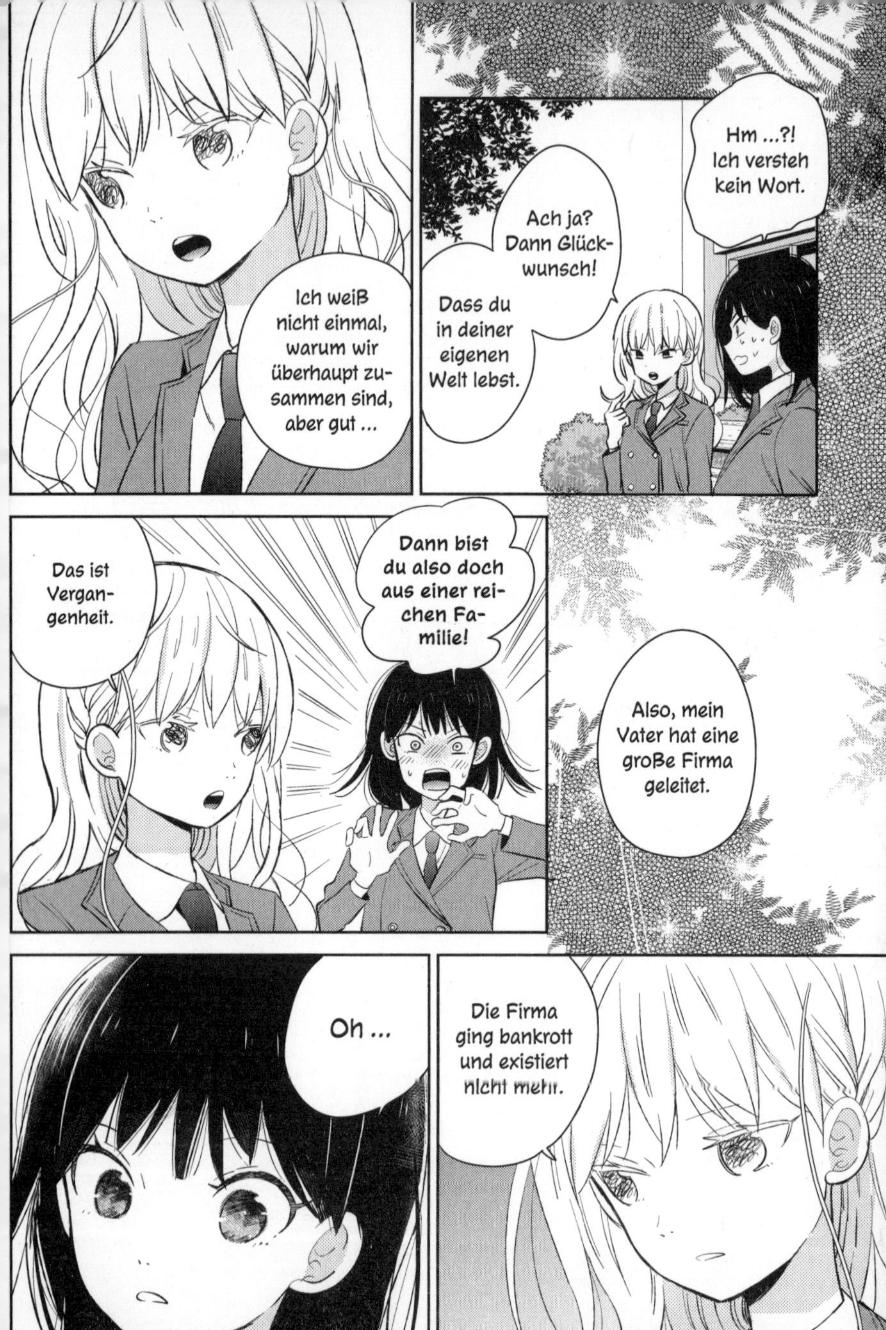
Hm ...?! Ich versteh kein Wort.
Ach ja? Dann Glückwunsch!
Dass du in deiner eigenen Welt lebst.
Ich weiß nicht einmal, warum wir überhaupt zusammen sind, aber gut ...
Also, mein Vater hat eine große Firma geleitet.
Dann bist du also doch aus einer reichen Familie!
Das ist Vergangenheit.
Die Firma ging bankrott und existiert nicht mehr.
Oh ...

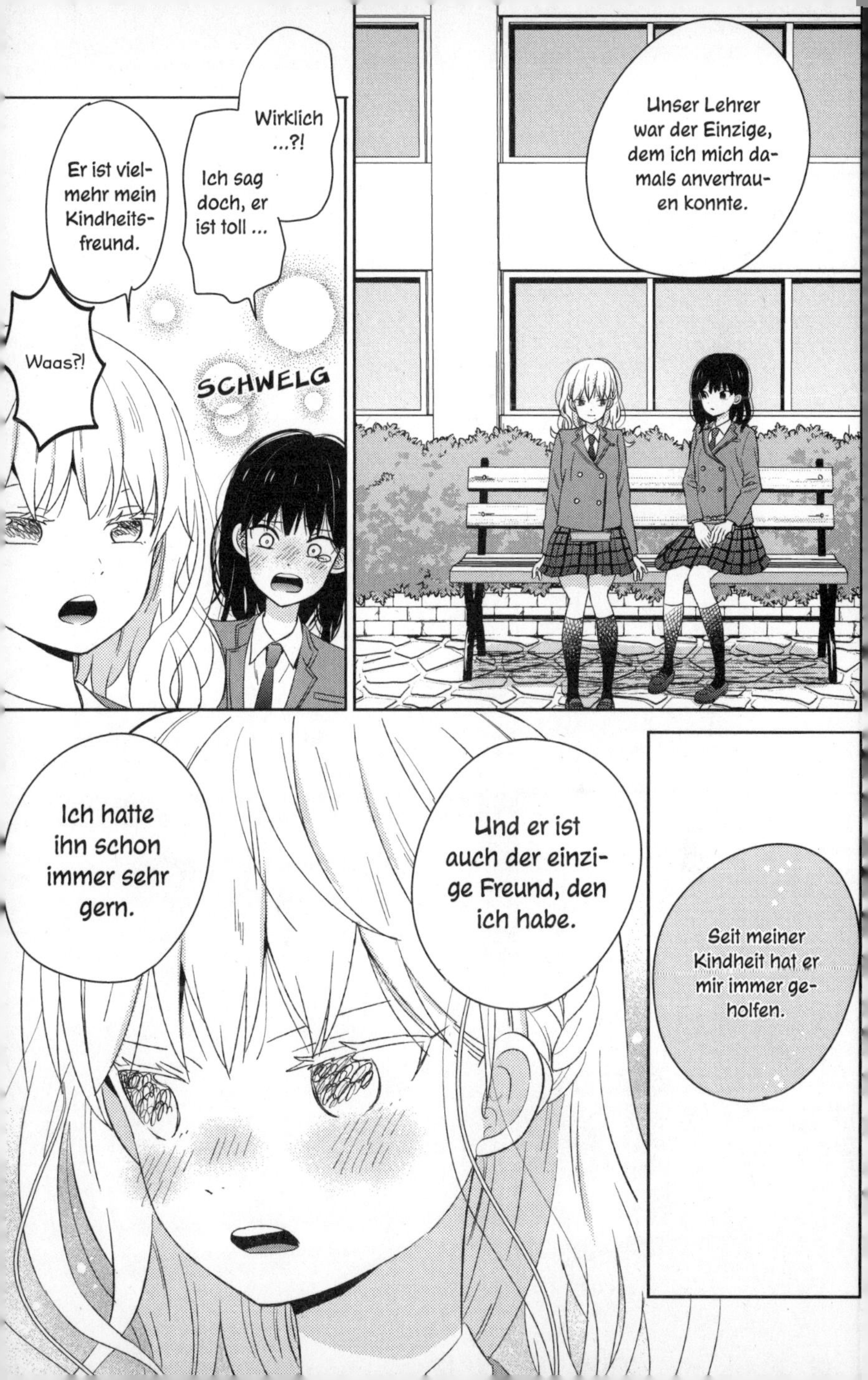

Unser Lehrer war der Einzige, dem ich mich damals anvertrauen konnte.
Wirklich ...?!
Ich sag doch, er ist toll ...
SCHWELG
Er ist vielmehr mein Kindheitsfreund.
Waas?!
Seit meiner Kindheit hat er mir immer geholfen.
Und er ist auch der einzige Freund, den ich habe.
Ich hatte ihn schon immer sehr gern.

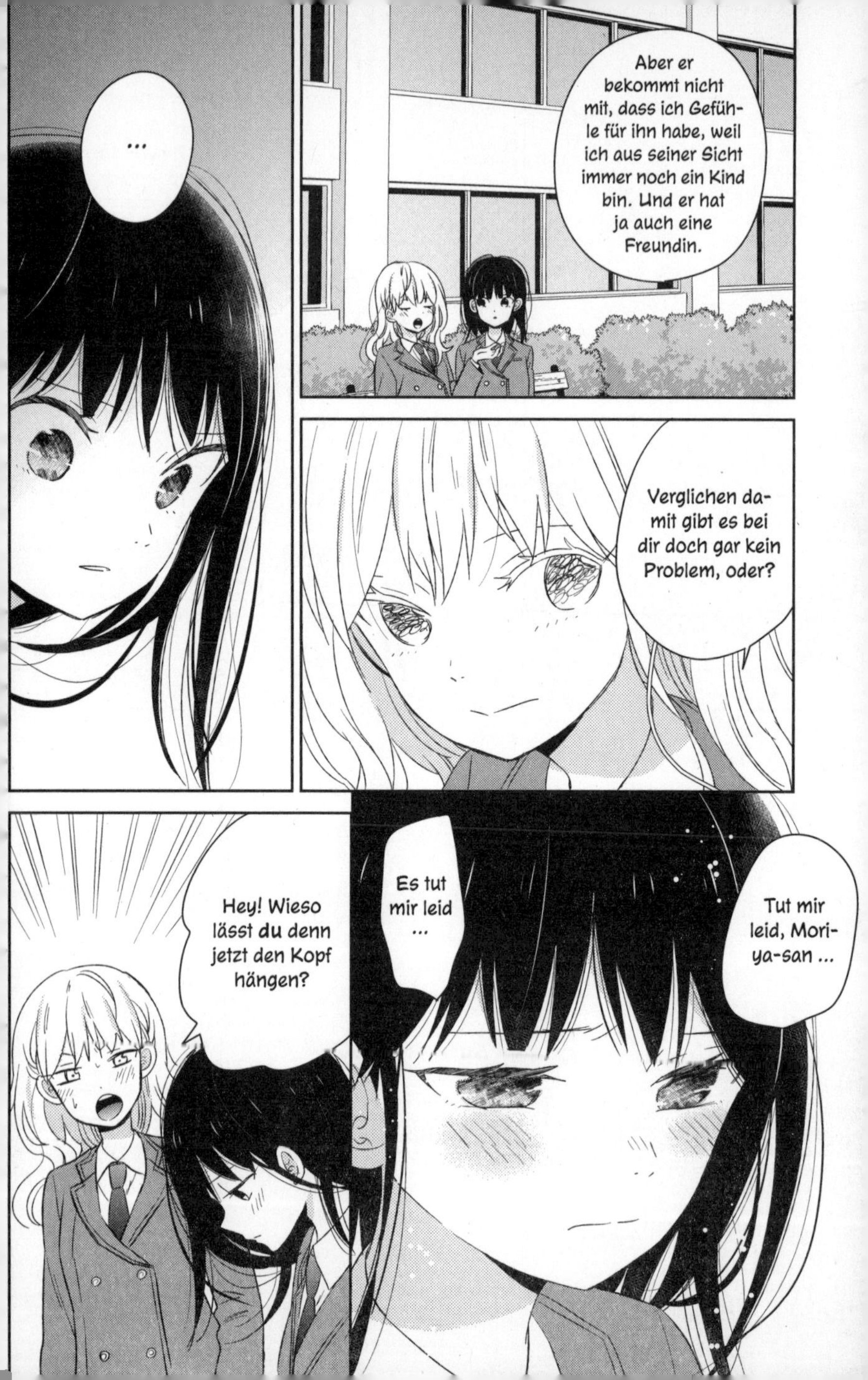

Aber er bekommt nicht mit, dass ich Gefühle für ihn habe, weil ich aus seiner Sicht immer noch ein Kind bin. Und er hat ja auch eine Freundin.
Verglichen damit gibt es bei dir doch gar kein Problem, oder?
...
Tut mir leid, Moriya-san ...
Es tut mir leid ...
Hey! Wieso lässt du denn jetzt den Kopf hängen?

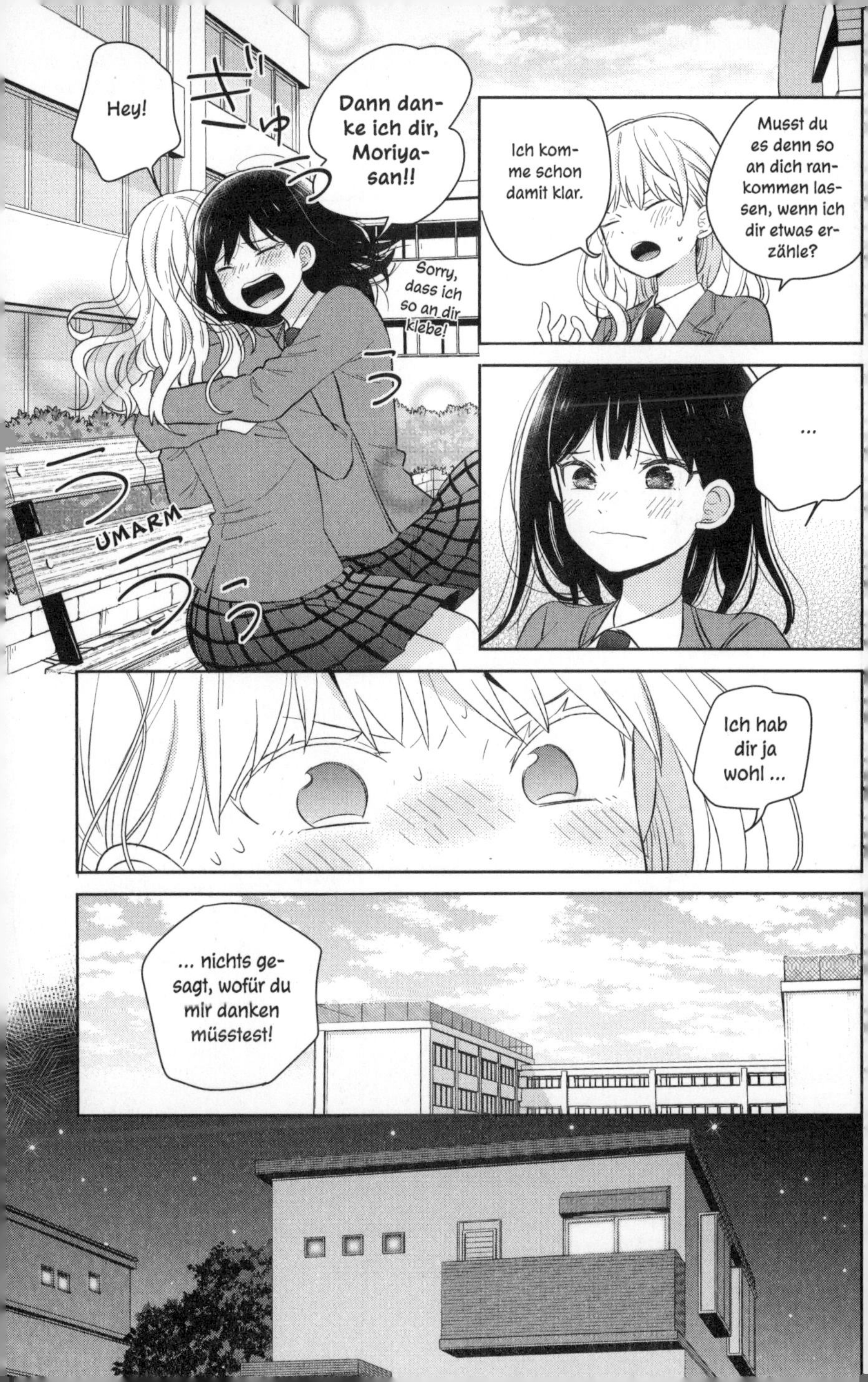

Dann danke ich dir, Moriya-san!!
Hey!
UMARM
Sorry, dass ich so an dir klebe!
Musst du es denn so an dich rankommen lassen, wenn ich dir etwas erzähle?
Ich komme schon damit klar.
...
Ich hab dir ja wohl ...
... nichts gesagt, wofür du mir danken müsstest!

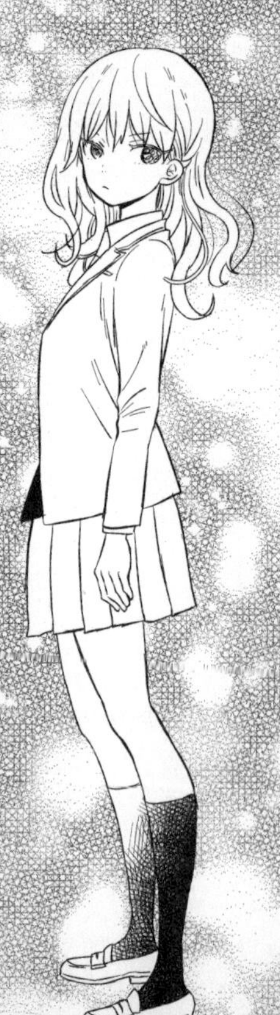

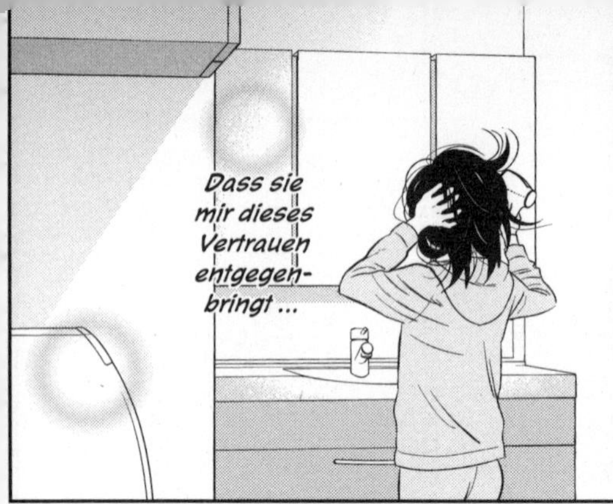

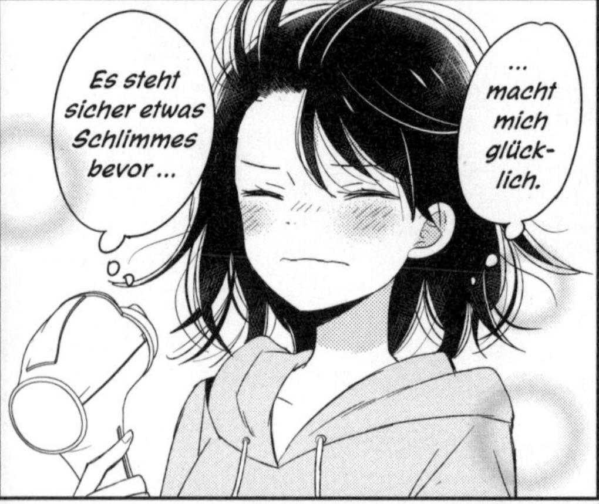

Wenn Satomi-kun wieder zur Schule kommt ...

... werde ich mit ihm reden.

Und ich werde mich auch für die Grippe entschuldigen ...

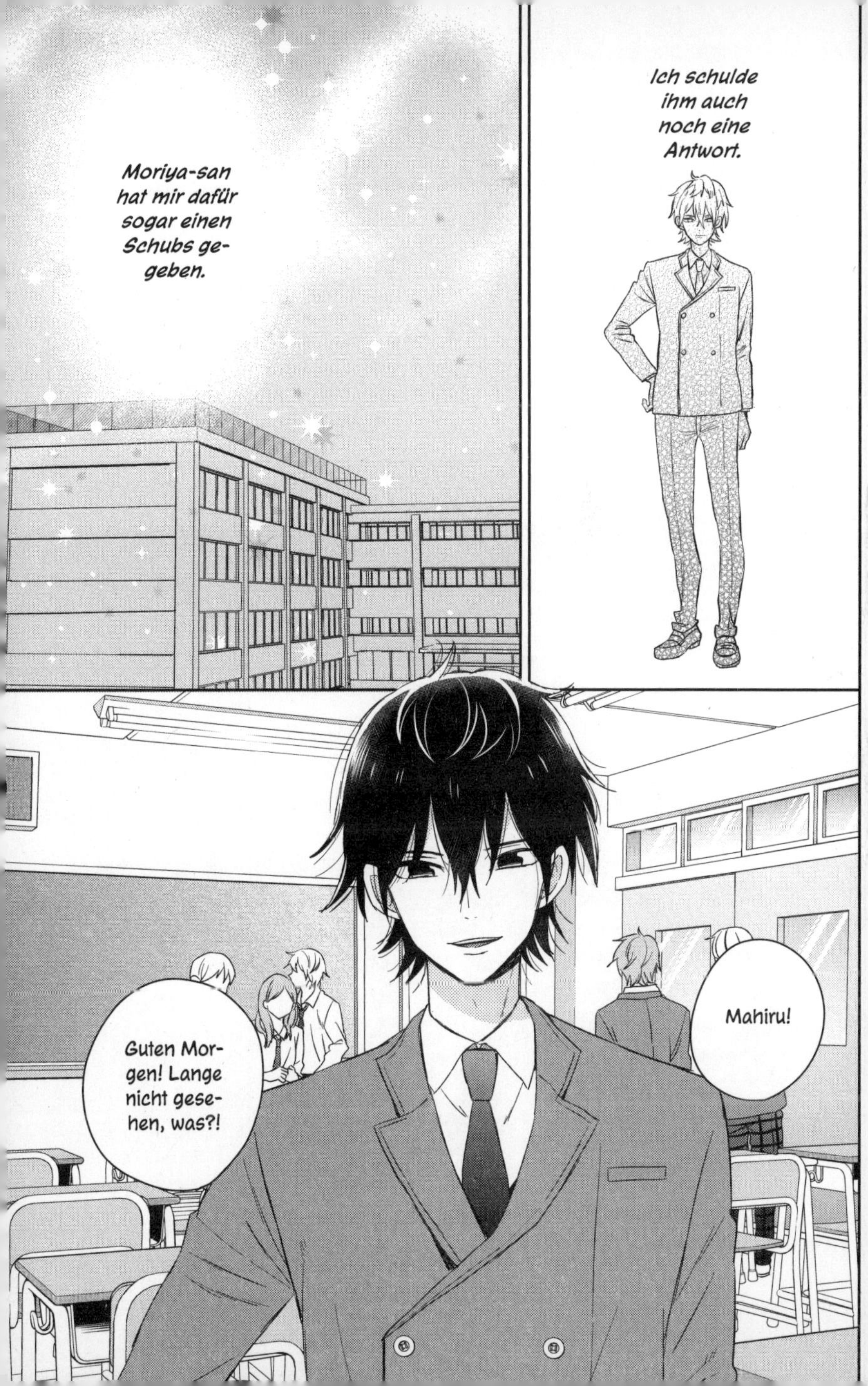
Ich schulde ihm auch noch eine Antwort.
Moriya-san hat mir dafür sogar einen Schubs gegeben.
Mahiru!
Guten Morgen! Lange nicht gesehen, was?!

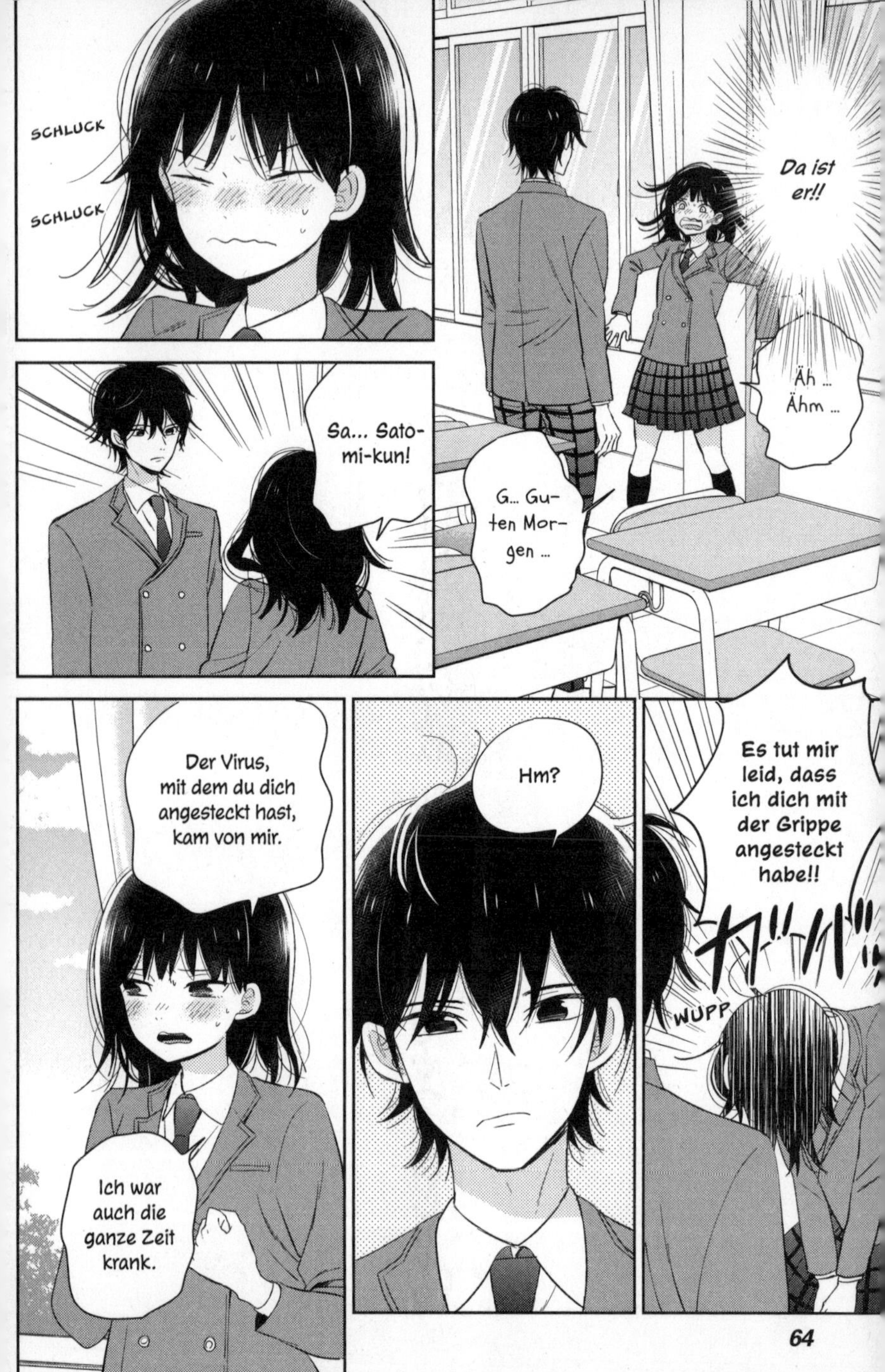
Da ist er!!
Äh … Ähm …
SCHLUCK
SCHLUCK
G… Guten Morgen …
Sa… Satomi-kun!
Es tut mir leid, dass ich dich mit der Grippe angesteckt habe!!
WUPP
Hm?
Der Virus, mit dem du dich angesteckt hast, kam von mir.
Ich war auch die ganze Zeit krank.

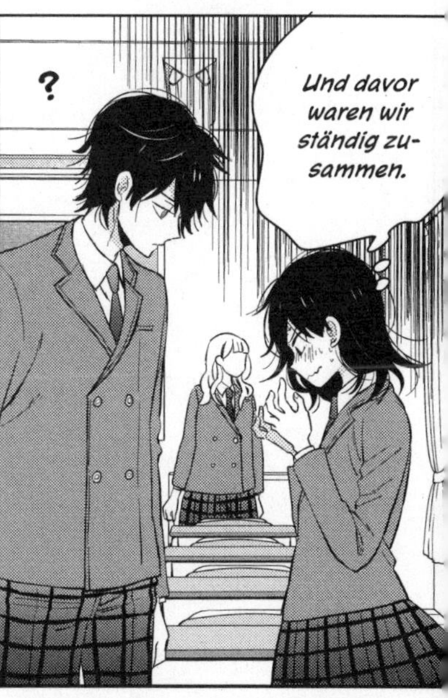
?
Und davor waren wir ständig zusammen.

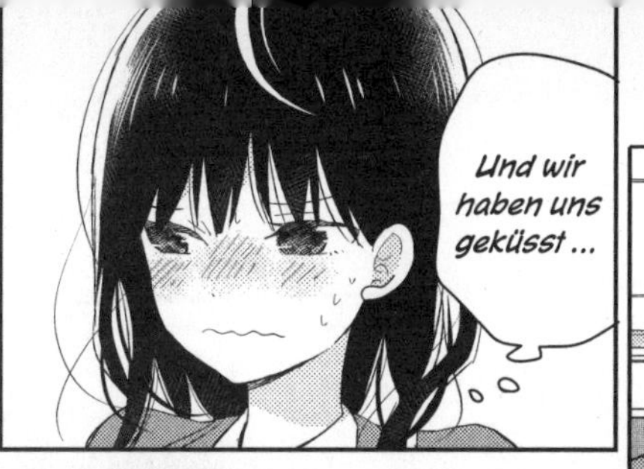
Und wir haben uns geküsst ...

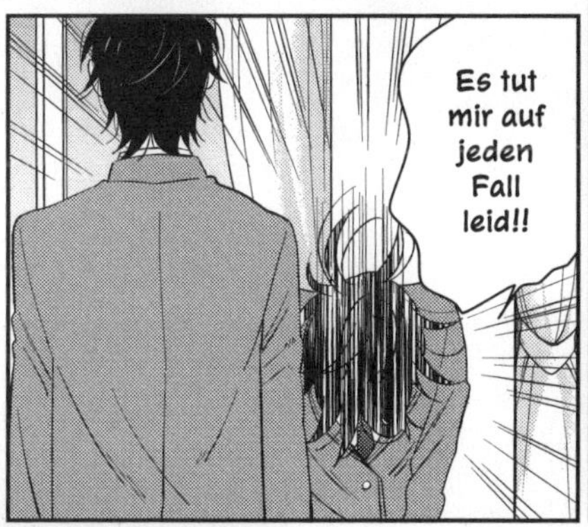
Es tut mir auf jeden Fall leid!!

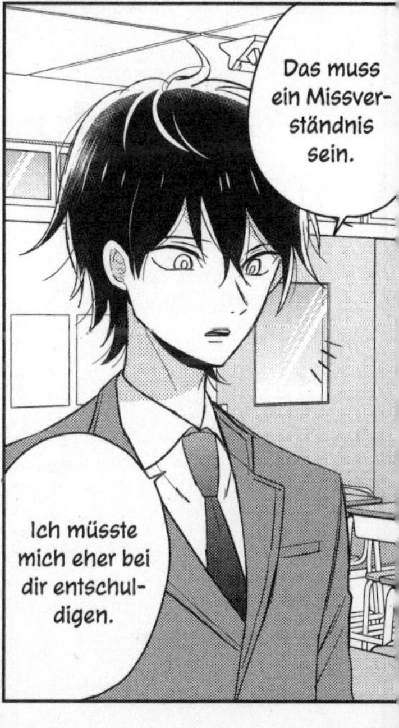
Das muss ein Missverständnis sein.
Ich müsste mich eher bei dir entschuldigen.

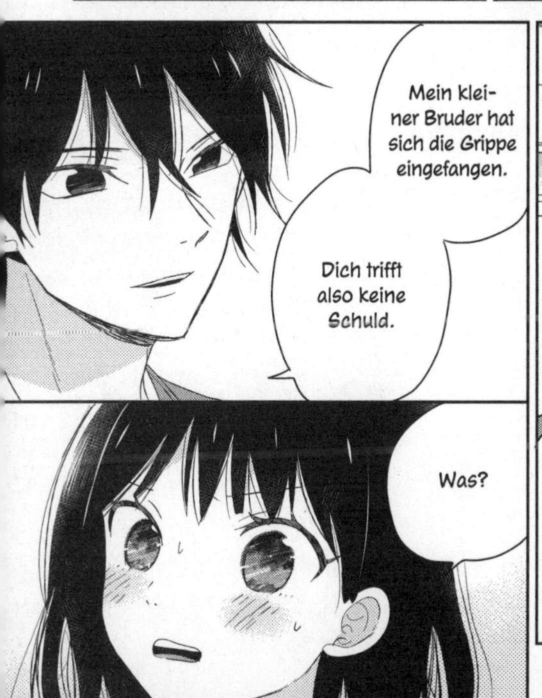
Mein kleiner Bruder hat sich die Grippe eingefangen.
Dich trifft also keine Schuld.
Was?

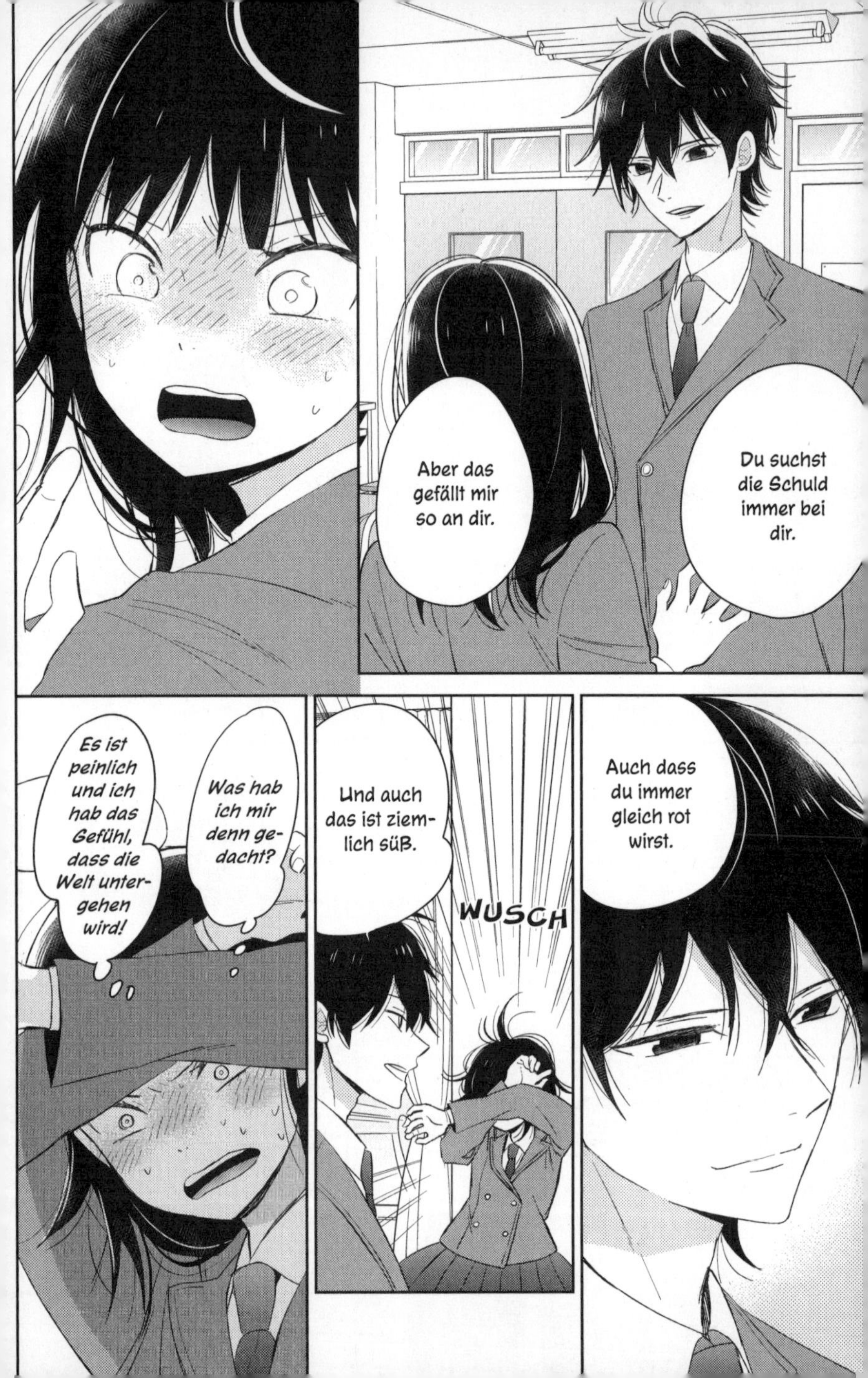
Du suchst die Schuld immer bei dir.
Aber das gefällt mir so an dir.
Auch dass du immer gleich rot wirst.
Und auch das ist ziemlich süß.
WUSCH
Was hab ich mir denn gedacht?
Es ist peinlich und ich hab das Gefühl, dass die Welt untergehen wird!

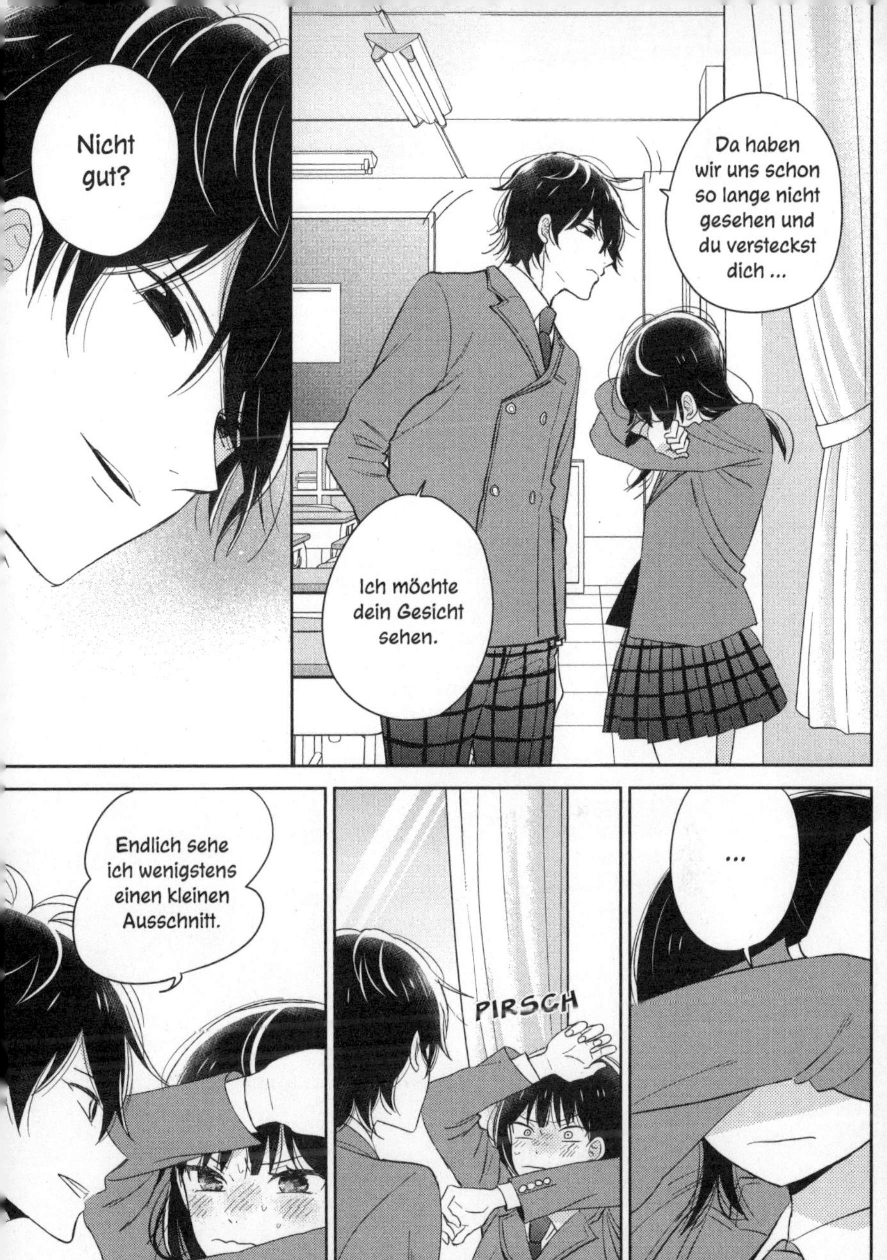
Da haben wir uns schon so lange nicht gesehen und du versteckst dich ...
Ich möchte dein Gesicht sehen.
Nicht gut?
...
PIRSCH
Endlich sehe ich wenigstens einen kleinen Ausschnitt.

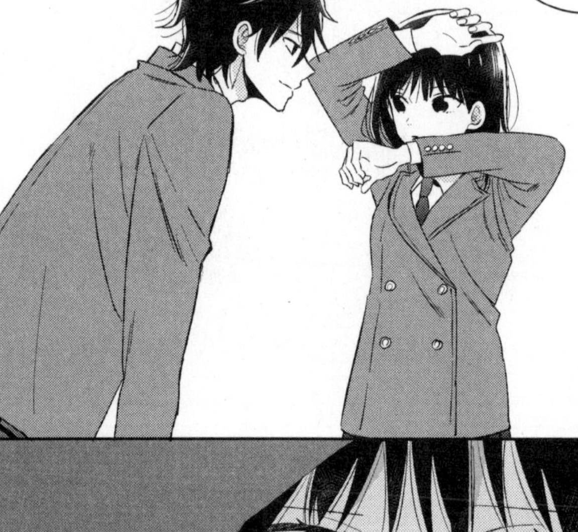

Schon allein ...

... mit einem Nicken ...

... würde ich einen Schritt nach vorn machen ...

Aber ich
habe mir
vorgenom-
men, richtig
mit ihm zu
reden.

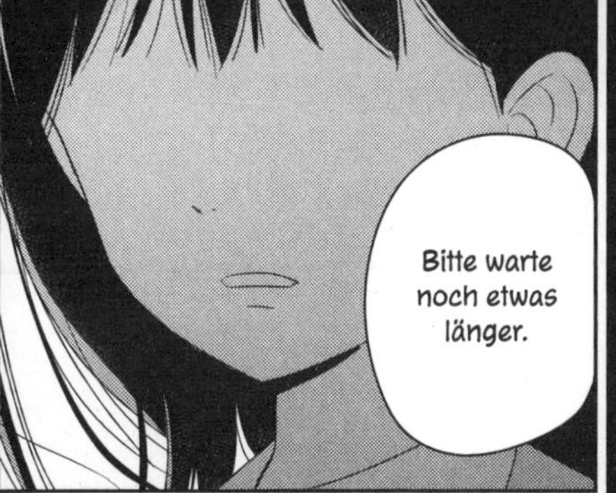

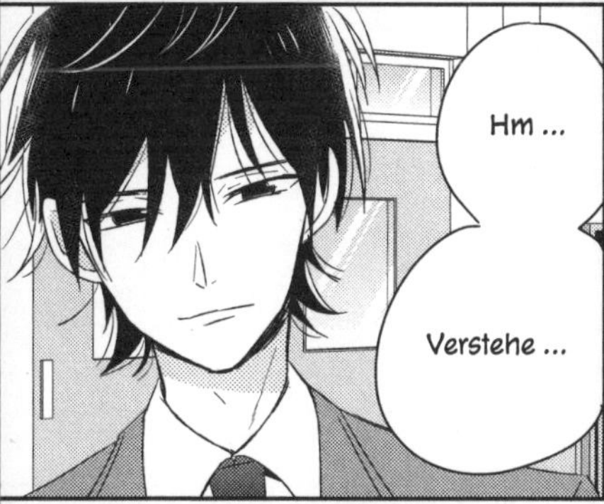

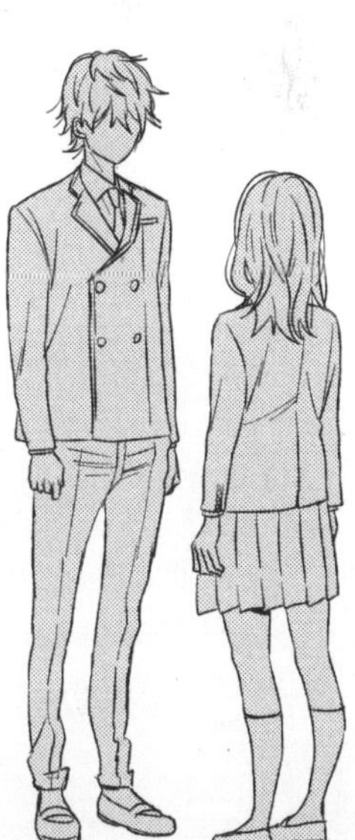

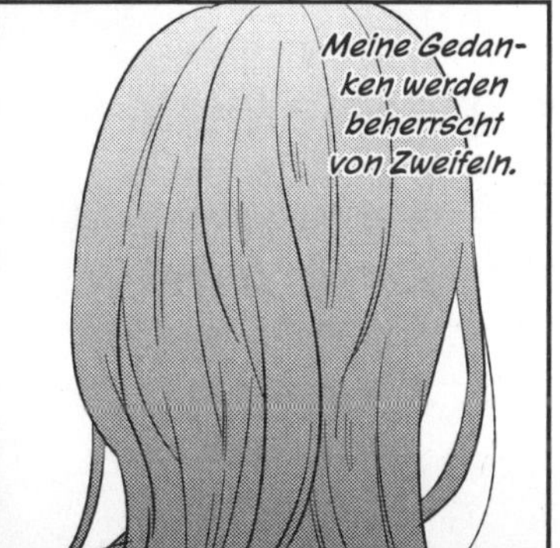

Warum nur
werde ich sie
nicht los?

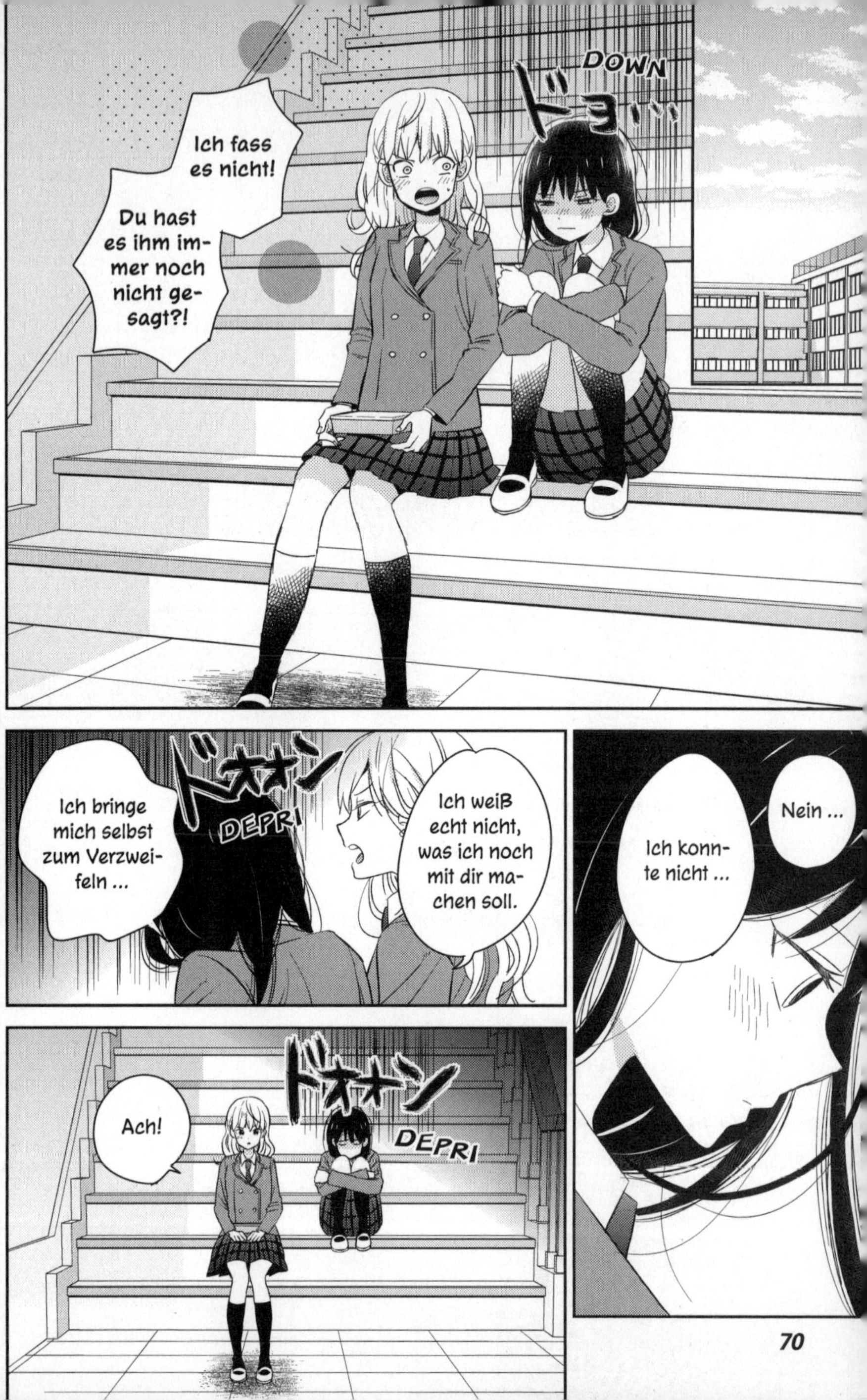

DOWN

Ich fass es nicht!

Du hast es ihm immer noch nicht gesagt?!

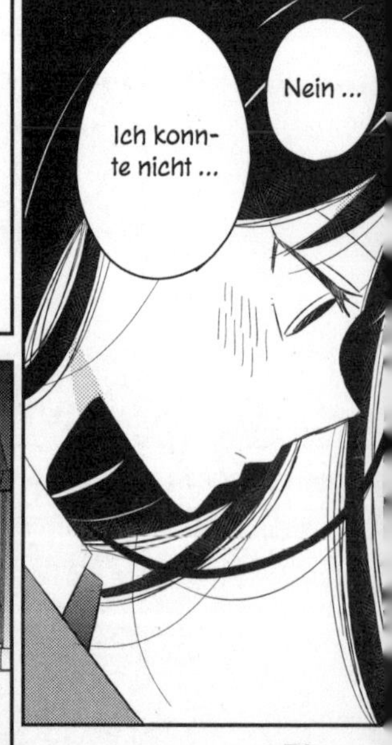

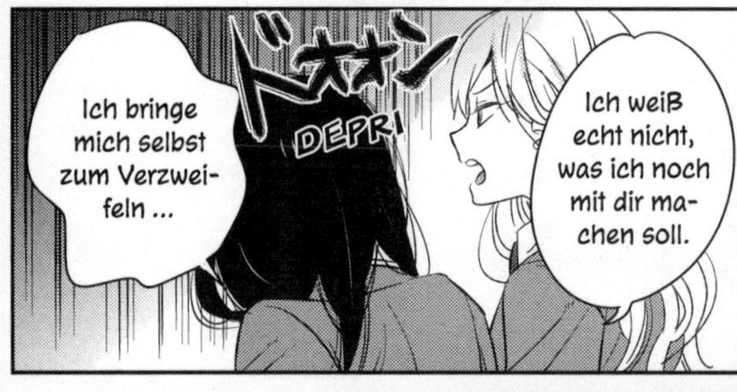

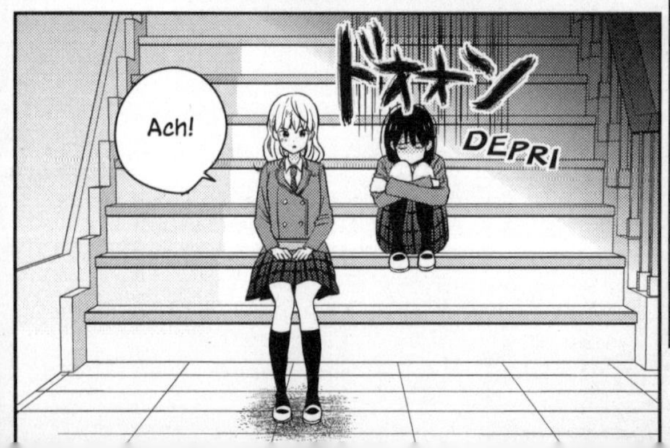

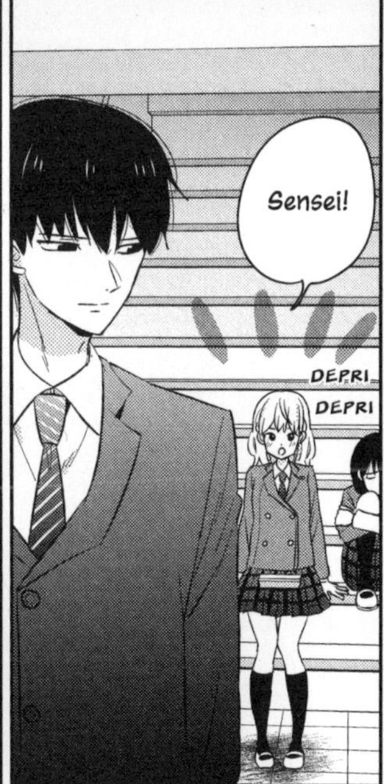

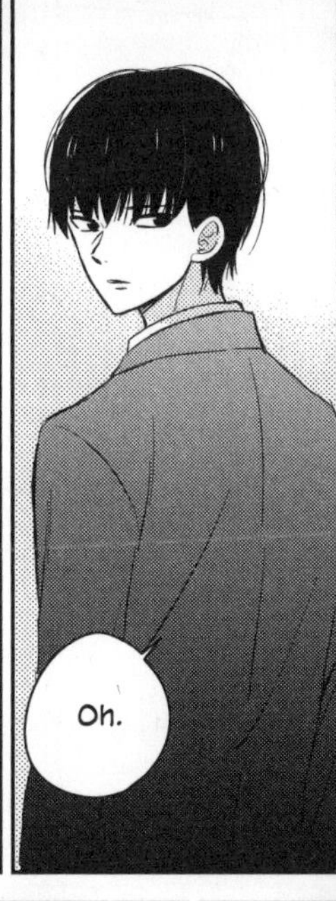

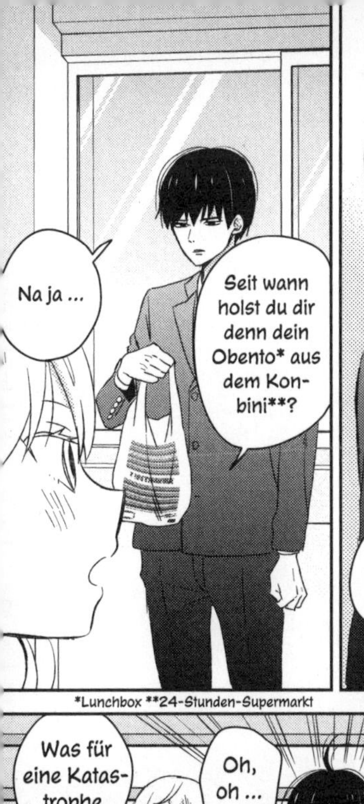

*Lunchbox **24-Stunden-Supermarkt

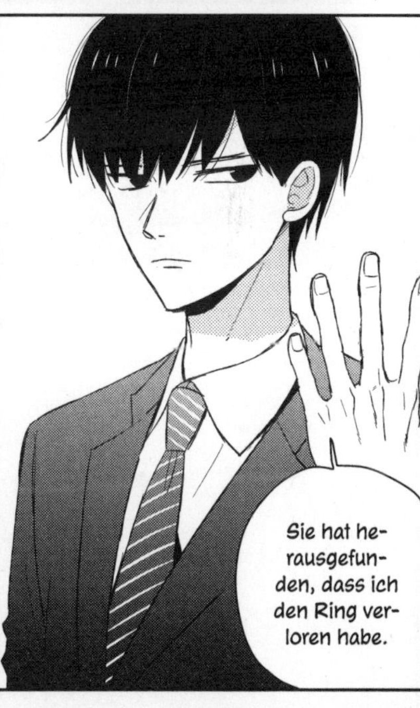

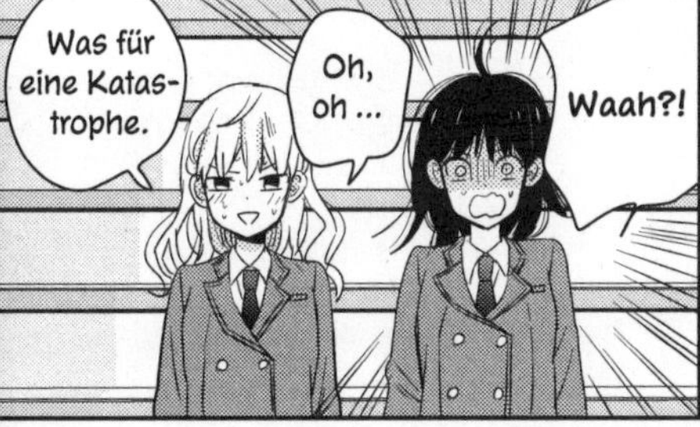

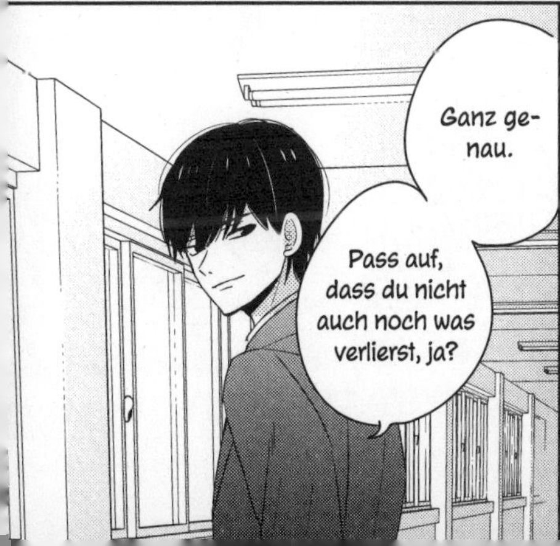

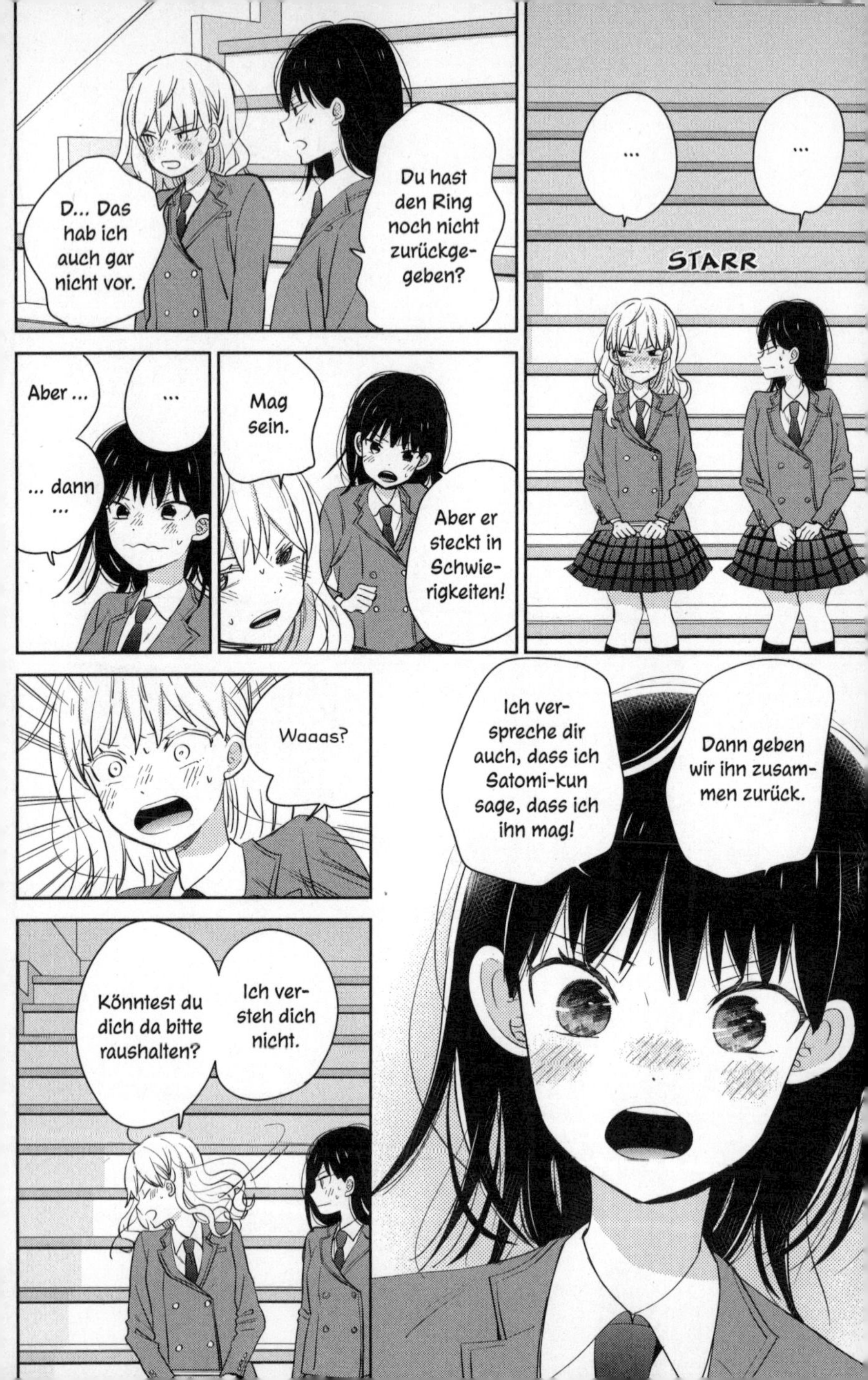
...
...
STARR
Du hast den Ring noch nicht zurückgegeben?
D... Das hab ich auch gar nicht vor.
Mag sein.
Aber er steckt in Schwierigkeiten!
...
Aber ...
... dann ...
Dann geben wir ihn zusammen zurück.
Ich verspreche dir auch, dass ich Satomi-kun sage, dass ich ihn mag!
Waaas?
Ich versteh dich nicht.
Könntest du dich da bitte raushalten?

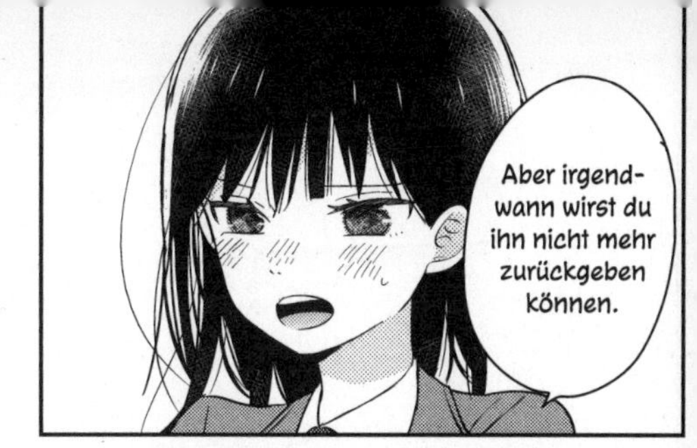
Aber irgend-
wann wirst du
ihn nicht mehr
zurückgeben
können.

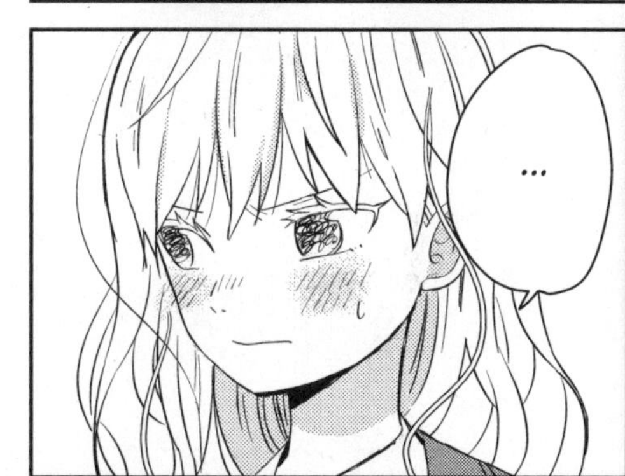
...

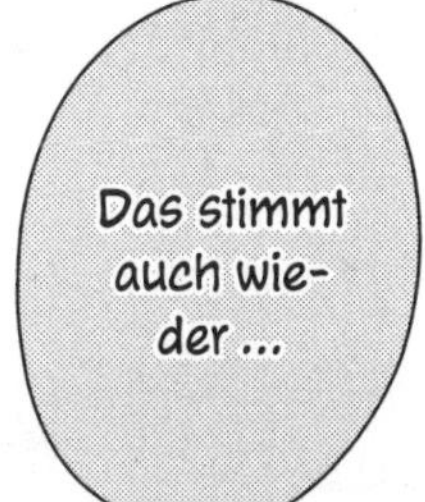
Das stimmt
auch wie-
der ...

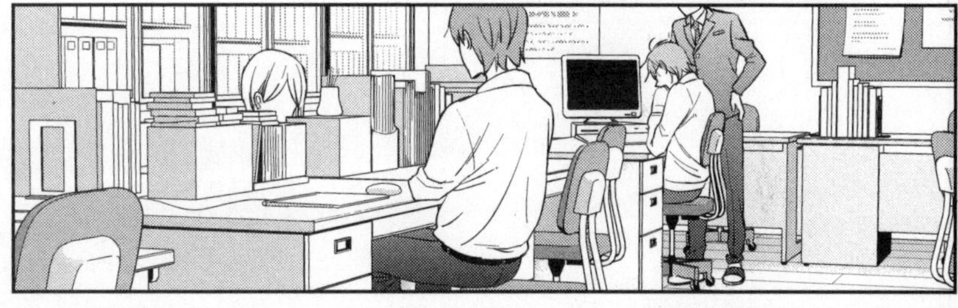

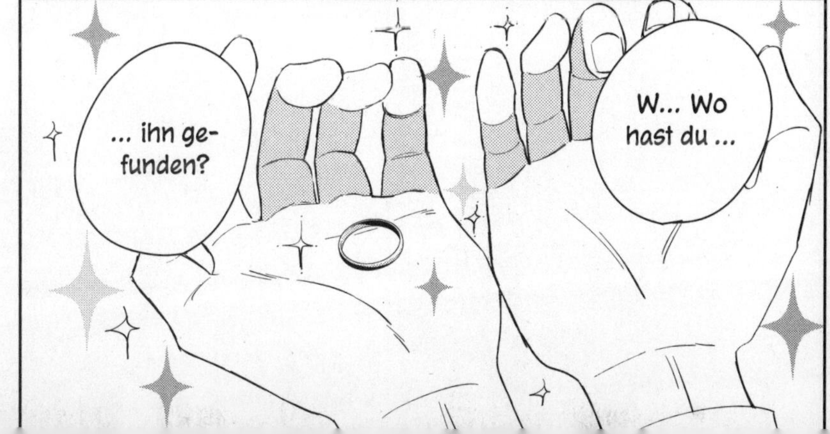
W... Wo
hast du ...
... ihn ge-
funden?

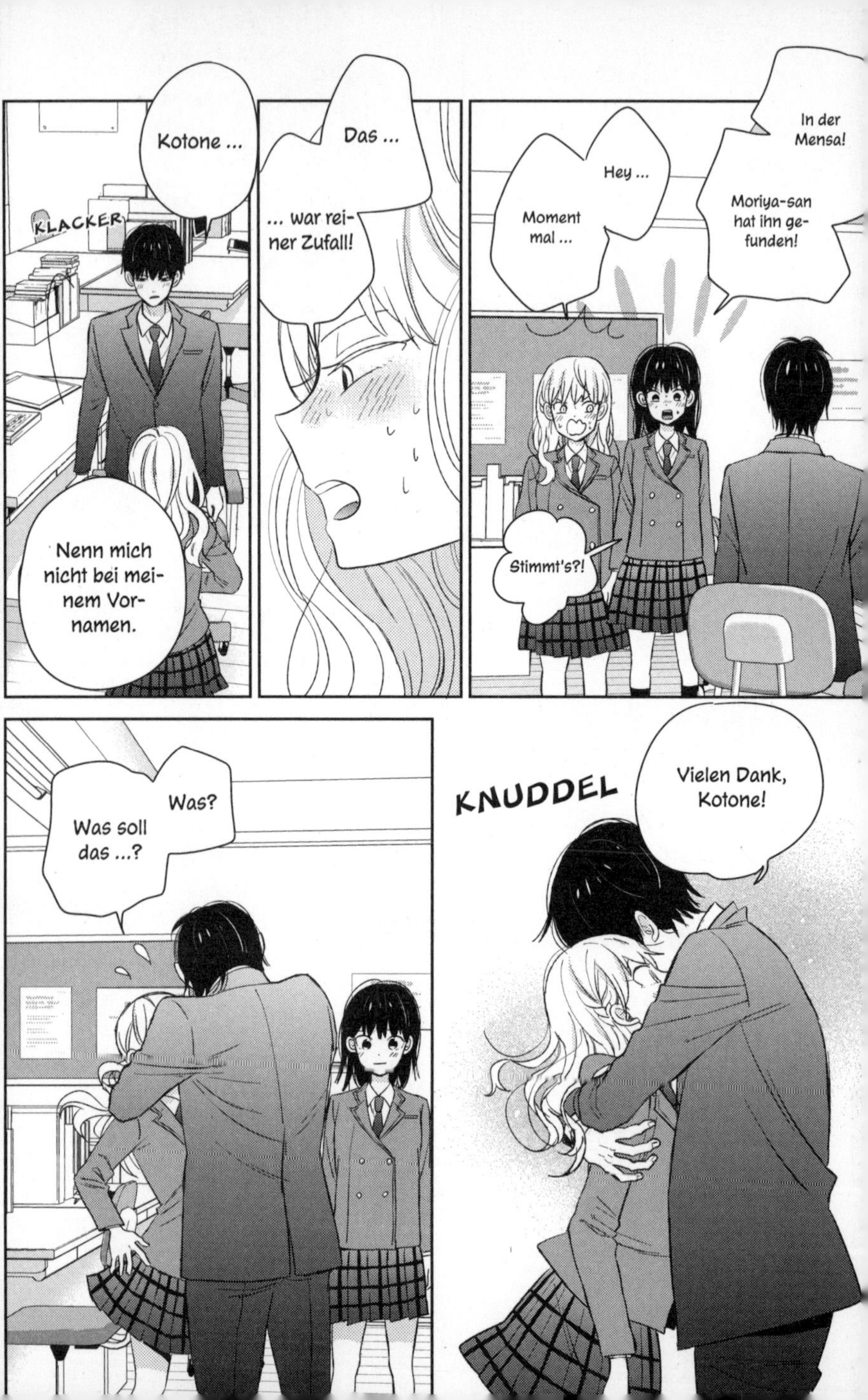

In der Mensa! Moriya-san hat ihn gefunden!

Hey ... Moment mal ...

Stimmt's?!

Das ... ... war reiner Zufall!

Kotone ...

KLACKER

Nenn mich nicht bei meinem Vornamen.

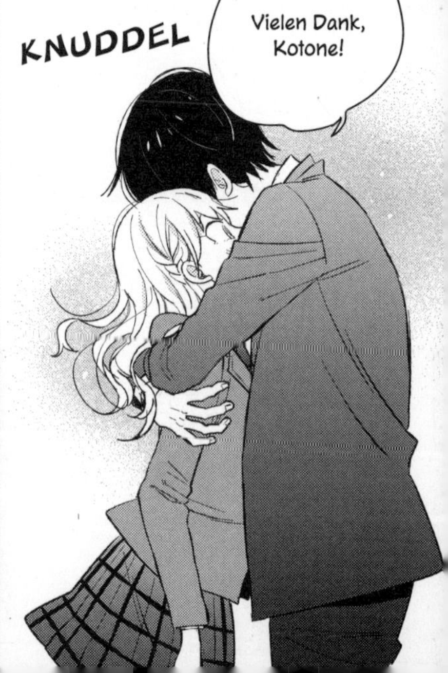

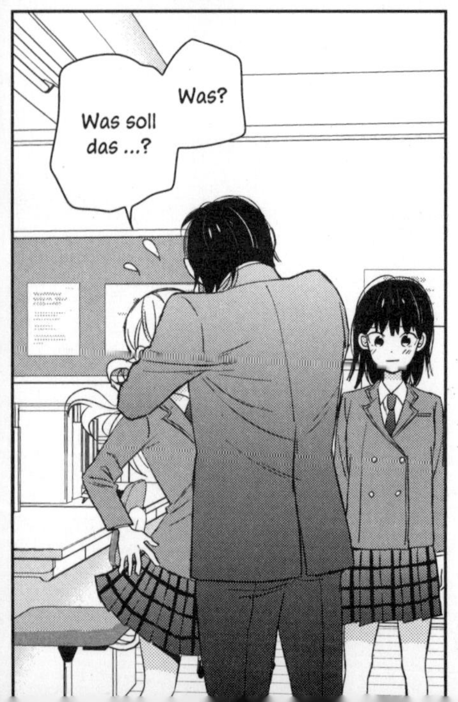

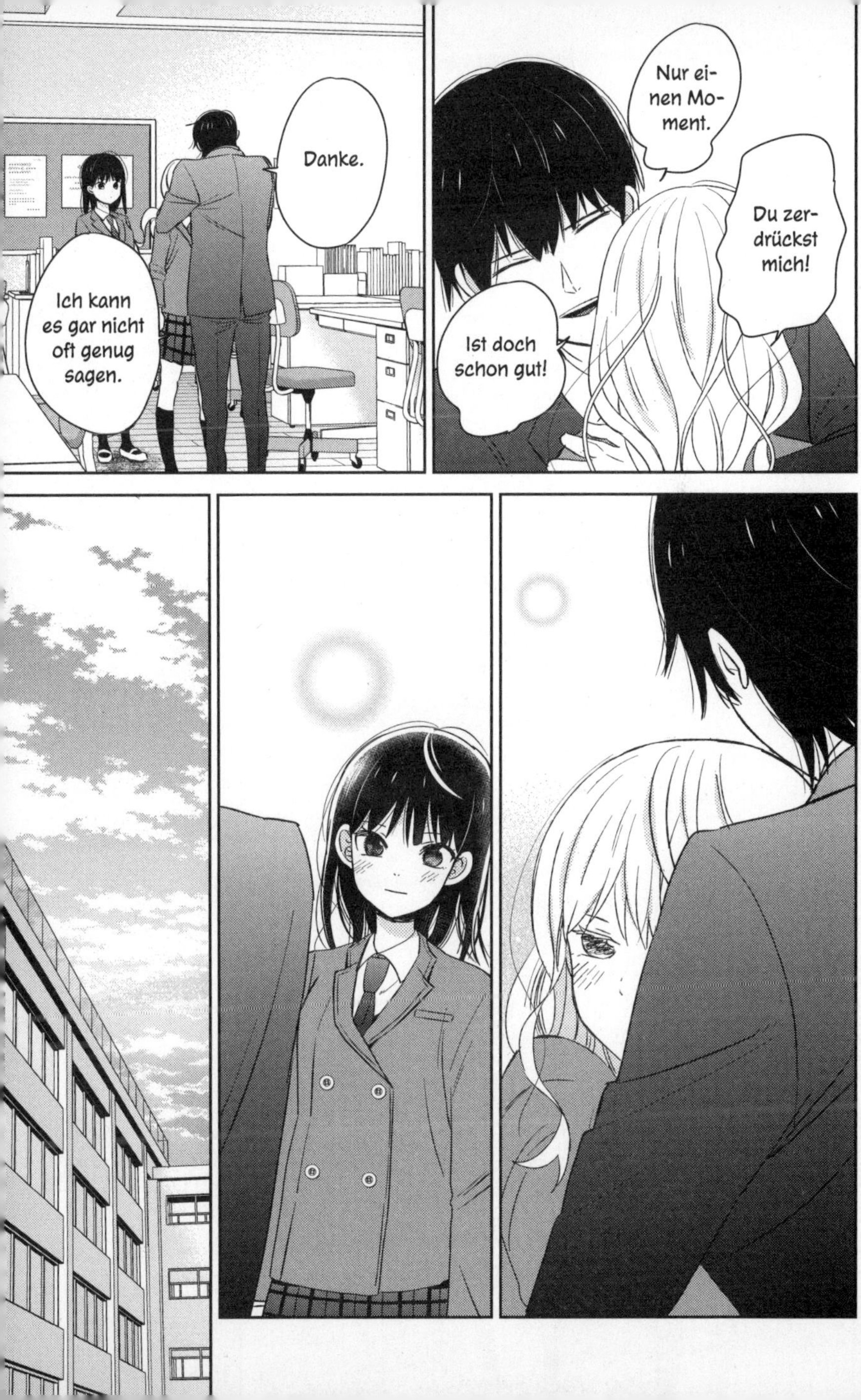

Nur einen Moment.

Du zerdrückst mich!

Ist doch schon gut!

Danke.

Ich kann es gar nicht oft genug sagen.

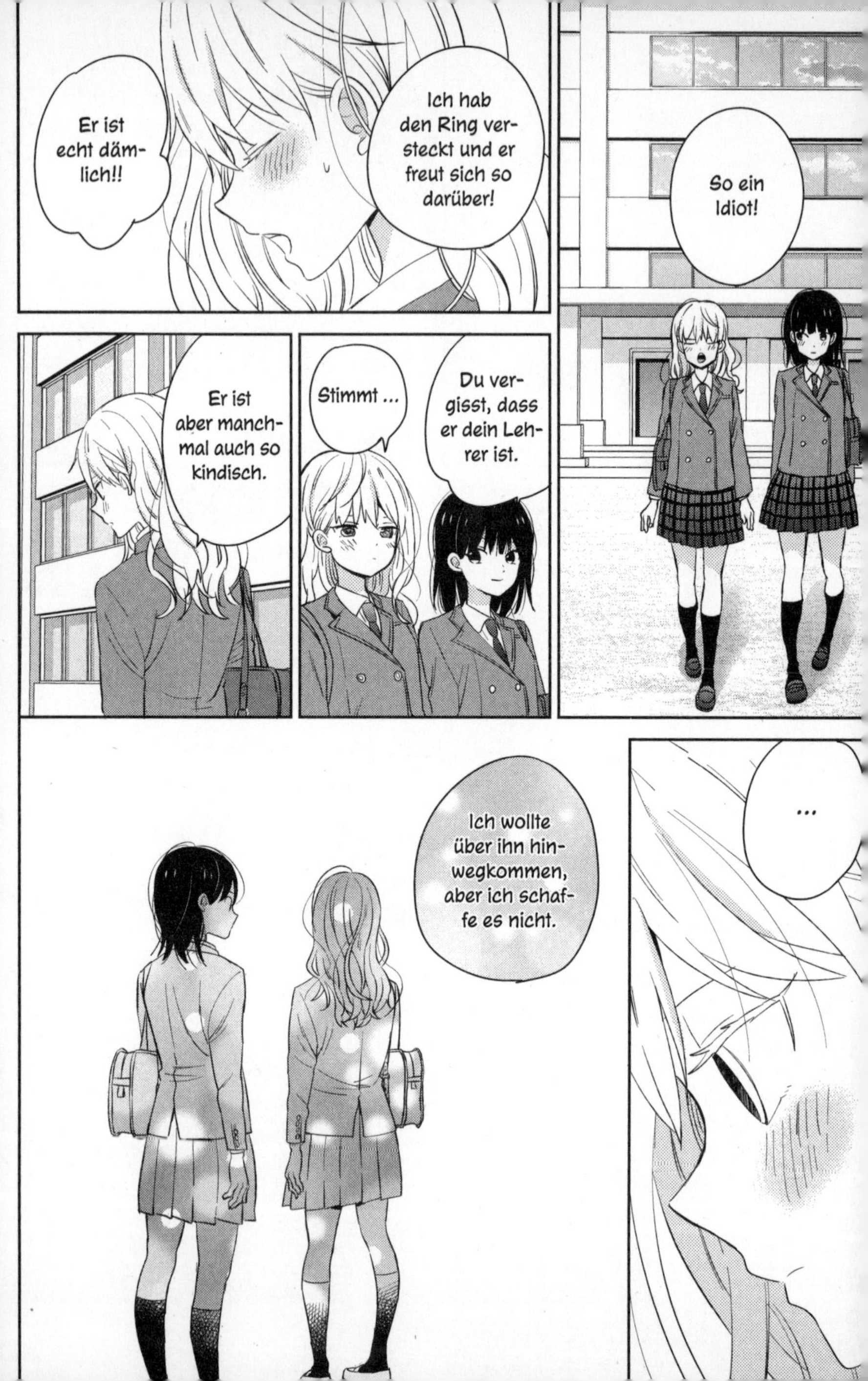
So ein Idiot!
Ich hab den Ring versteckt und er freut sich so darüber!
Er ist echt dämlich!!
Du vergisst, dass er dein Lehrer ist.
Stimmt ...
Er ist aber manchmal auch so kindisch.
...
Ich wollte über ihn hinwegkommen, aber ich schaffe es nicht.

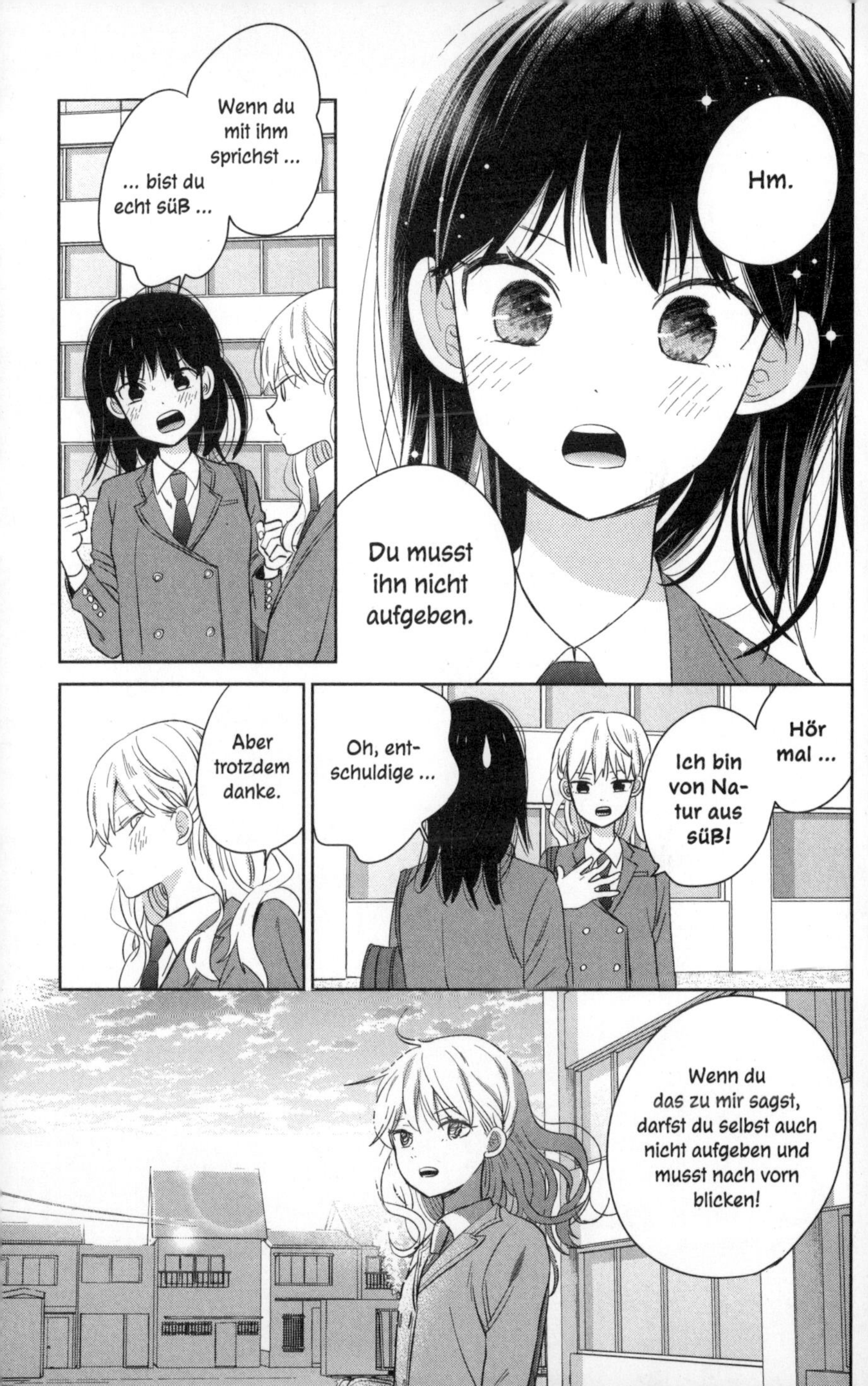
Hm.
Du musst ihn nicht aufgeben.
Wenn du mit ihm sprichst ...
... bist du echt süß ...
Hör mal ...
Ich bin von Natur aus süß!
Oh, entschuldige ...
Aber trotzdem danke.
Wenn du das zu mir sagst, darfst du selbst auch nicht aufgeben und musst nach vorn blicken!

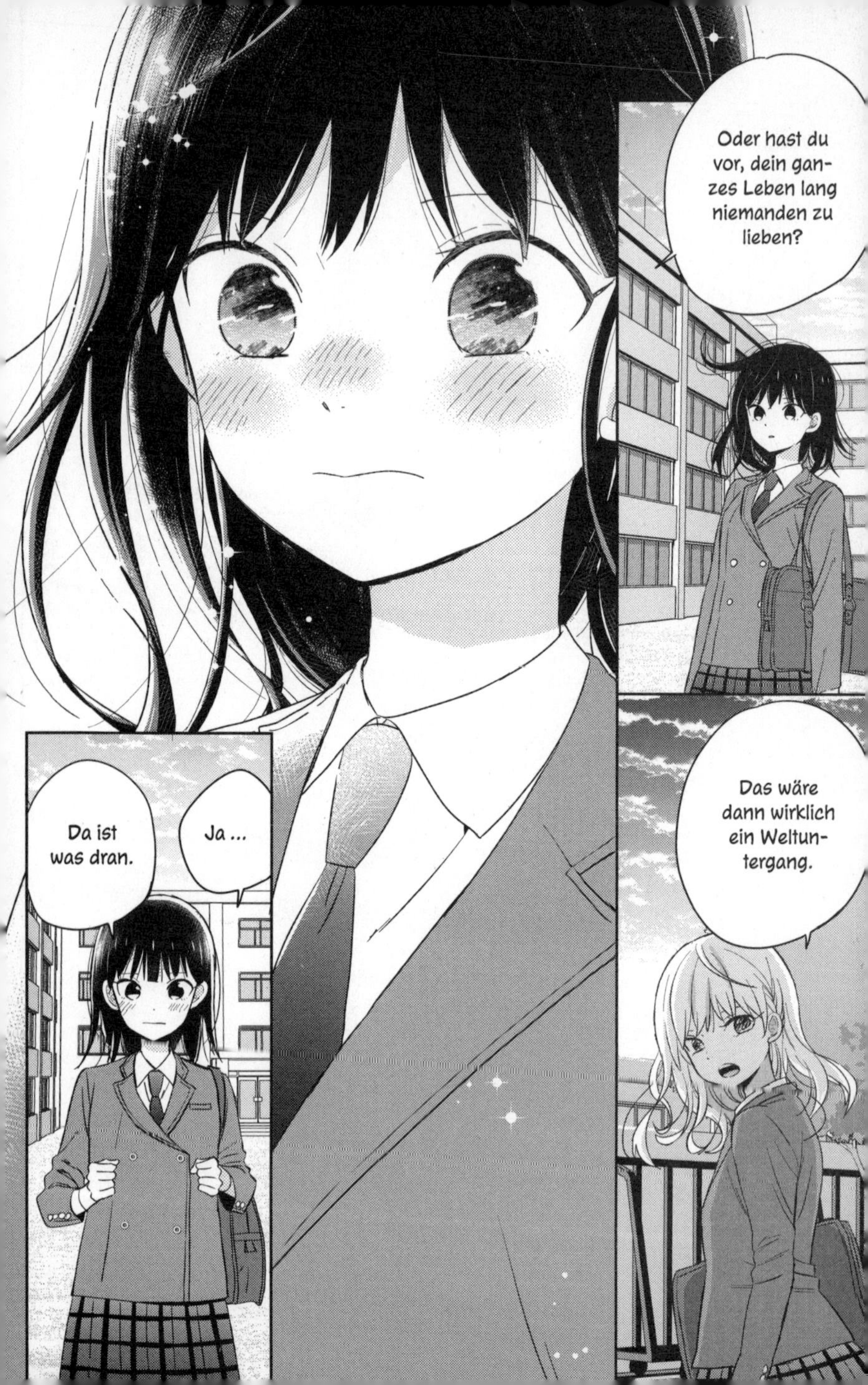
Oder hast du vor, dein ganzes Leben lang niemanden zu lieben?
Das wäre dann wirklich ein Weltuntergang.
Ja ...
Da ist was dran.

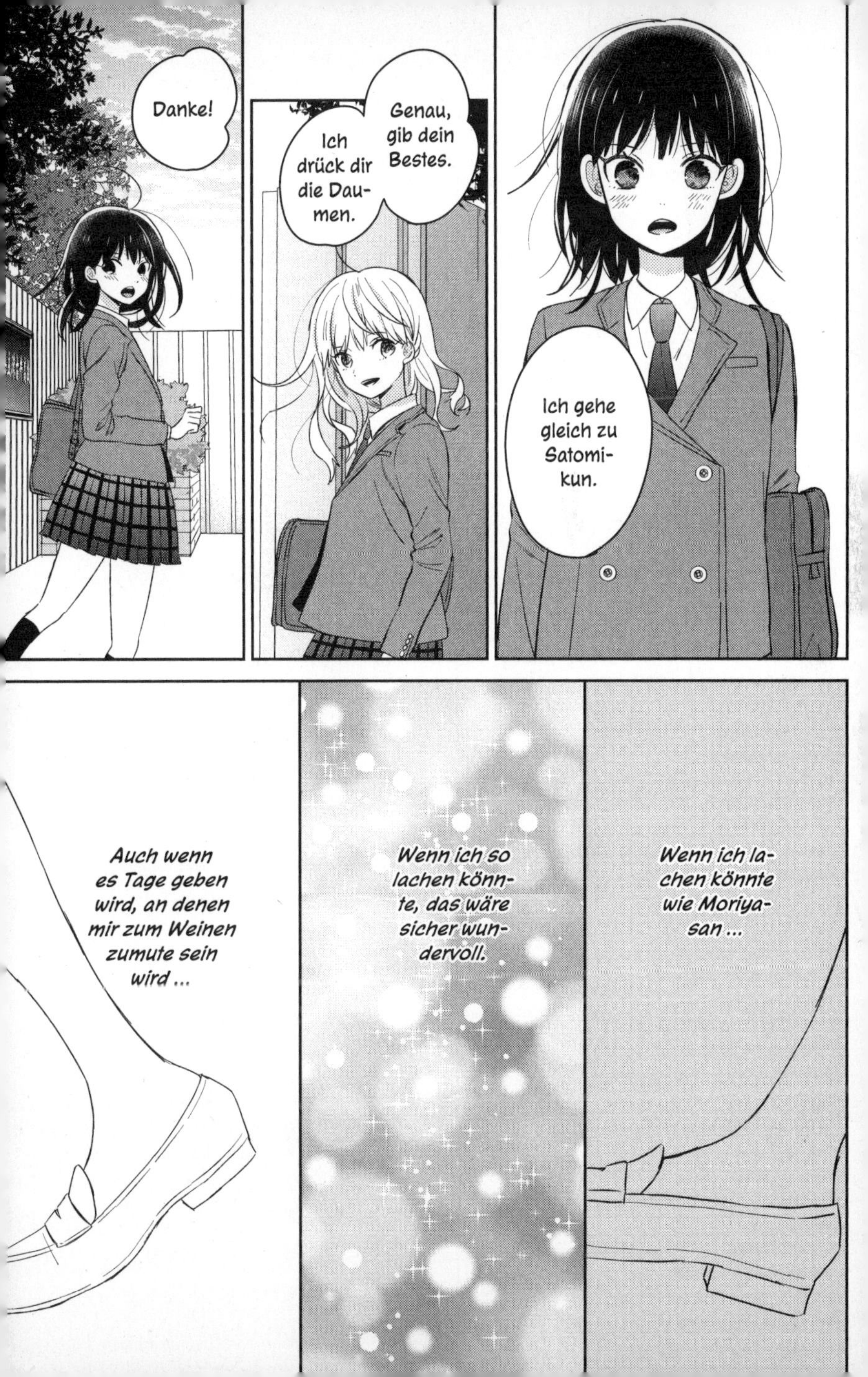

Ich gehe gleich zu Satomi-kun.

Genau, gib dein Bestes.

Ich drück dir die Daumen.

Danke!

Wenn ich lachen könnte wie Moriya-san ...

Wenn ich so lachen könnte, das wäre sicher wundervoll.

Auch wenn es Tage geben wird, an denen mir zum Weinen zumute sein wird ...

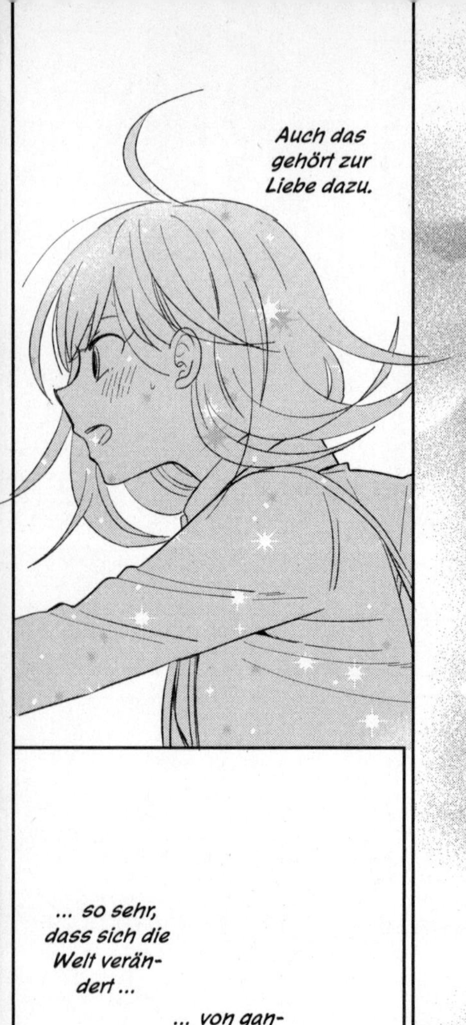

Offen und ehrlich ...

... von ganzem Herzen ...

... so sehr, dass sich die Welt verändert ...

... möchte ich jemanden lieben.

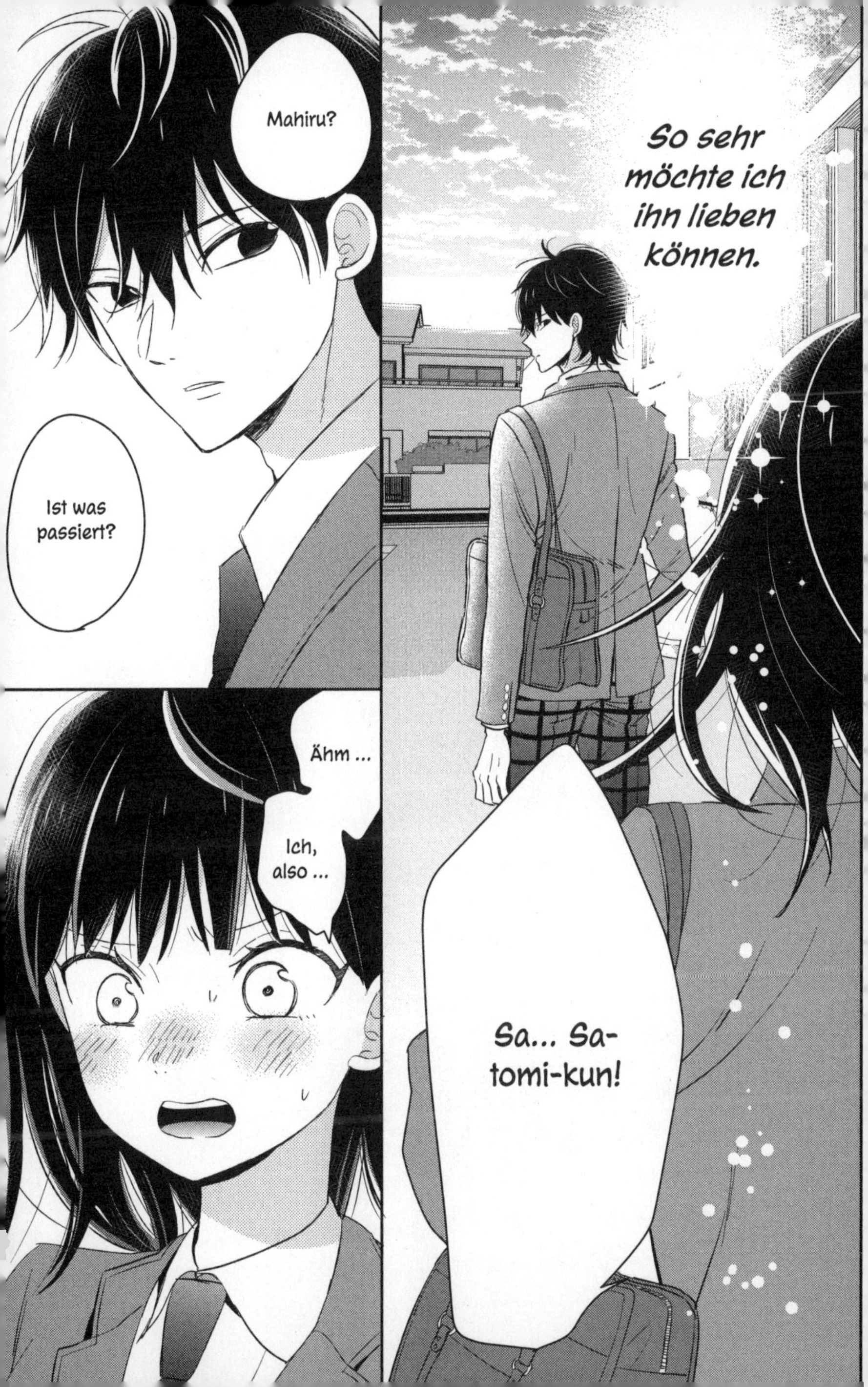
So sehr möchte ich ihn lieben können.
Sa... Satomi-kun!
Mahiru?
Ist was passiert?
Ähm ...
Ich, also ...

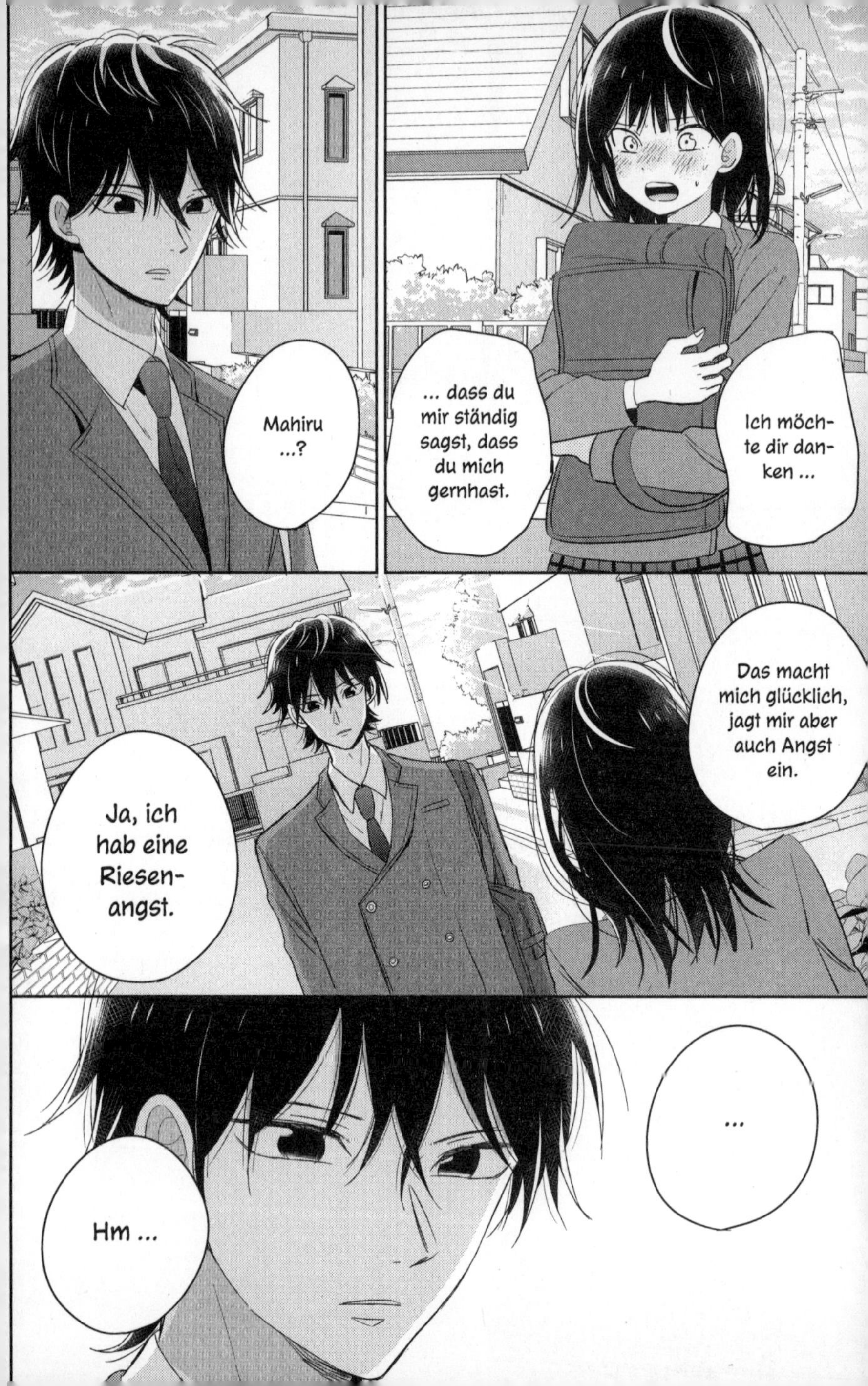
Ich möch-te dir dan-ken ...
... dass du mir ständig sagst, dass du mich gernhast.
Mahiru ...?
Das macht mich glücklich, jagt mir aber auch Angst ein.
Ja, ich hab eine Riesen-angst.
...
Hm ...

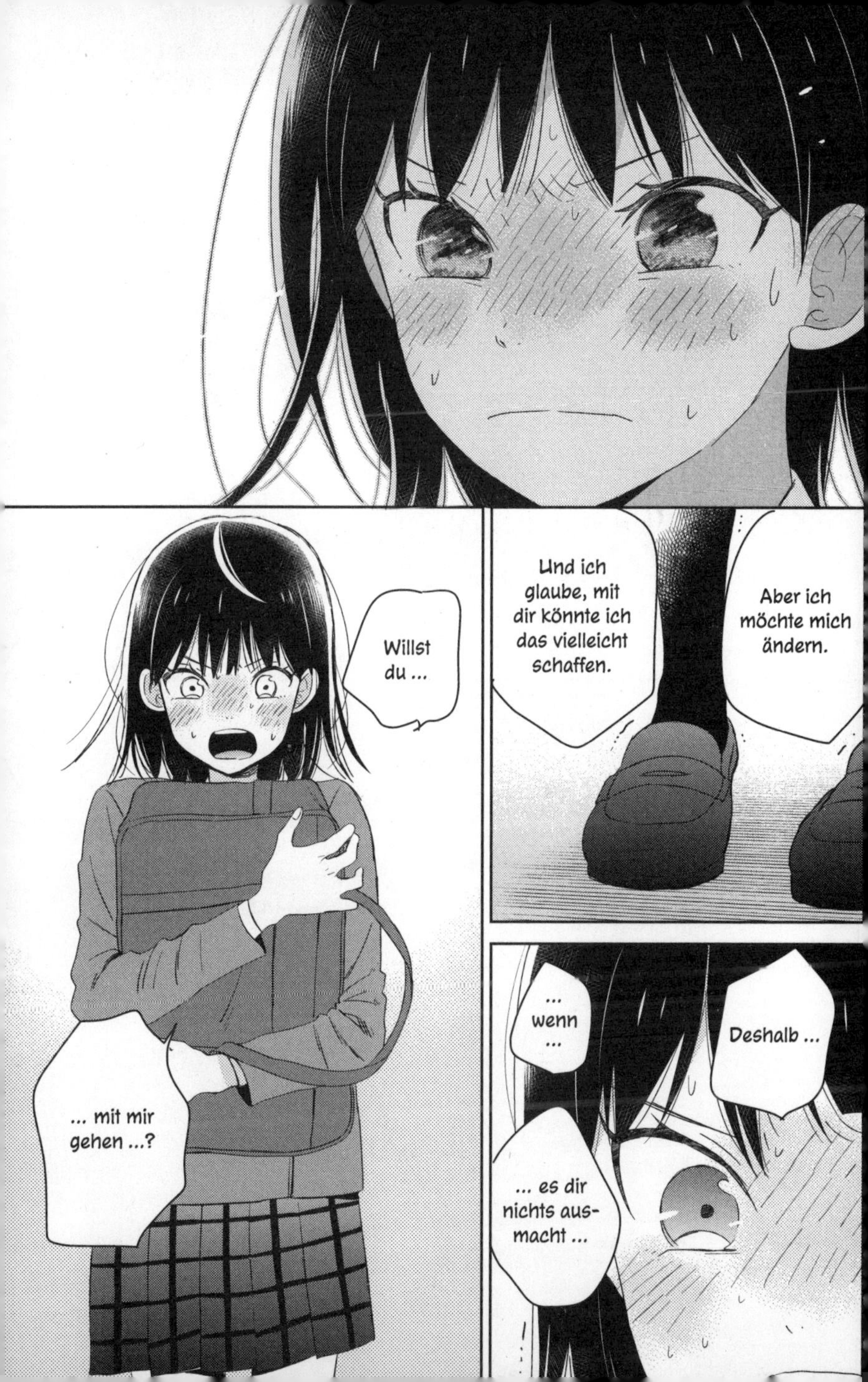
Aber ich möchte mich ändern.
Und ich glaube, mit dir könnte ich das vielleicht schaffen.
Deshalb ...
... wenn ...
... es dir nichts ausmacht ...
Willst du ...
... mit mir gehen ...?

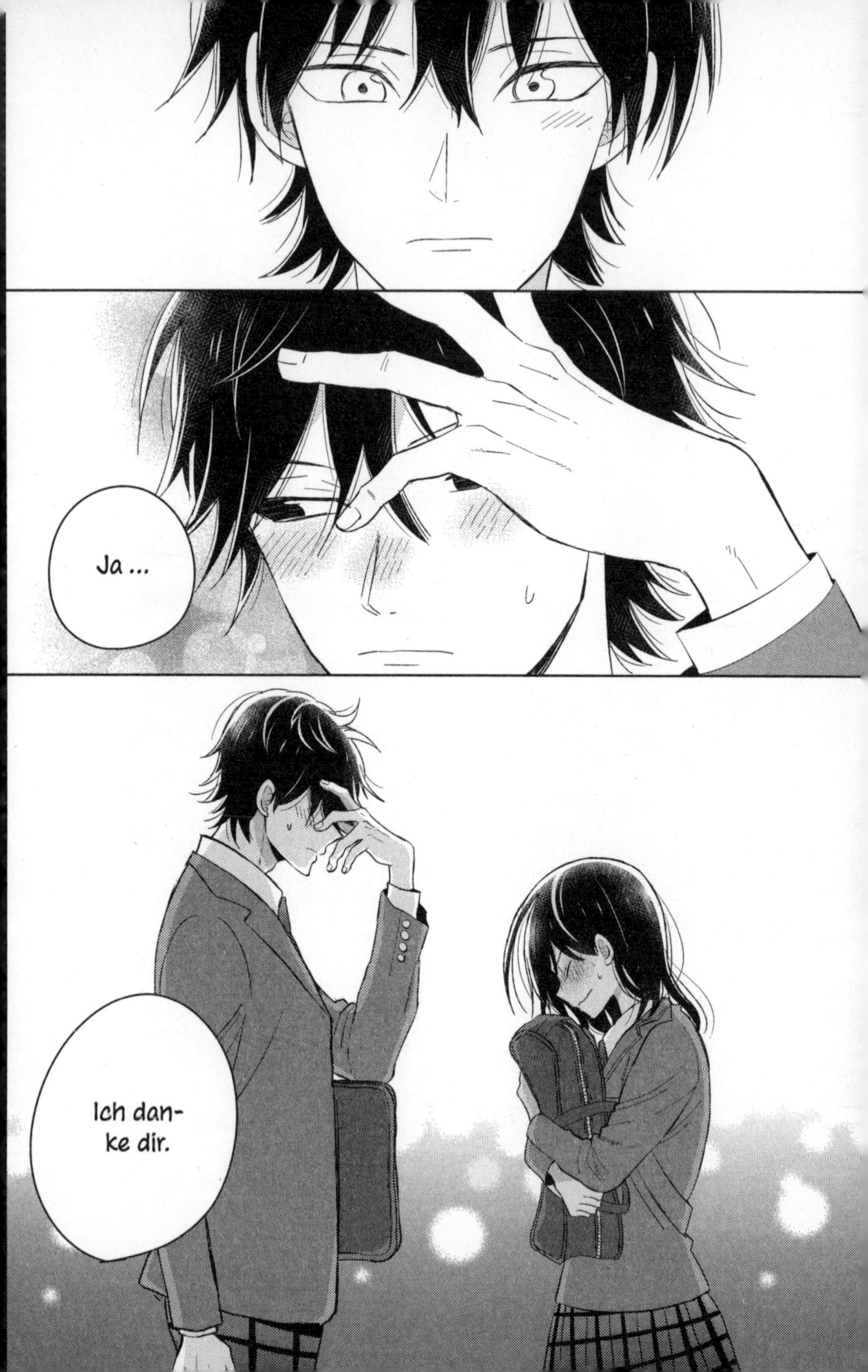
Ja ...
Ich danke dir.

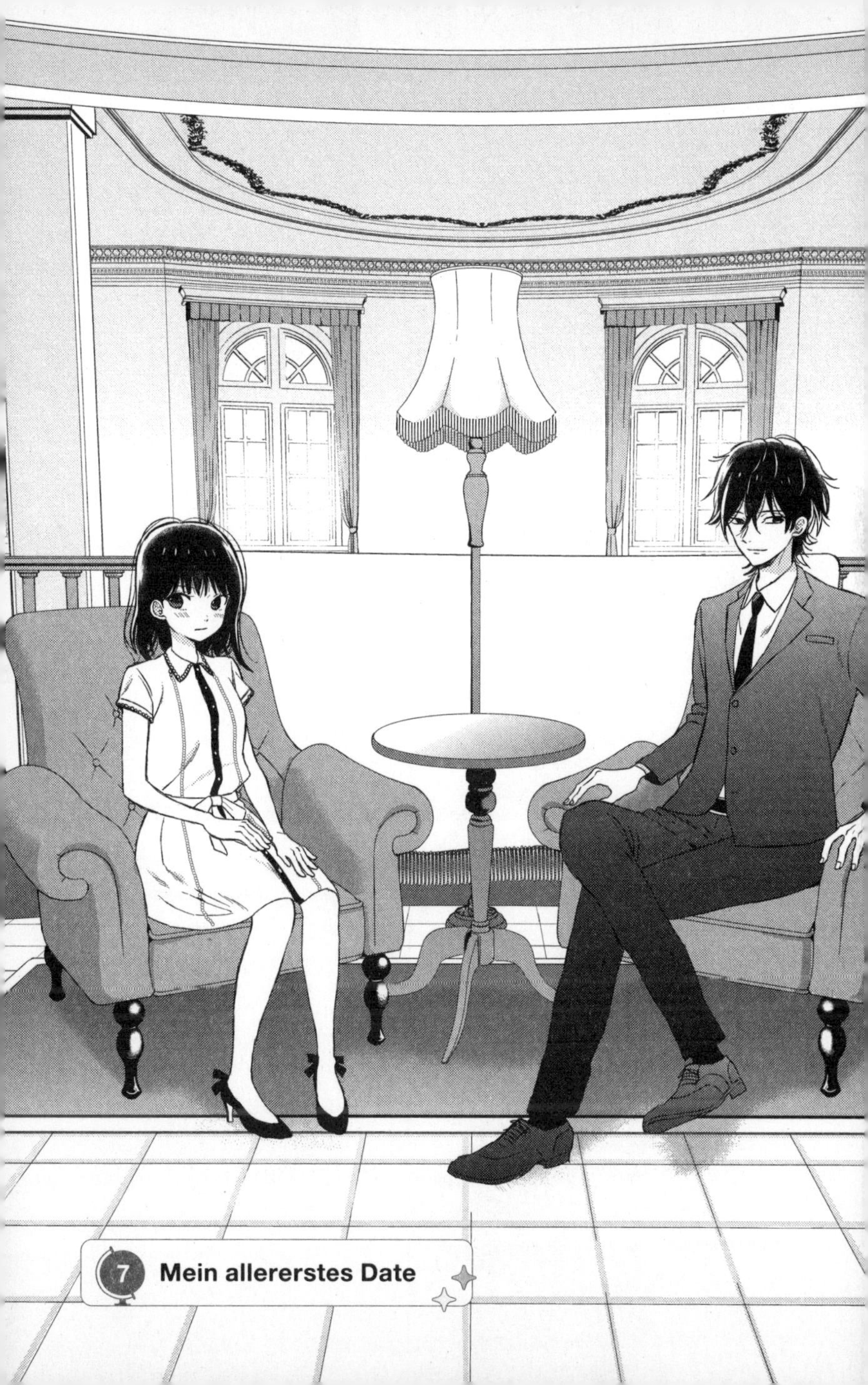
7
Mein allererstes Date

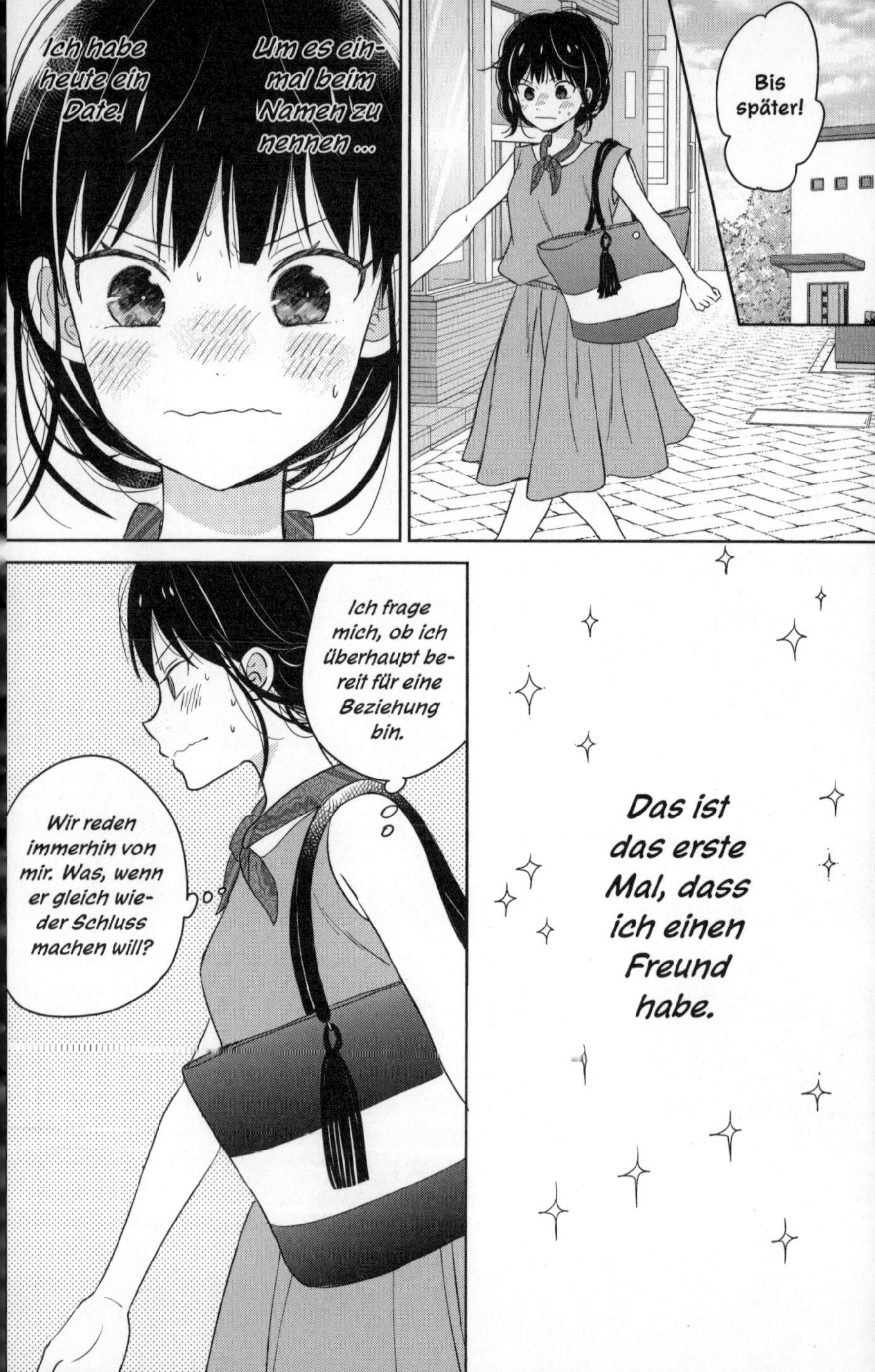
Bis später!
Um es einmal beim Namen zu nennen ...
Ich habe heute ein Date!
Das ist das erste Mal, dass ich einen Freund habe.
Ich frage mich, ob ich überhaupt bereit für eine Beziehung bin.
Wir reden immerhin von mir. Was, wenn er gleich wieder Schluss machen will?

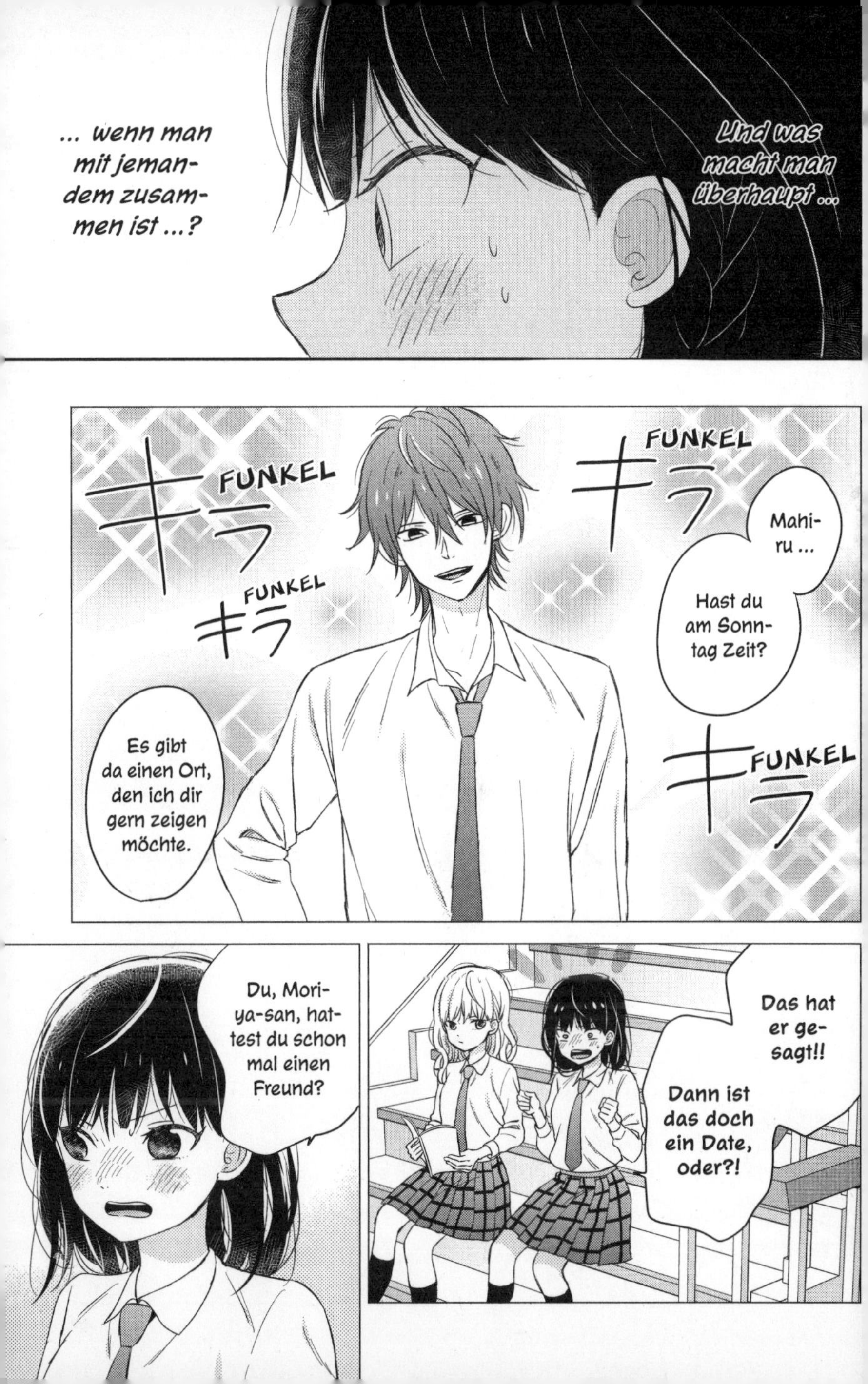

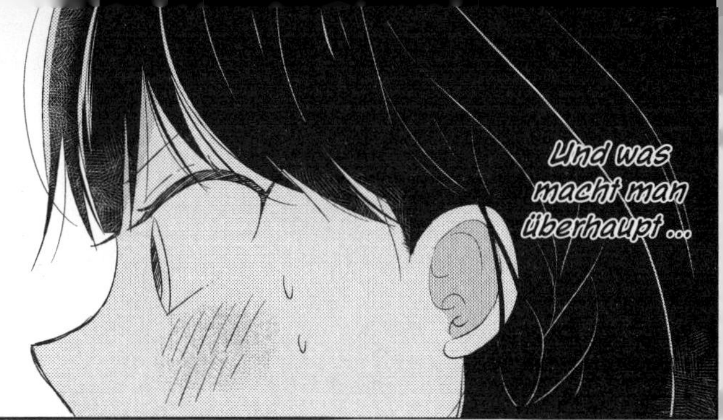

... wenn man mit jemandem zusammen ist ...?

キラ FUNKEL

キラ FUNKEL

キラ FUNKEL

キラ FUNKEL

Mahiru ...

Hast du am Sonntag Zeit?

Es gibt da einen Ort, den ich dir gern zeigen möchte.

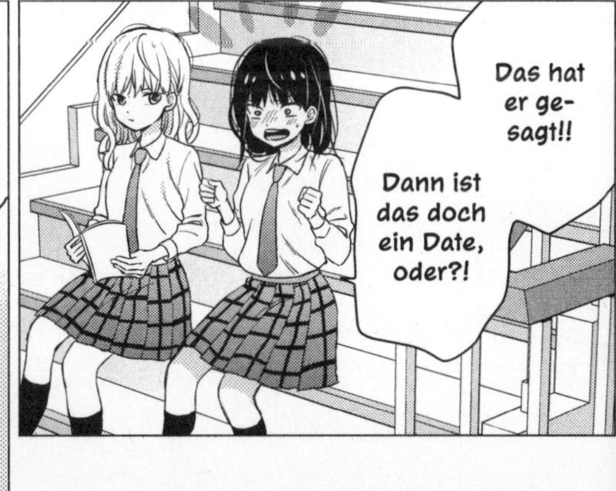

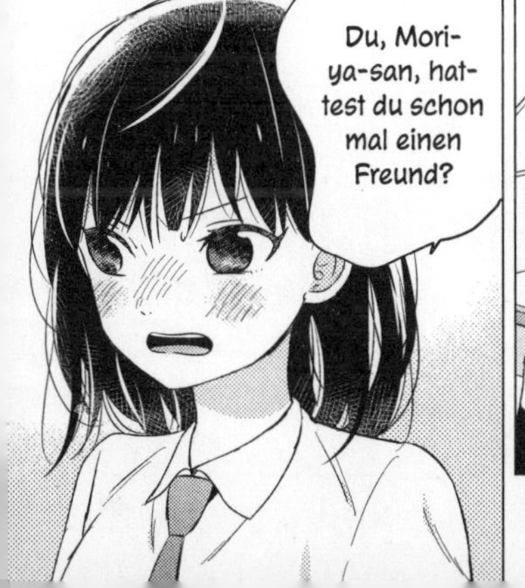

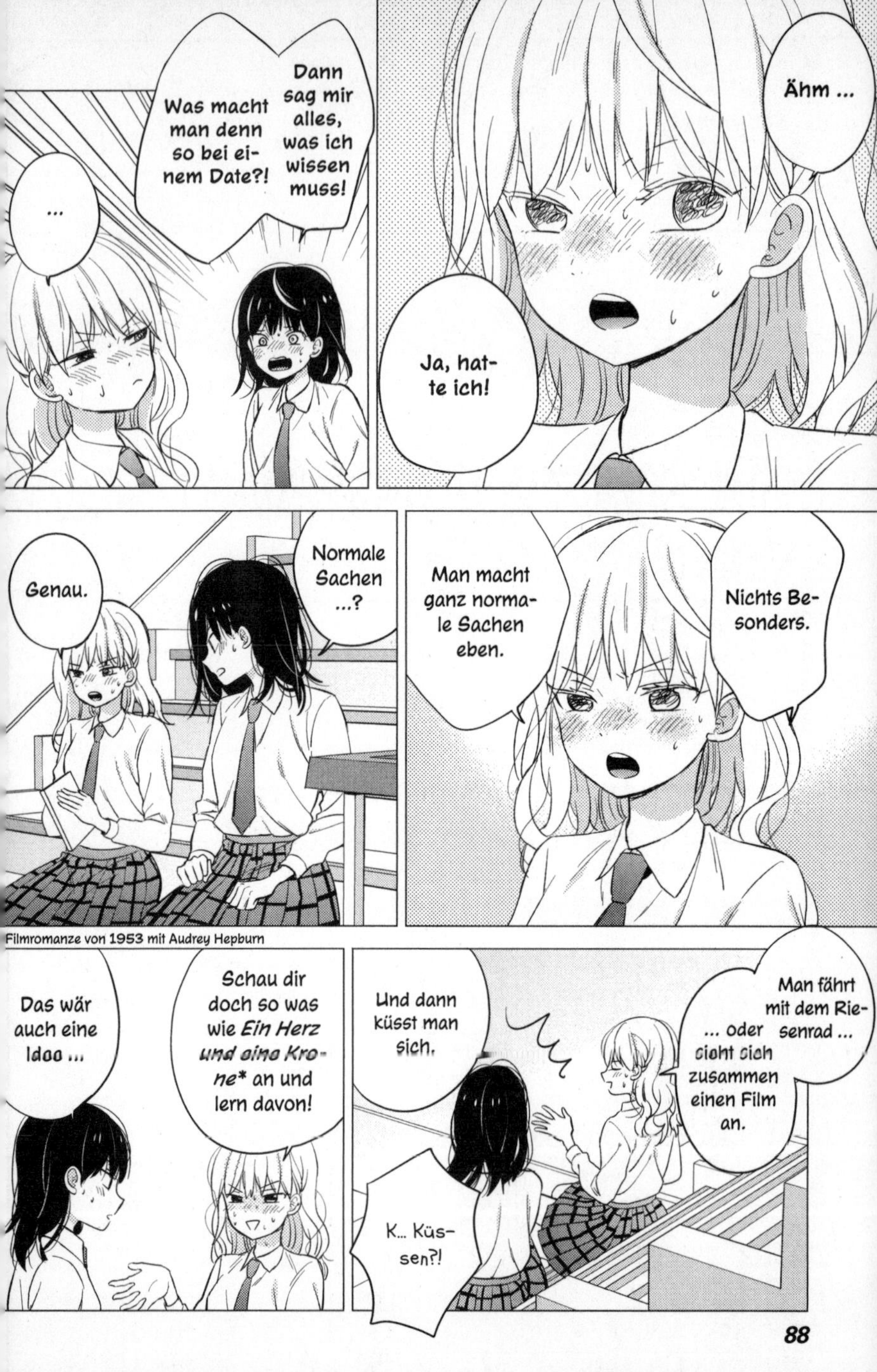

* Filmromanze von 1953 mit Audrey Hepburn

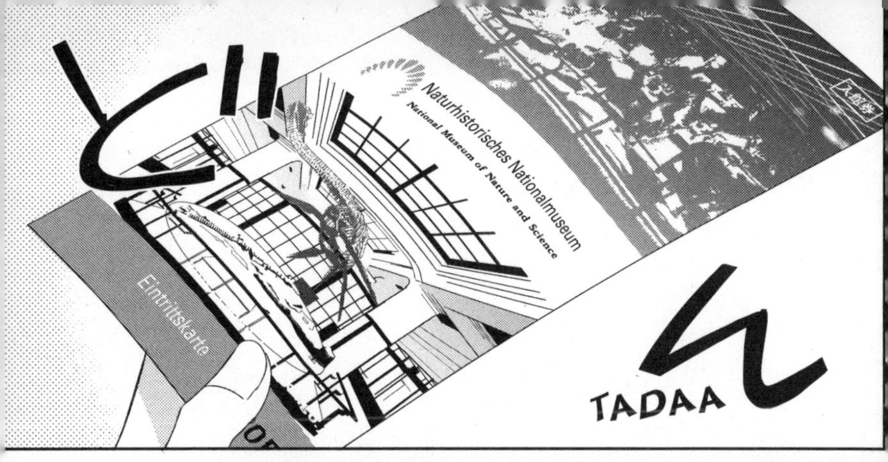
Naturhistorisches Nationalmuseum
National Museum of Nature and Science
Eintrittskarte
TADAA

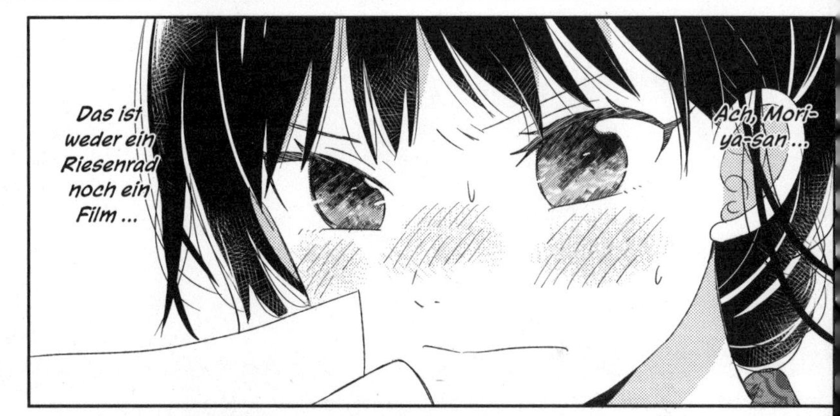
Ach, Mori-ya-san ...
Das ist weder ein Riesenrad noch ein Film ...

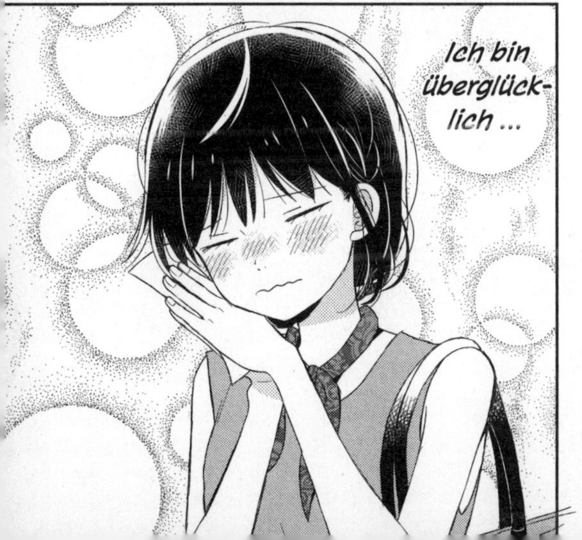
Aber Date ist Date!! Wir werden einen ganzen Tag miteinander verbringen!
Ich bin überglück-lich ...

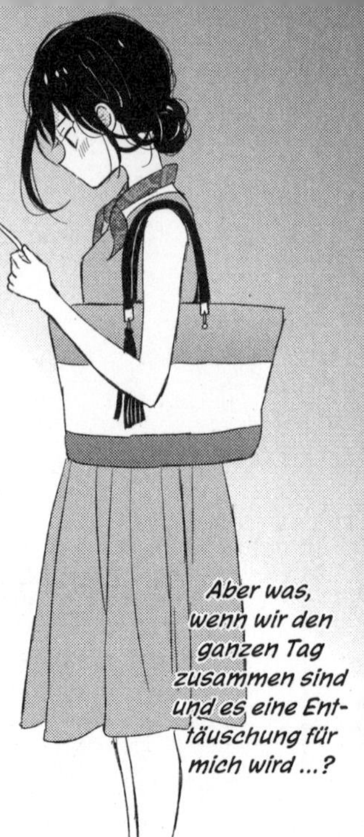
Aber was, wenn wir den ganzen Tag zusammen sind und es eine Enttäuschung für mich wird ...?

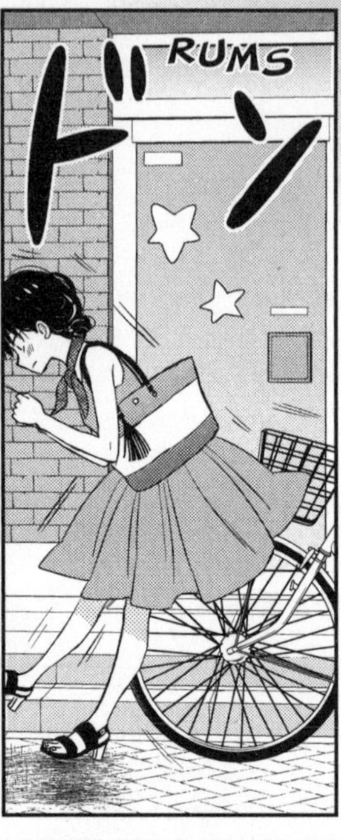
ドン
RUMS

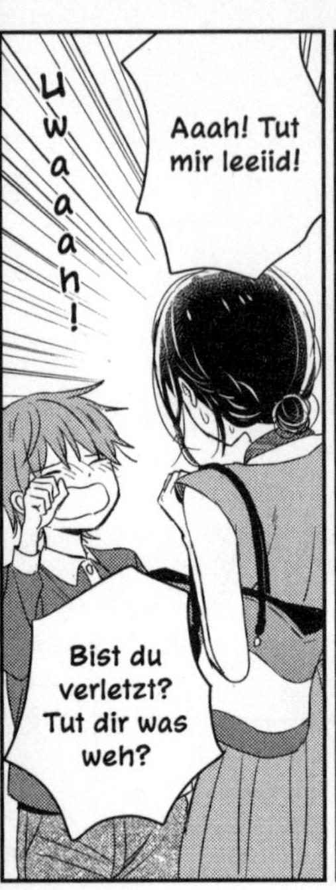
Aaah! Tut mir leeiid!
Uwaaaah!
Bist du verletzt? Tut dir was weh?

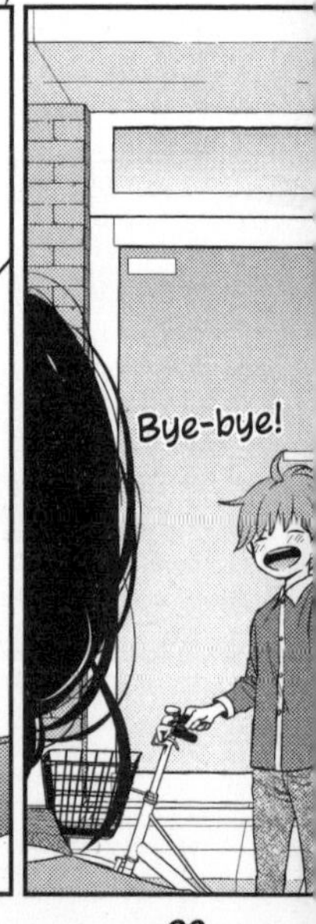
Bye-bye!

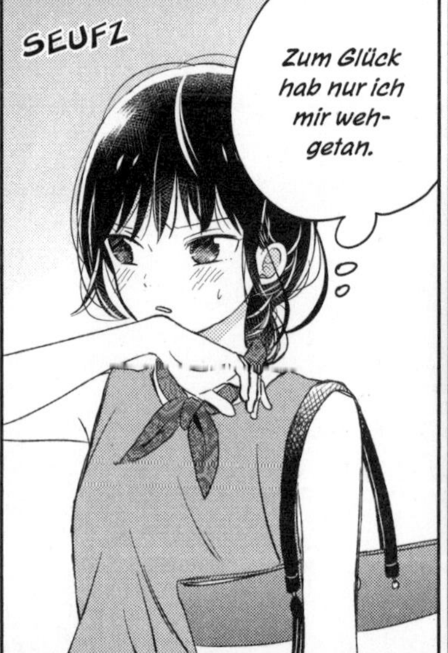
Zum Glück hab nur ich mir wehgetan.
SEUFZ

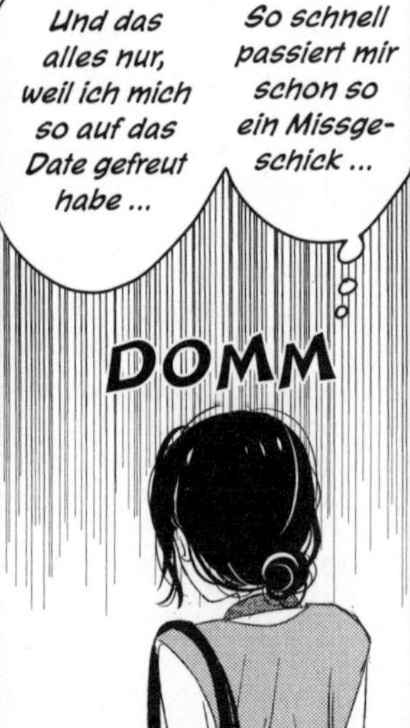
So schnell passiert mir schon so ein Missgeschick ...
Und das alles nur, weil ich mich so auf das Date gefreut habe ...
DOMM

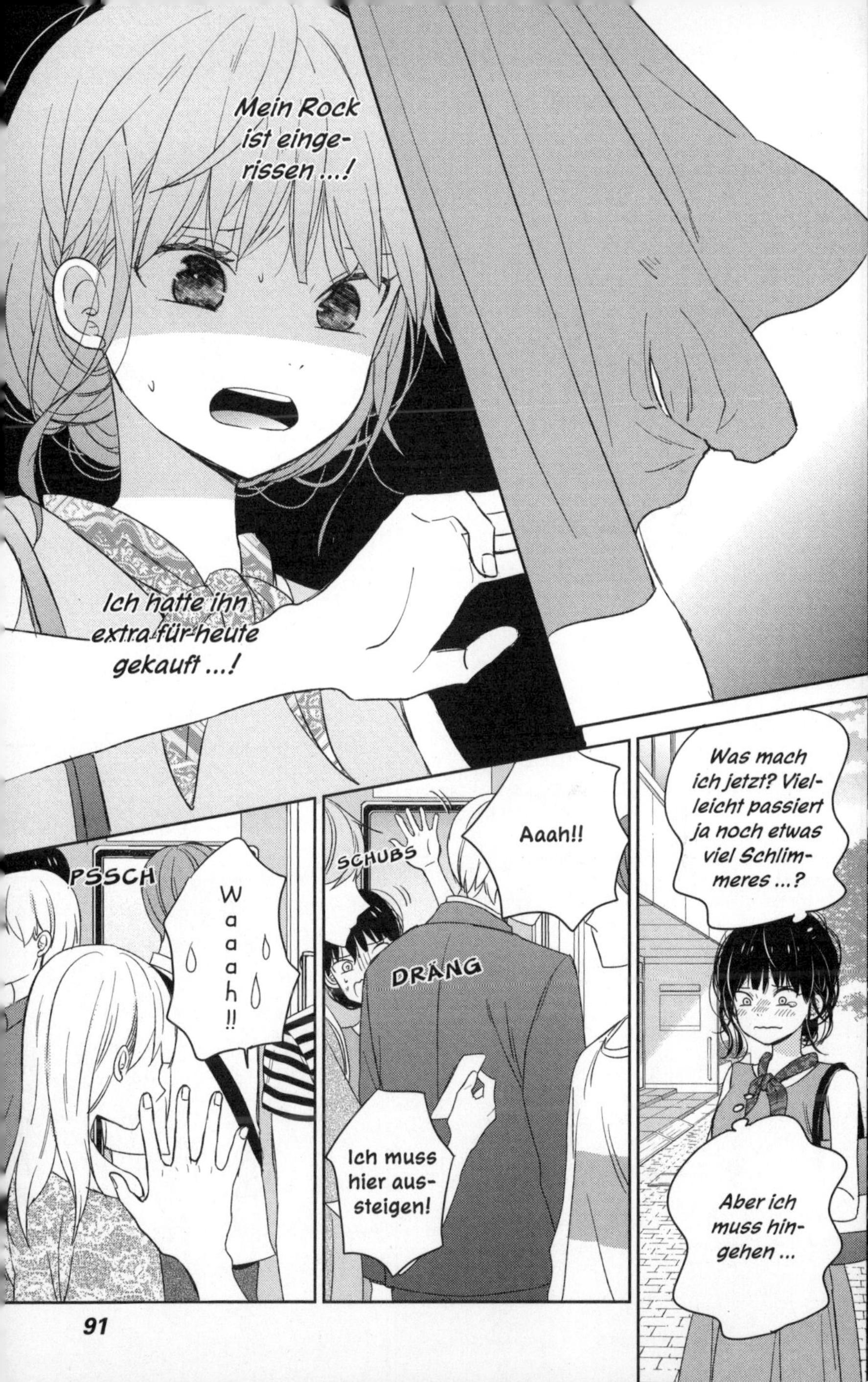
Mein Rock ist einge-rissen ...!
Ich hatte ihn extra für heute gekauft ...!
Was mach ich jetzt? Viel-leicht passiert ja noch etwas viel Schlim-meres ...?
Aber ich muss hin-gehen ...
Aaah!!
SCHUBS
DRÄNG
Ich muss hier aus-steigen!
Waaah!!
PSSCH

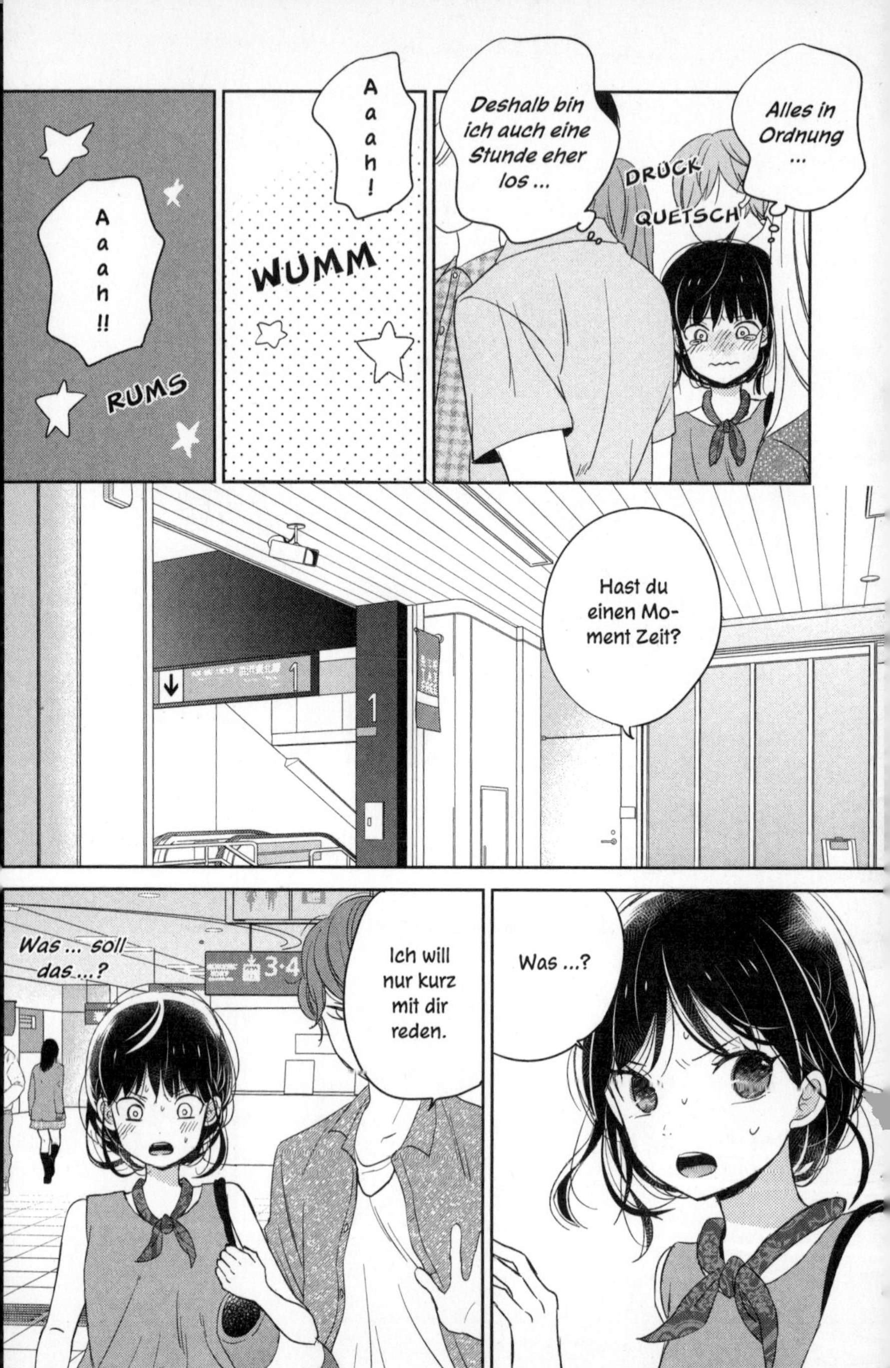

Alles in Ordnung ...
DRÜCK
QUETSCH
Deshalb bin ich auch eine Stunde eher los ...
Aaah!
WUMM
Aaah!!
RUMS
Hast du einen Moment Zeit?
Was ...?
Ich will nur kurz mit dir reden.
Was ... soll das ...?

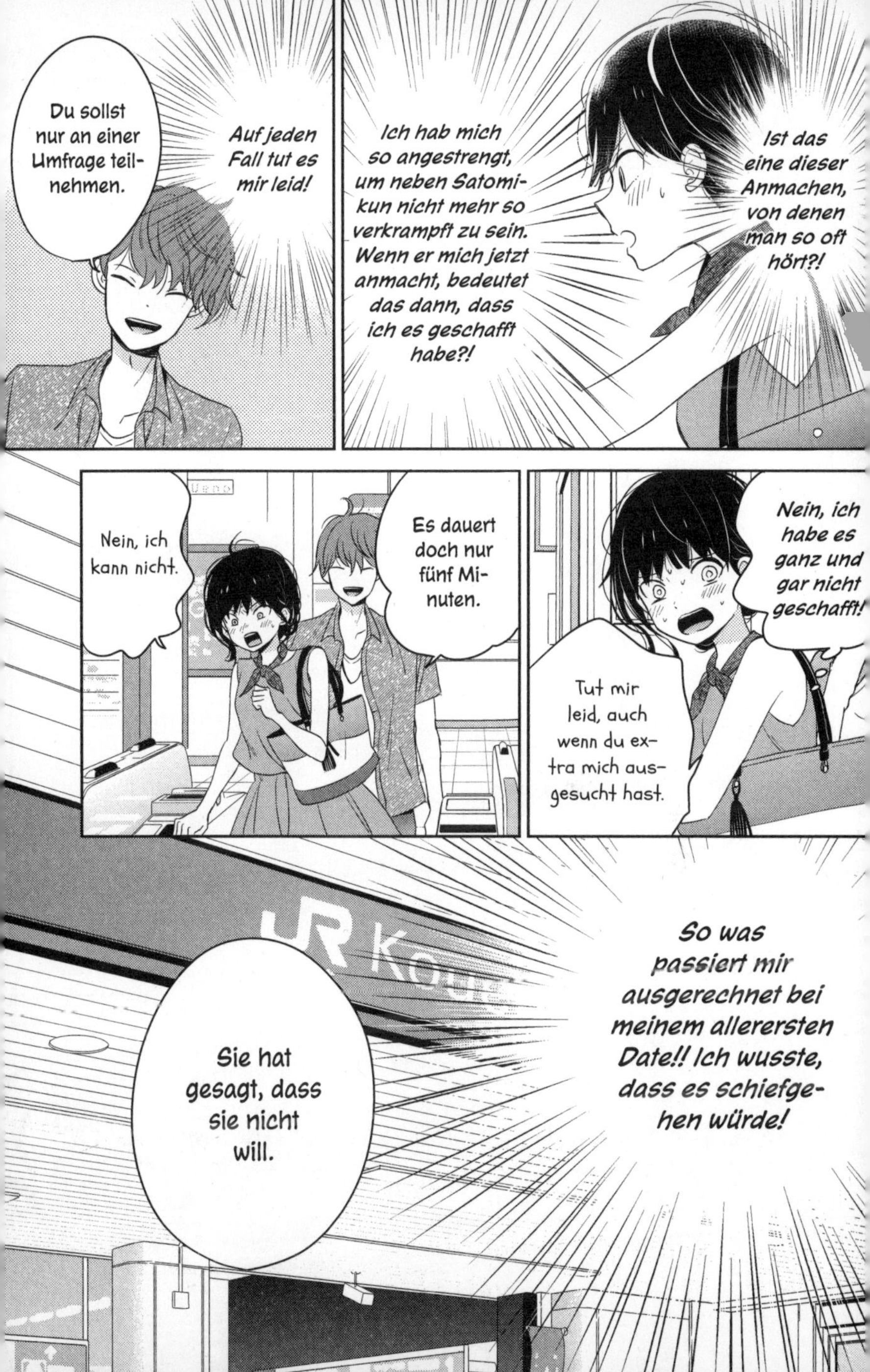

Ist das eine dieser Anmachen, von denen man so oft hört?!
Ich hab mich so angestrengt, um neben Satomi-kun nicht mehr so verkrampft zu sein. Wenn er mich jetzt anmacht, bedeutet das dann, dass ich es geschafft habe?!
Auf jeden Fall tut es mir leid!
Du sollst nur an einer Umfrage teilnehmen.
Nein, ich habe es ganz und gar nicht geschafft!
Tut mir leid, auch wenn du extra mich ausgesucht hast.
Es dauert doch nur fünf Minuten.
Nein, ich kann nicht.
So was passiert mir ausgerechnet bei meinem allerersten Date!! Ich wusste, dass es schiefgehen würde!
Sie hat gesagt, dass sie nicht will.

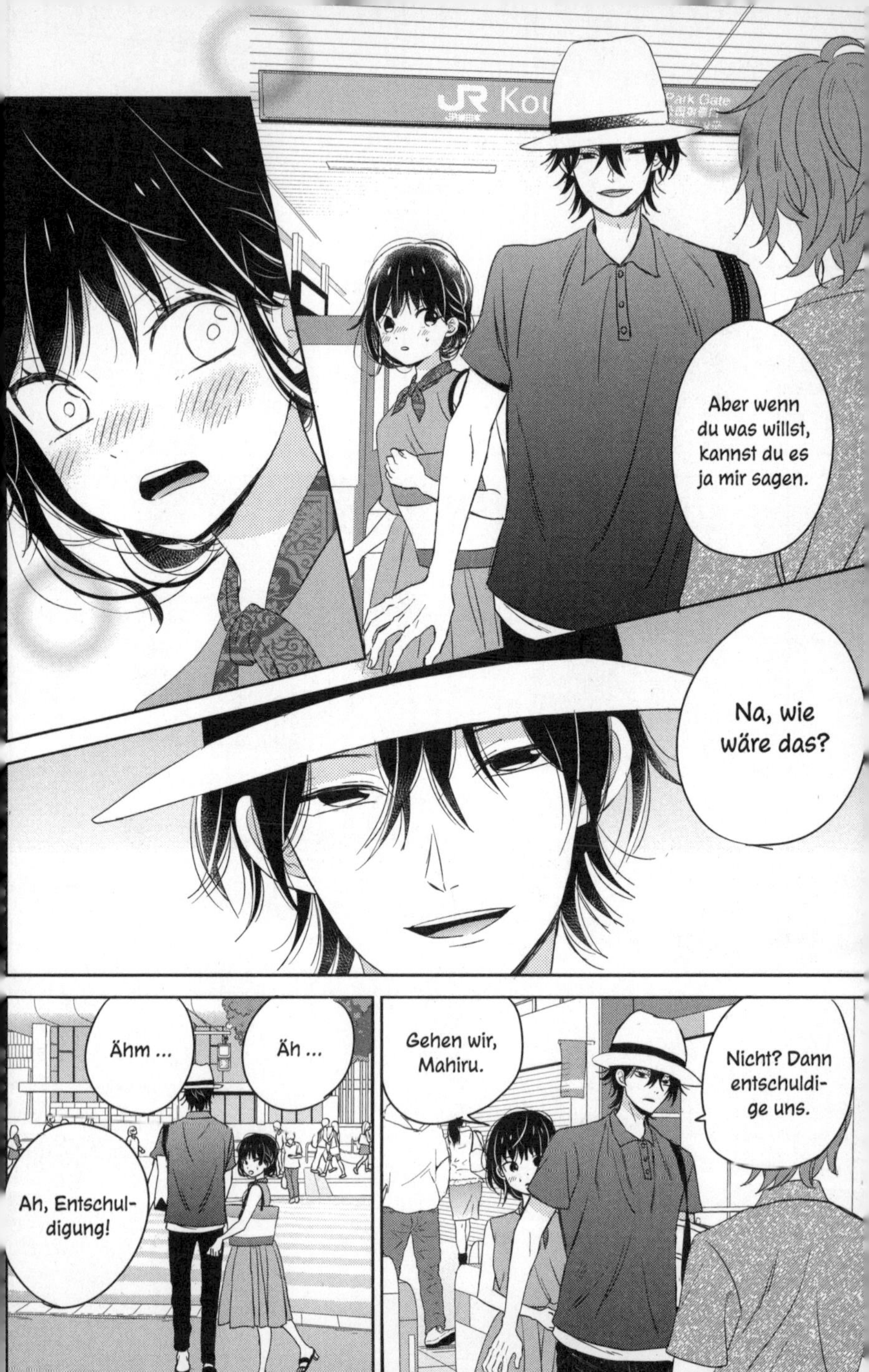
JR Kou
Park Gate
Aber wenn du was willst, kannst du es ja mir sagen.
Na, wie wäre das?
Nicht? Dann entschuldige uns.
Gehen wir, Mahiru.
Äh ...
Ähm ...
Ah, Entschuldigung!

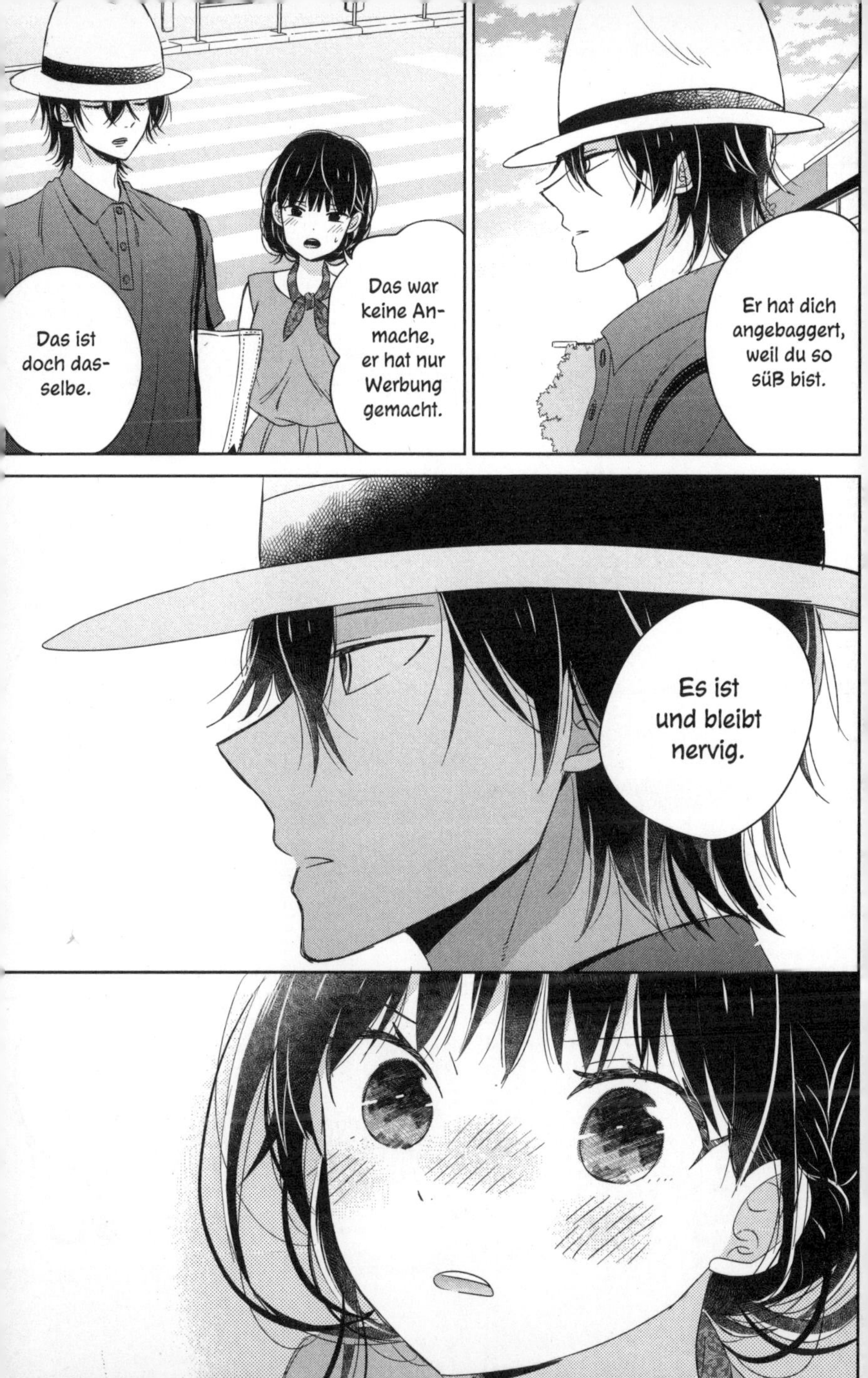
Er hat dich angebaggert, weil du so süß bist.
Das war keine Anmache, er hat nur Werbung gemacht.
Das ist doch dasselbe.
Es ist und bleibt nervig.

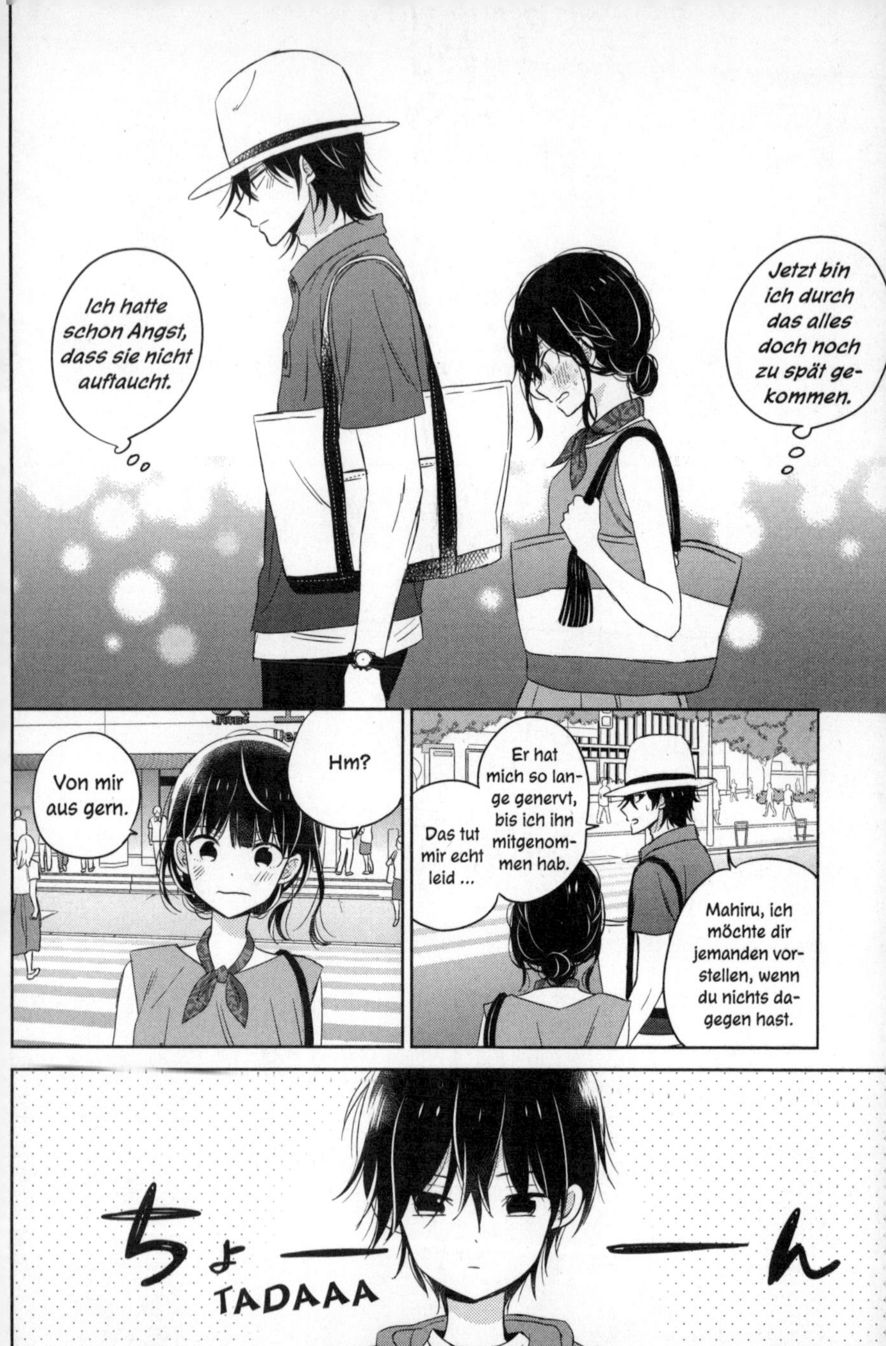
Jetzt bin ich durch das alles doch noch zu spät gekommen.
Ich hatte schon Angst, dass sie nicht auftaucht.
Mahiru, ich möchte dir jemanden vorstellen, wenn du nichts dagegen hast.
Er hat mich so lange genervt, bis ich ihn mitgenommen hab.
Das tut mir echt leid ...
Hm?
Von mir aus gern.
ちょーーーん
TADAAA

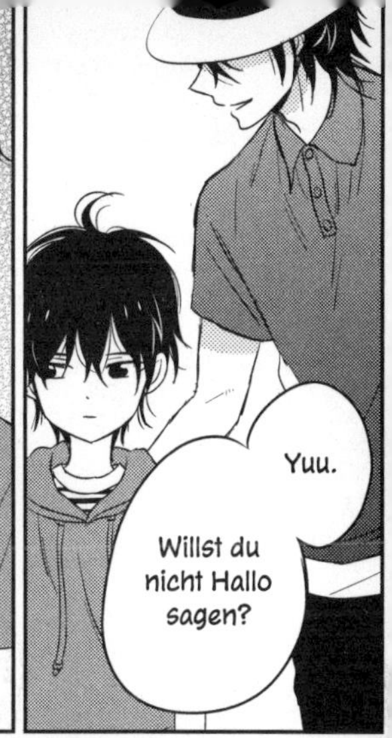
Yuu.
Willst du nicht Hallo sagen?

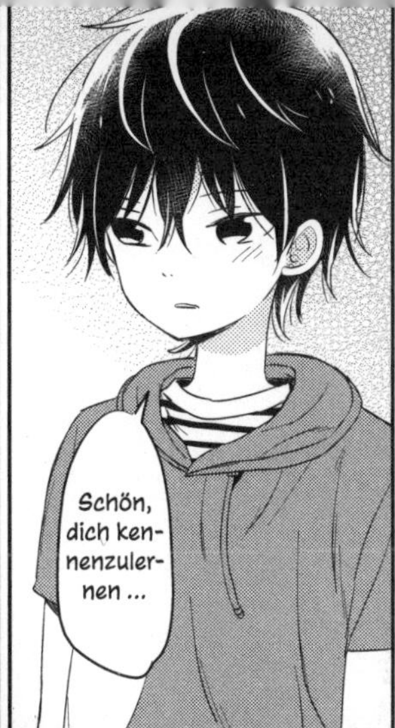
Schön, dich kennenzulernen ...

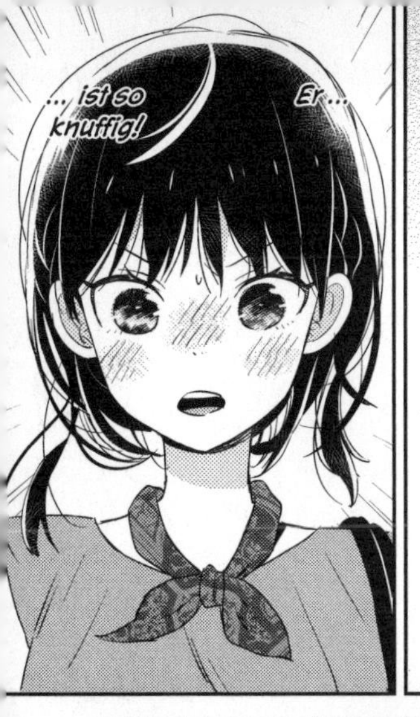
Er ...
... ist so knuffig!

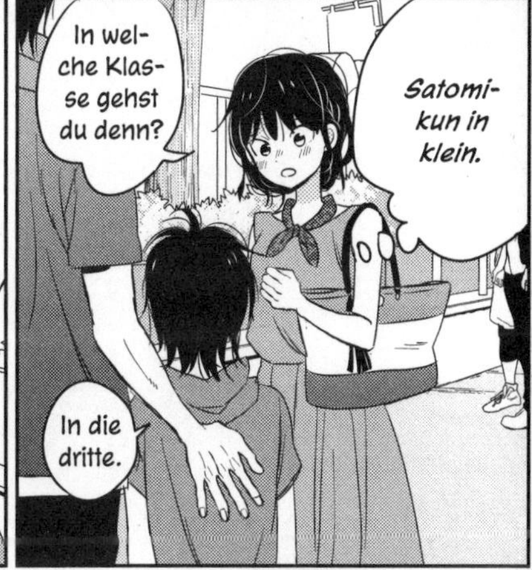
Satomi-kun in klein.
In welche Klasse gehst du denn?
In die dritte.

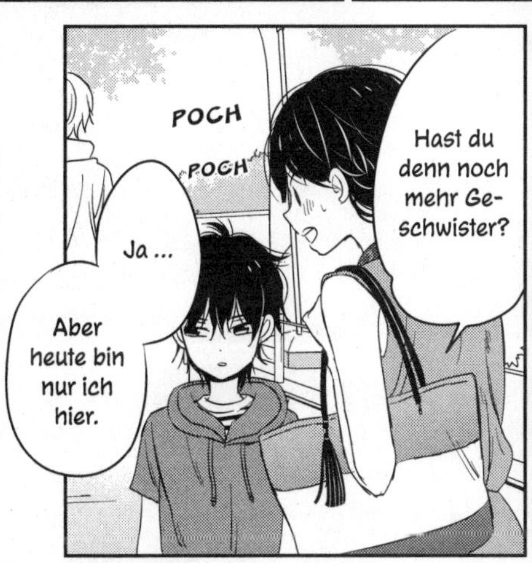
Hast du denn noch mehr Geschwister?
POCH
POCH
Ja ...
Aber heute bin nur ich hier.

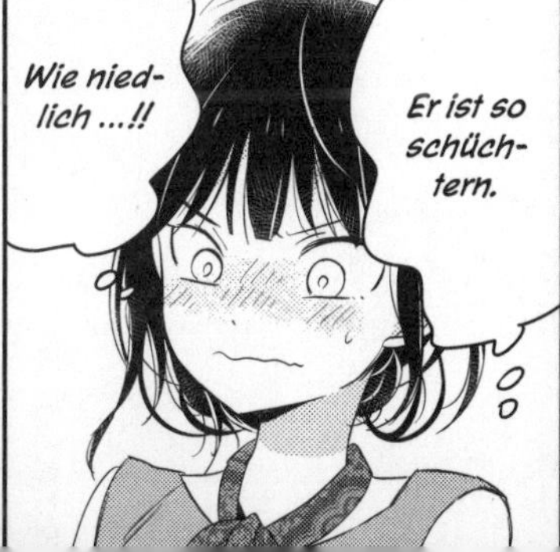
Er ist so schüchtern.
Wie niedlich ...!!

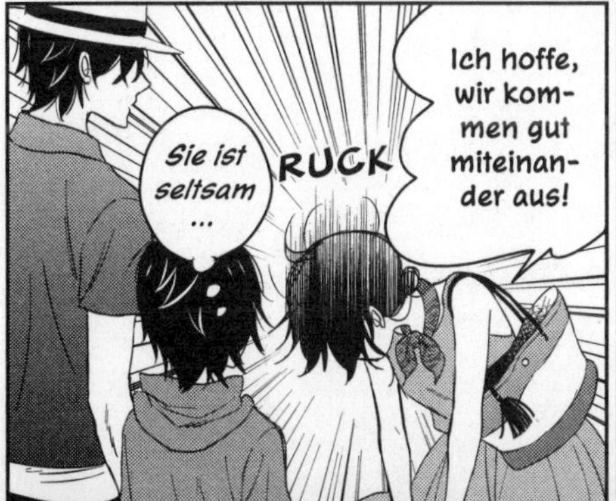
Ich hoffe, wir kommen gut miteinander aus!
RUCK
Sie ist seltsam ...

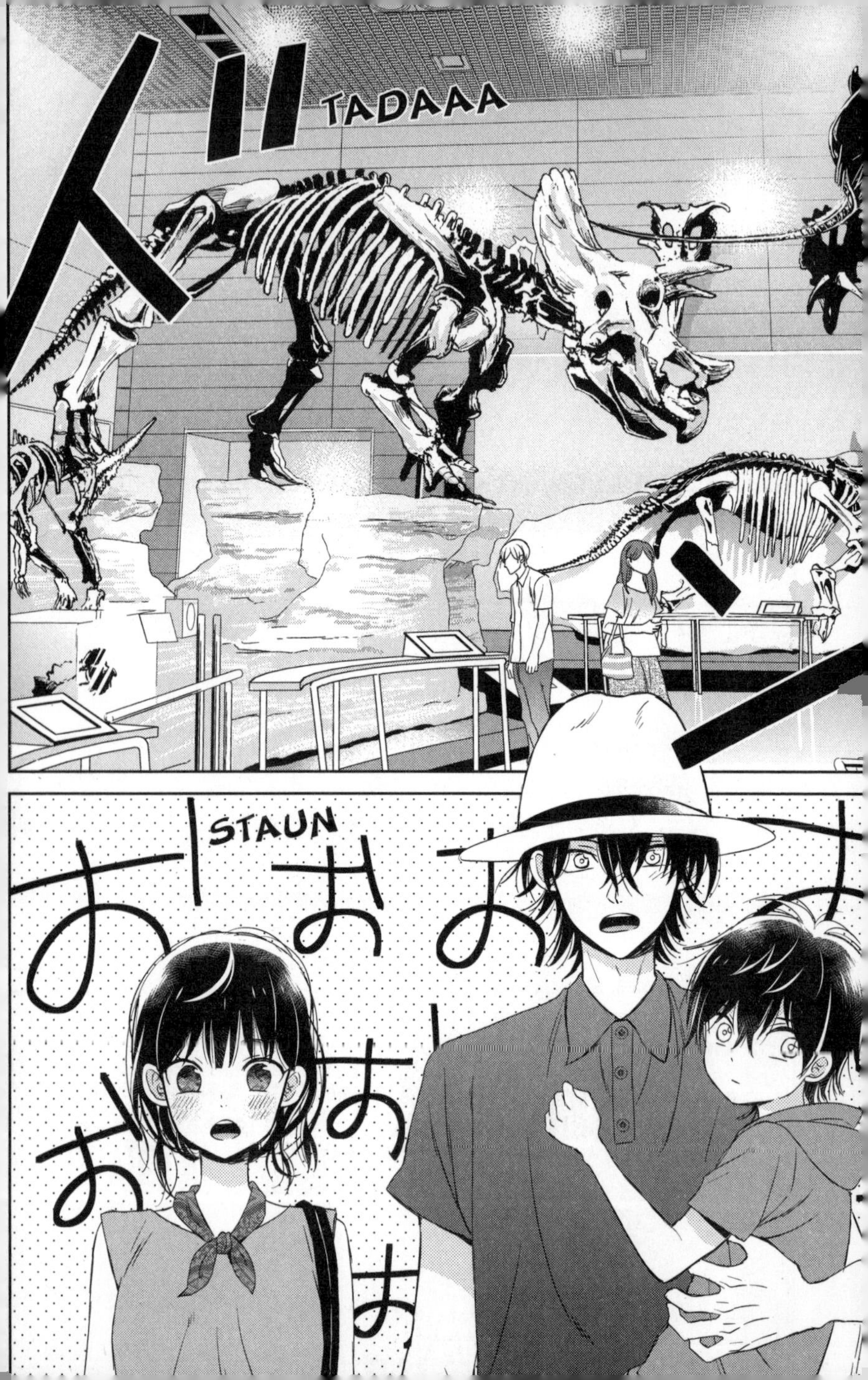
TADAAA
STAUN

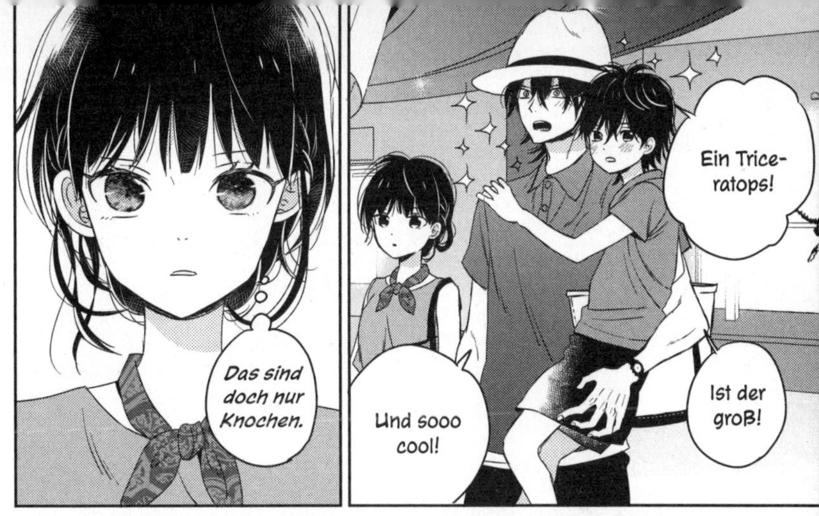

Ein Triceratops!
Ist der groß!
Und sooo cool!
Das sind doch nur Knochen.

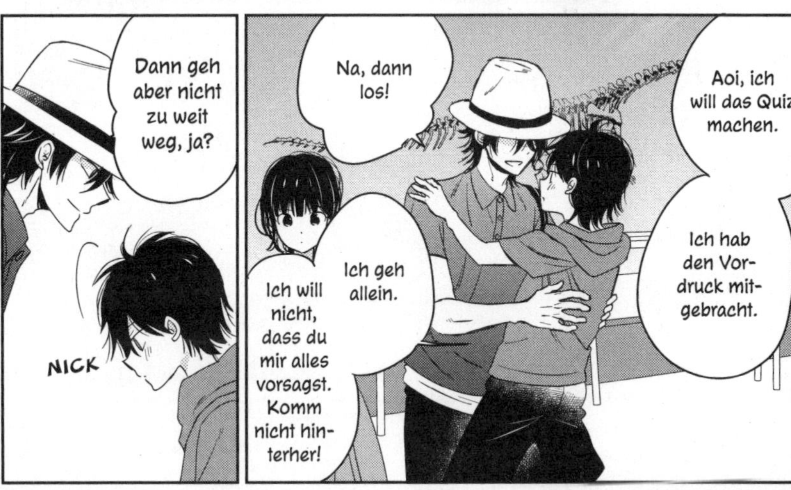

Aoi, ich will das Quiz machen.
Ich hab den Vordruck mitgebracht.
Na, dann los!
Ich geh allein.
Ich will nicht, dass du mir alles vorsagst. Komm nicht hinterher!
Dann geh aber nicht zu weit weg, ja?
NICK

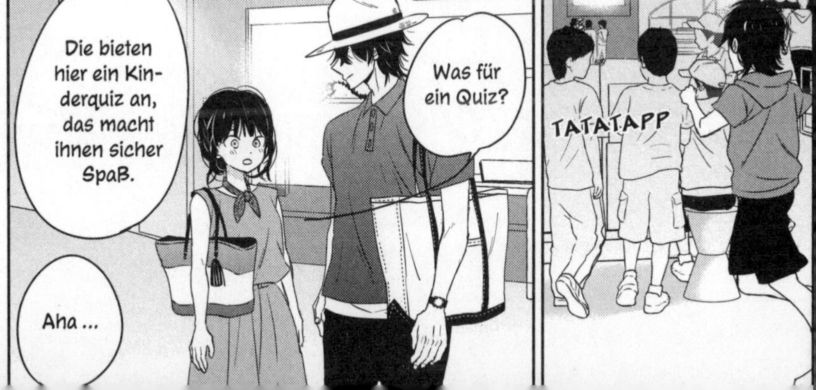

TATATAPP
Was für ein Quiz?
Die bieten hier ein Kinderquiz an, das macht ihnen sicher Spaß.
Aha ...

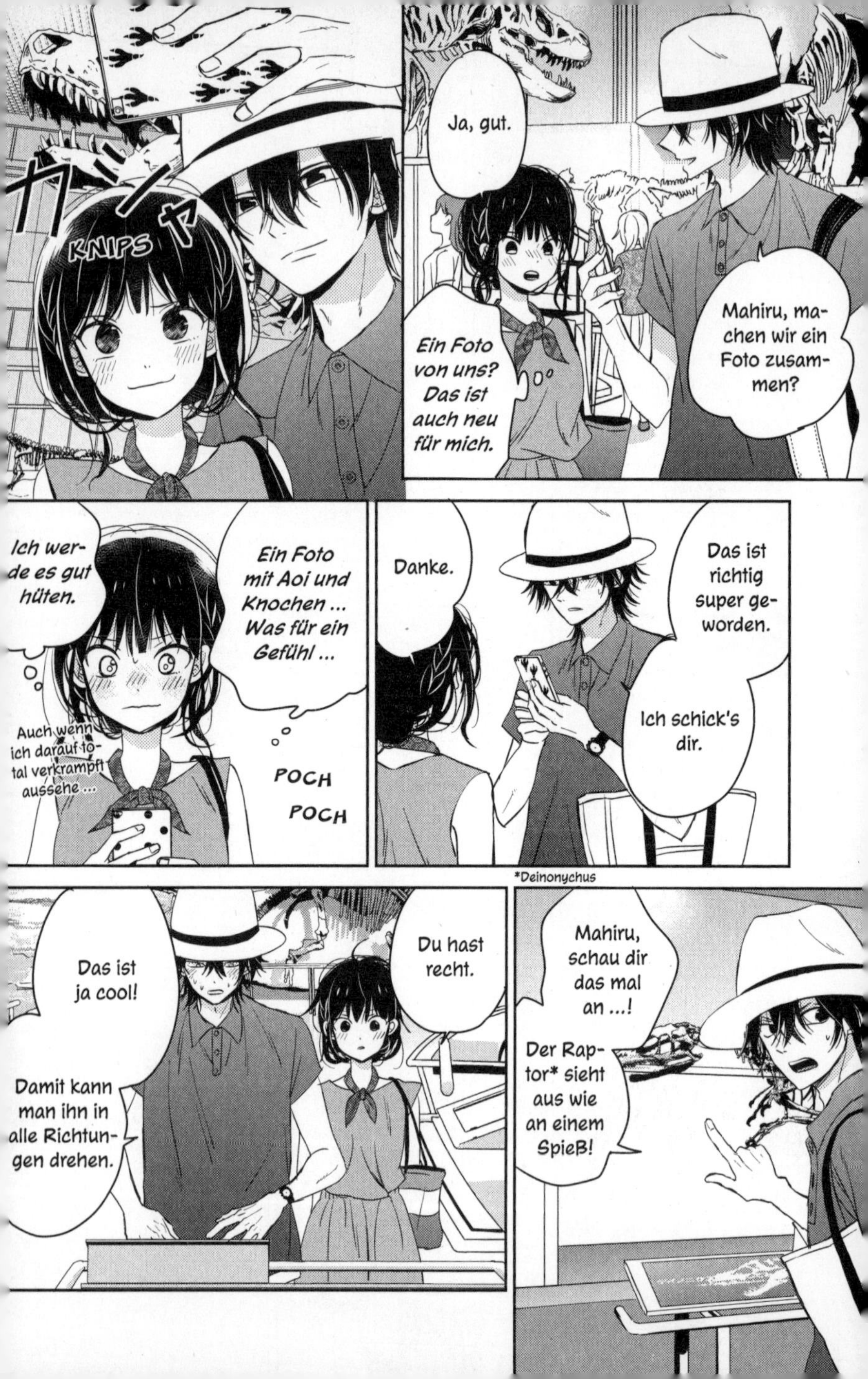

Mahiru, machen wir ein Foto zusammen?

Ein Foto von uns? Das ist auch neu für mich.

Ja, gut.

KNIPS

Das ist richtig super geworden.

Ich schick's dir.

Danke.

Ein Foto mit Aoi und Knochen ... Was für ein Gefühl ...

Ich werde es gut hüten.

Auch wenn ich darauf total verkrampft aussehe ...

POCH

POCH

Mahiru, schau dir das mal an ...!

Der Raptor* sieht aus wie an einem Spieß!

Du hast recht.

Das ist ja cool!

Damit kann man ihn in alle Richtungen drehen.

*Deinonychus

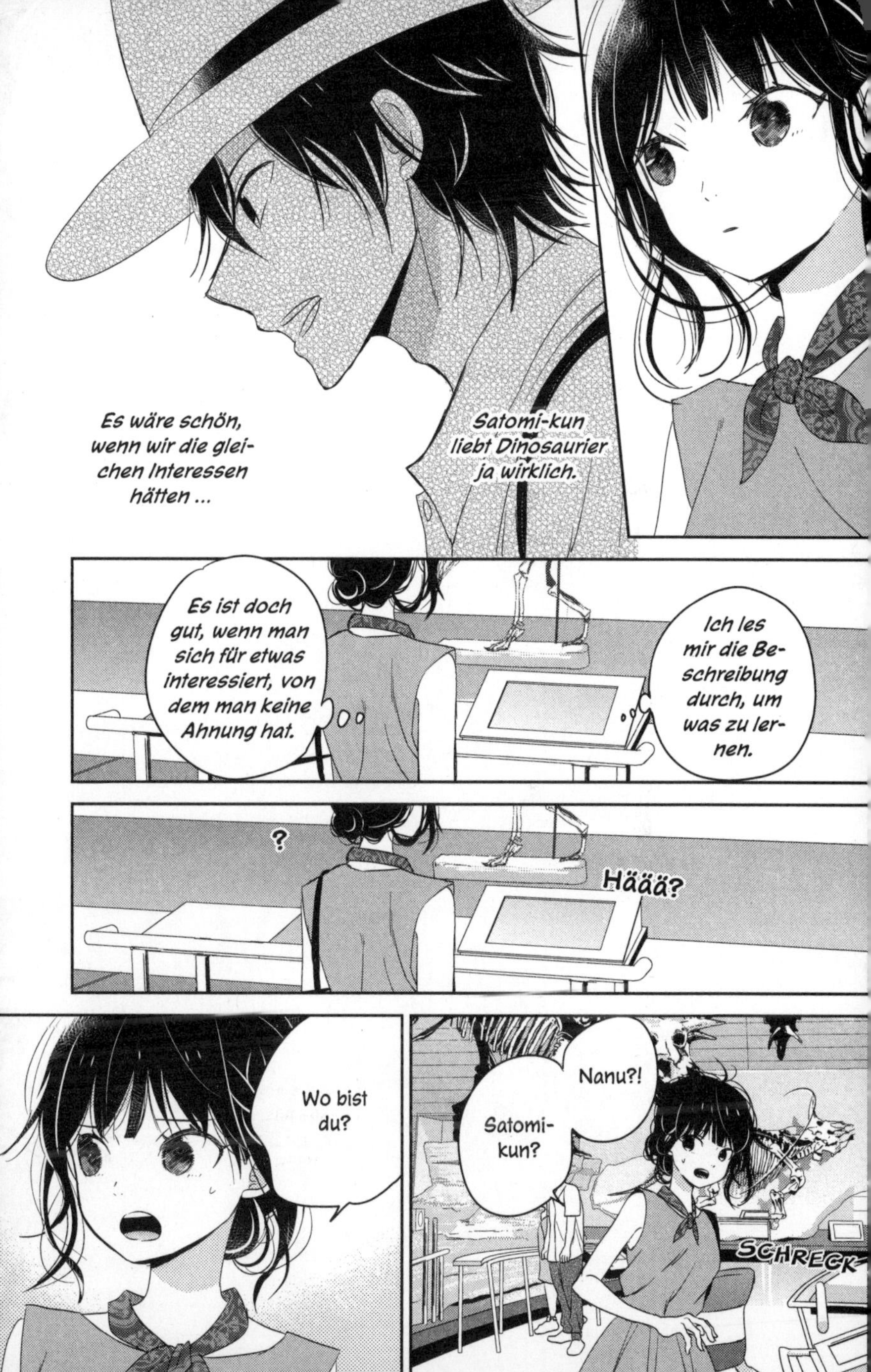
Satomi-kun liebt Dinosaurier ja wirklich.
Es wäre schön, wenn wir die gleichen Interessen hätten ...
Ich les mir die Beschreibung durch, um was zu lernen.
Es ist doch gut, wenn man sich für etwas interessiert, von dem man keine Ahnung hat.
Häää?
?
Nanu?!
Satomi-kun?
SCHRECK
Wo bist du?

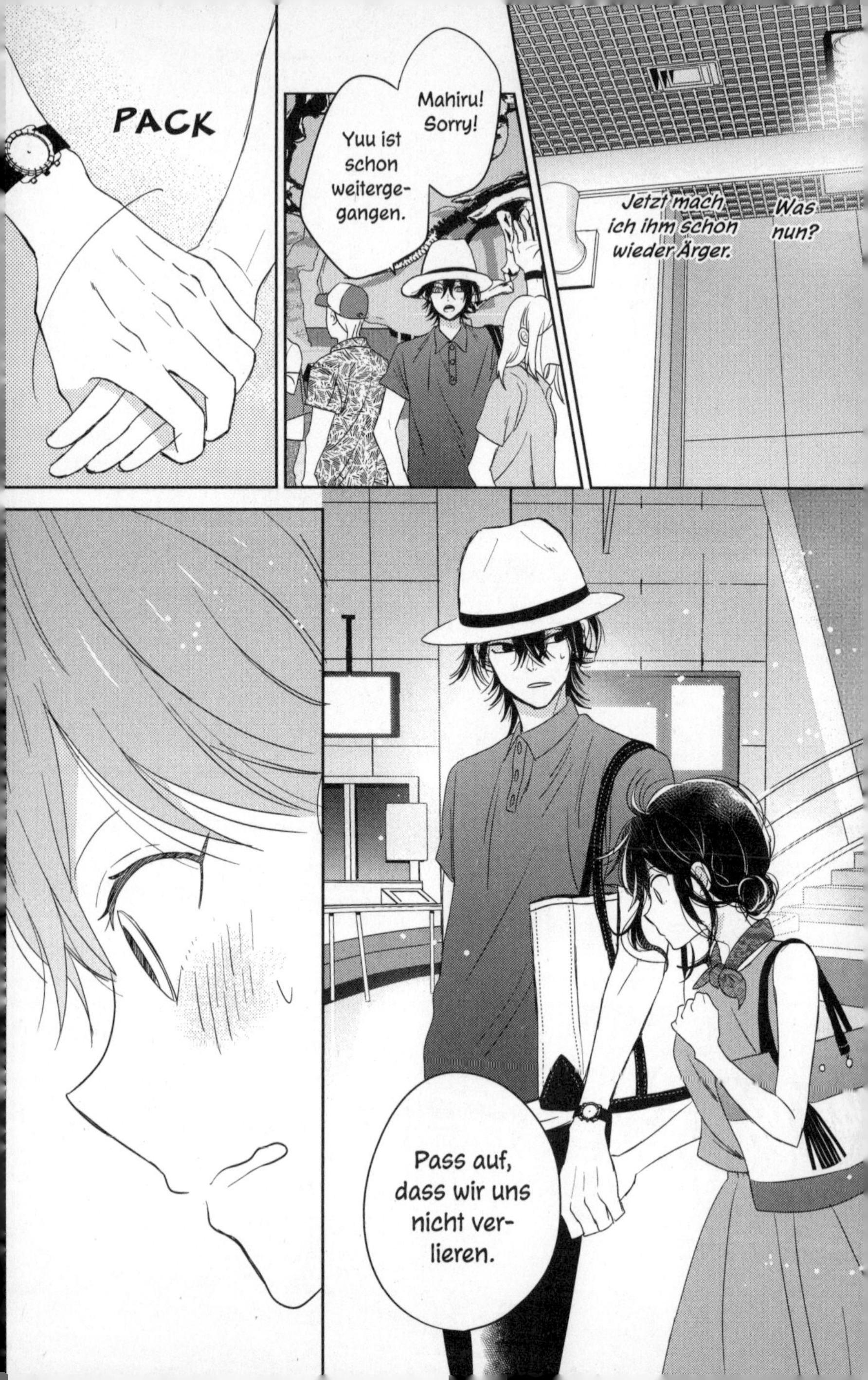
Was nun?
Jetzt mach ich ihm schon wieder Ärger.
Mahiru! Sorry!
Yuu ist schon weiterge-gangen.
PACK
Pass auf, dass wir uns nicht ver-lieren.

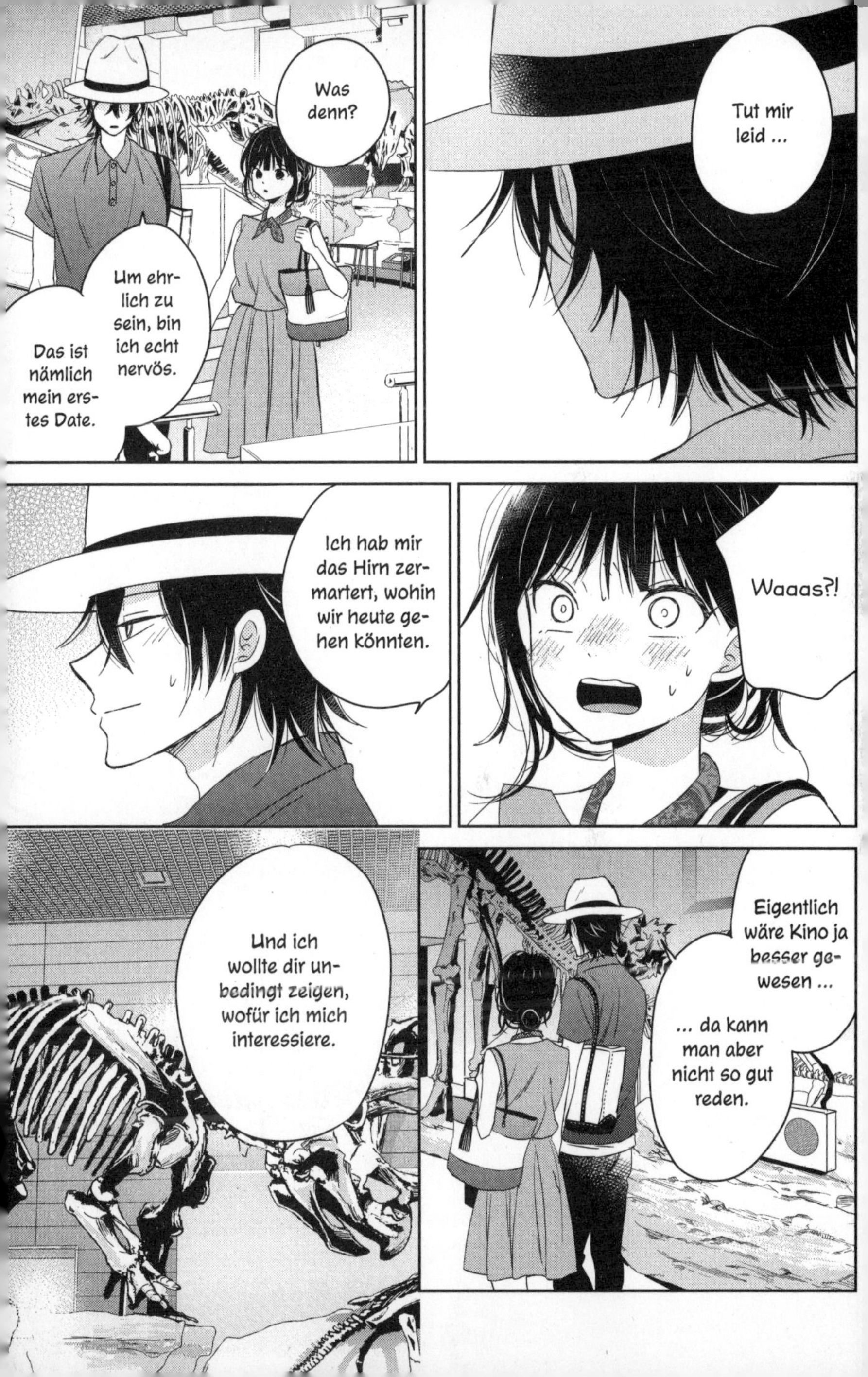

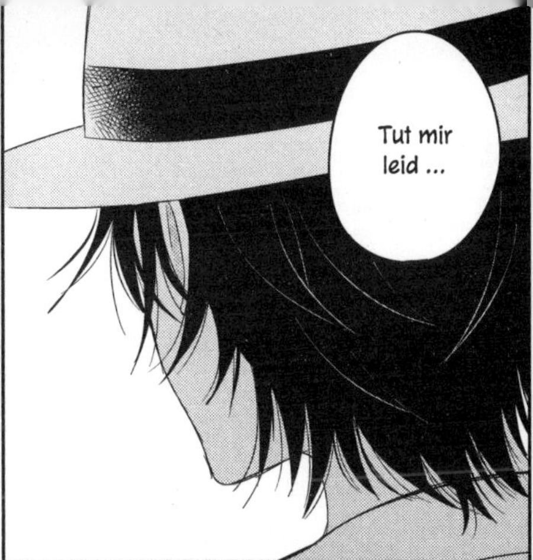

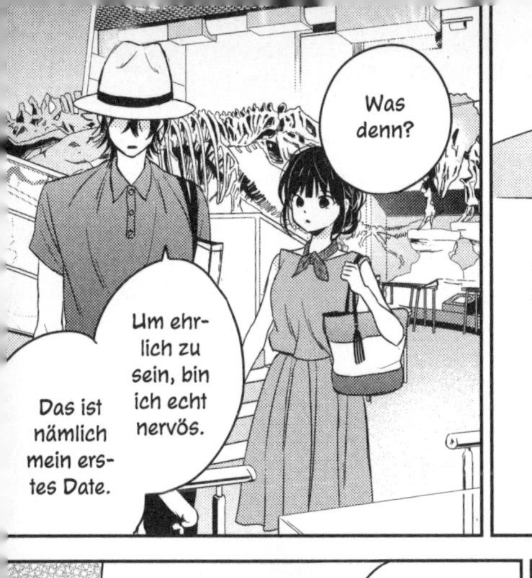

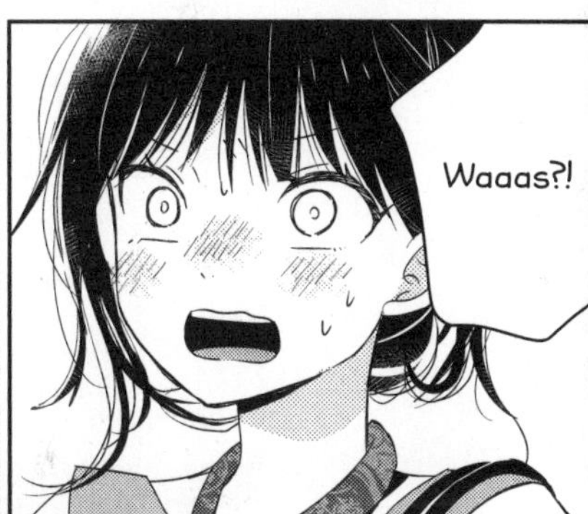

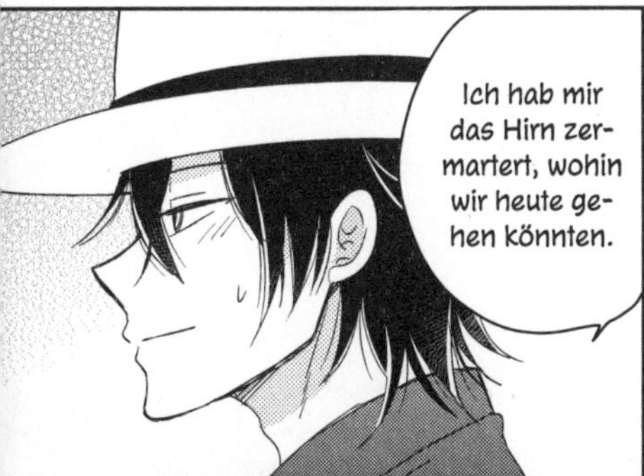

Eigentlich wäre Kino ja besser gewesen ...

... da kann man aber nicht so gut reden.

Und ich wollte dir unbedingt zeigen, wofür ich mich interessiere.

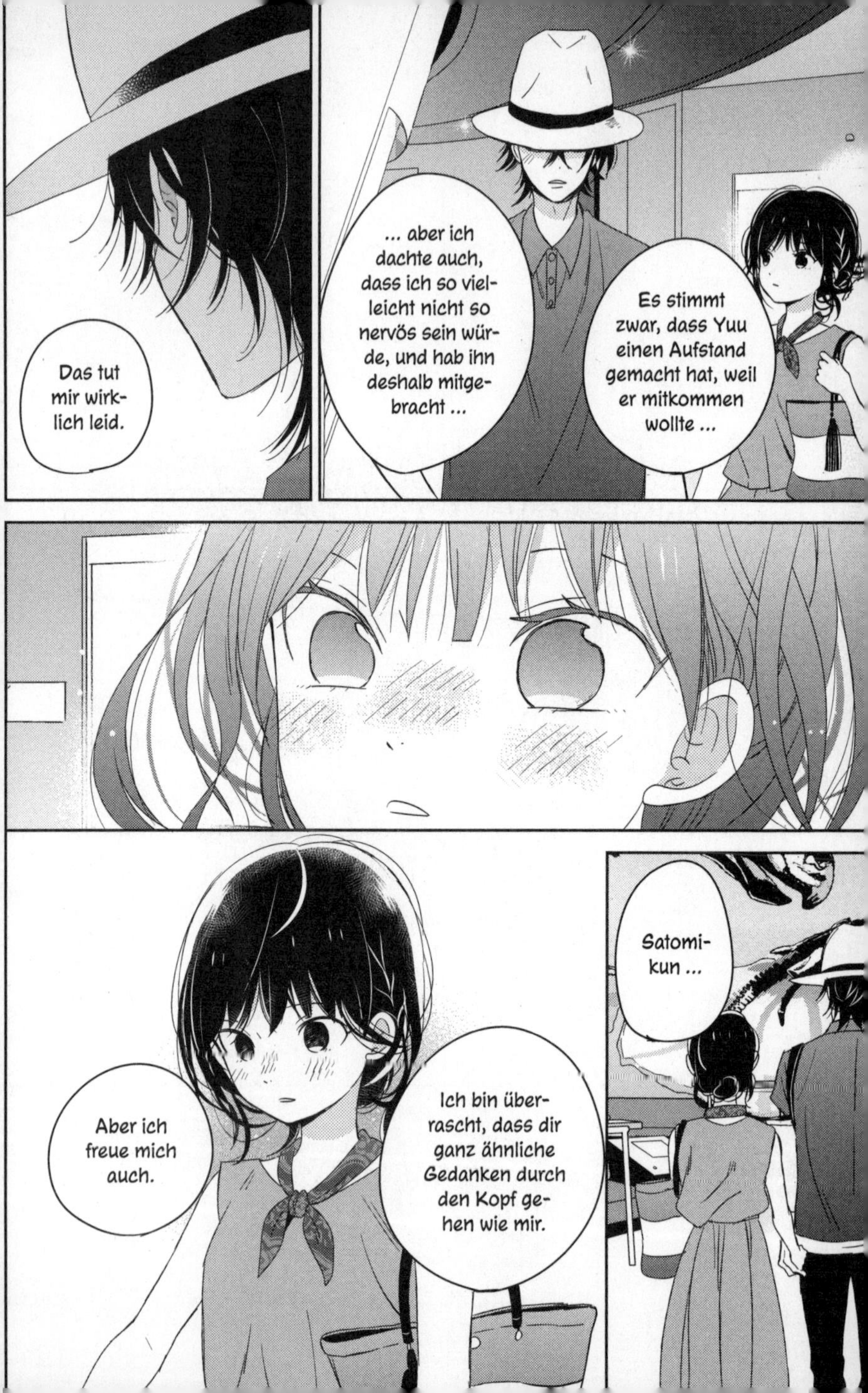

Es stimmt zwar, dass Yuu einen Aufstand gemacht hat, weil er mitkommen wollte ...

... aber ich dachte auch, dass ich so vielleicht nicht so nervös sein würde, und hab ihn deshalb mitgebracht ...

Das tut mir wirklich leid.

Satomi-kun ...

Ich bin überrascht, dass dir ganz ähnliche Gedanken durch den Kopf gehen wie mir.

Aber ich freue mich auch.

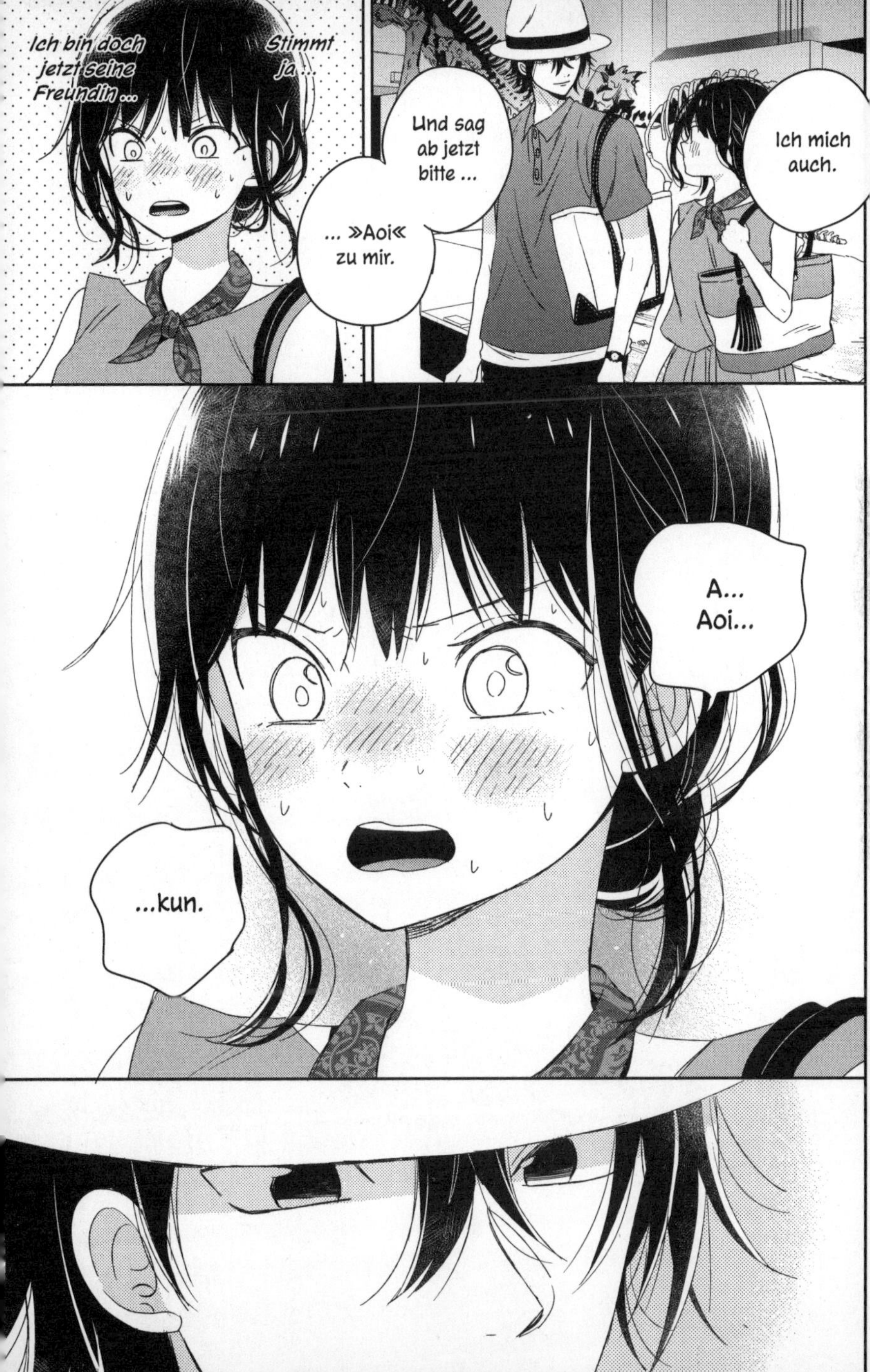
Stimmt ja ...
Ich bin doch jetzt seine Freundin ...
Ich mich auch.
Und sag ab jetzt bitte ...
... »Aoi« zu mir.
A... Aoi...
...kun.

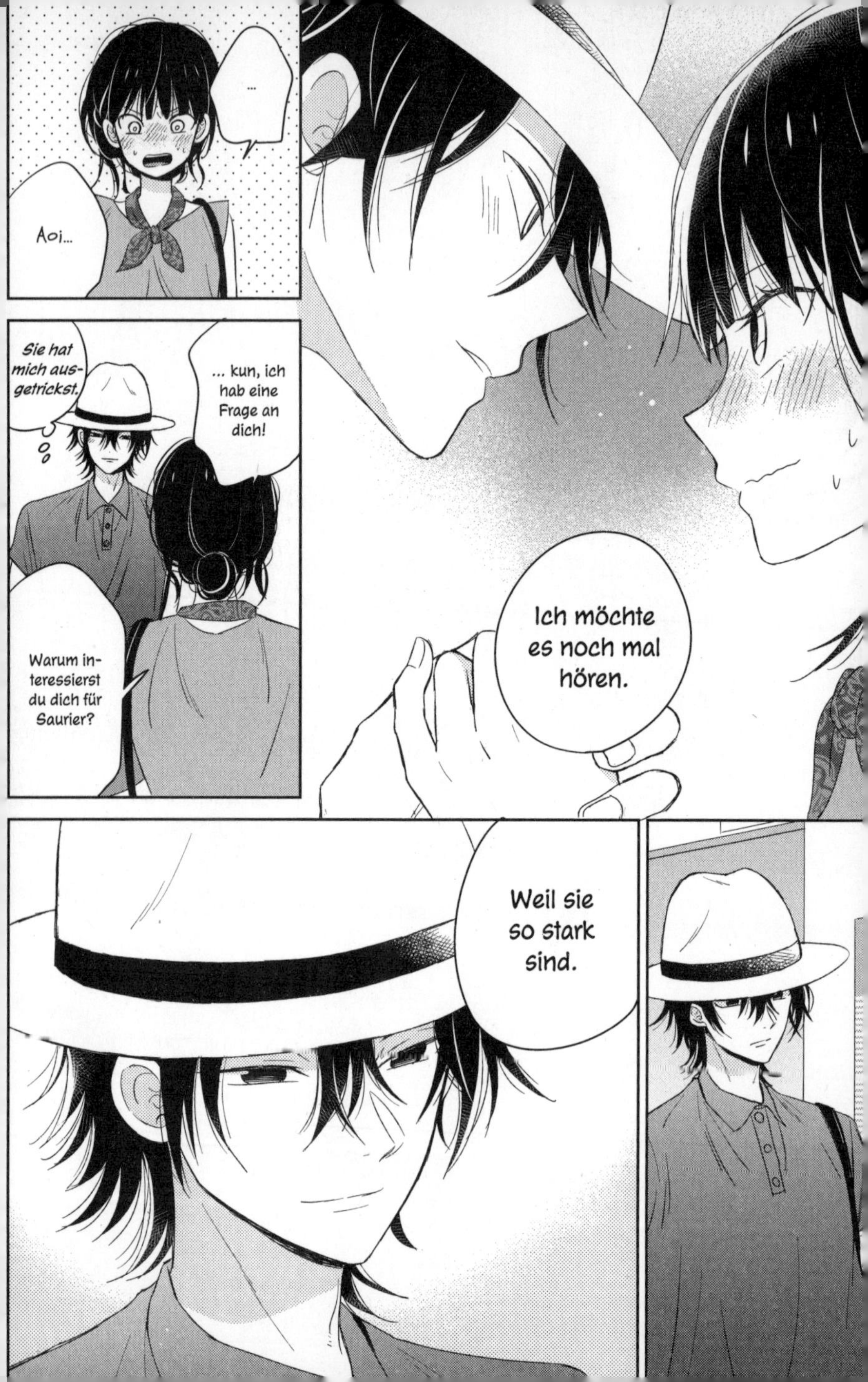
Ich möchte es noch mal hören.
…
Aoi…
… kun, ich hab eine Frage an dich!
Sie hat mich aus-getrickst.
Warum in-teressierst du dich für Saurier?
Weil sie so stark sind.

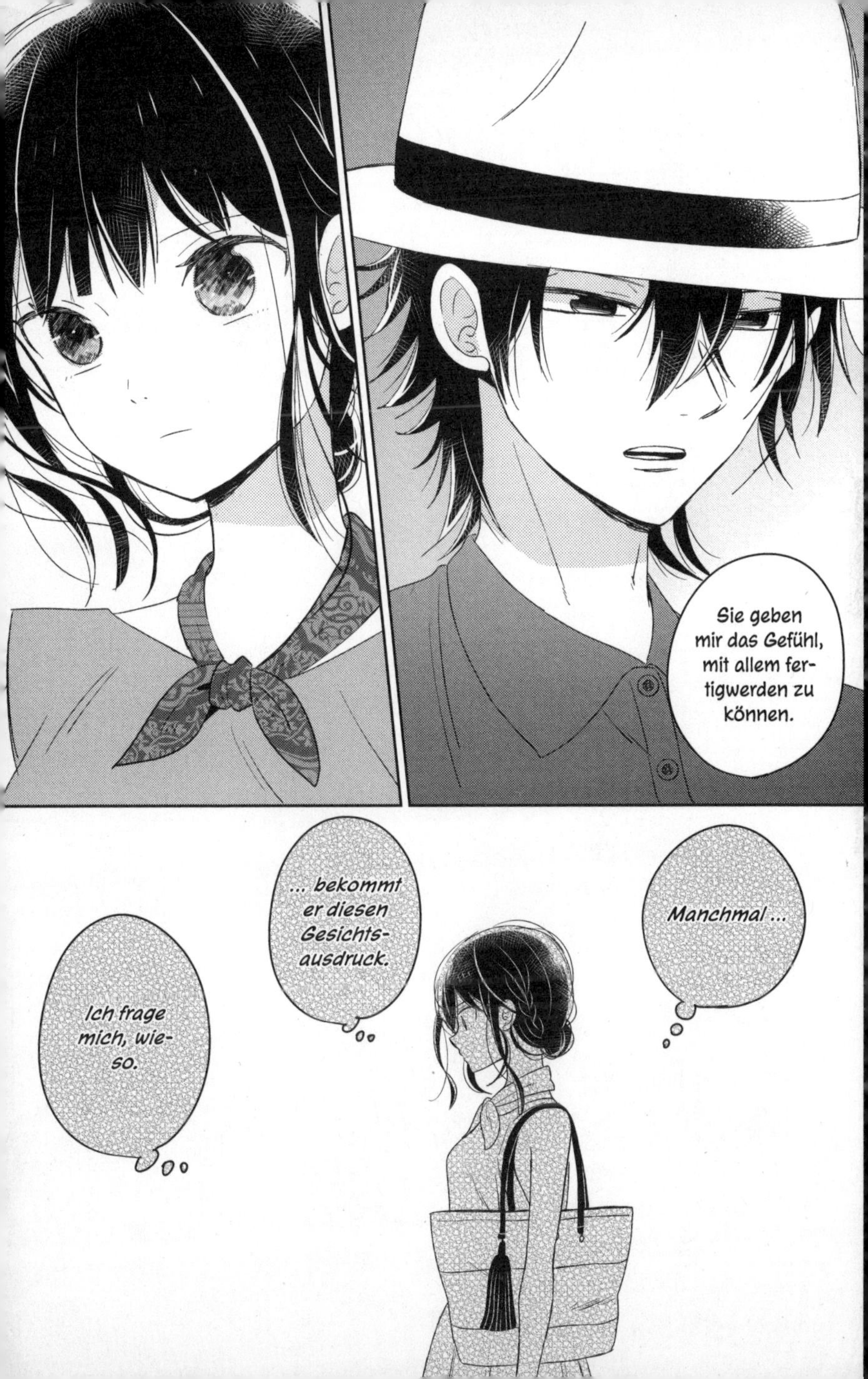

Sie geben mir das Gefühl, mit allem fertigwerden zu können.
Manchmal ...
... bekommt er diesen Gesichtsausdruck.
Ich frage mich, wieso.

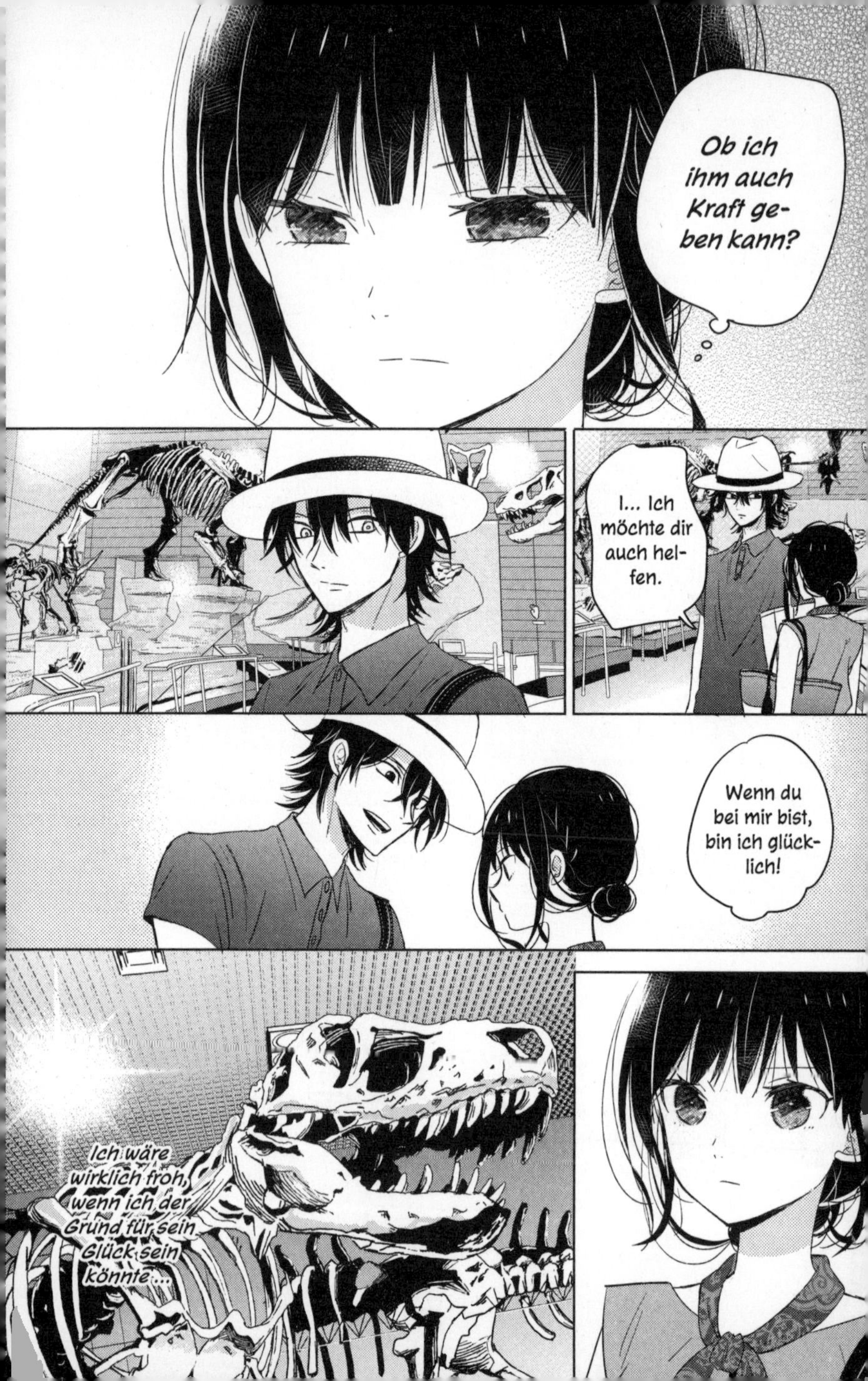
Ob ich ihm auch Kraft geben kann?
I... Ich möchte dir auch helfen.
Wenn du bei mir bist, bin ich glücklich!
Ich wäre wirklich froh, wenn ich der Grund für sein Glück sein könnte ...

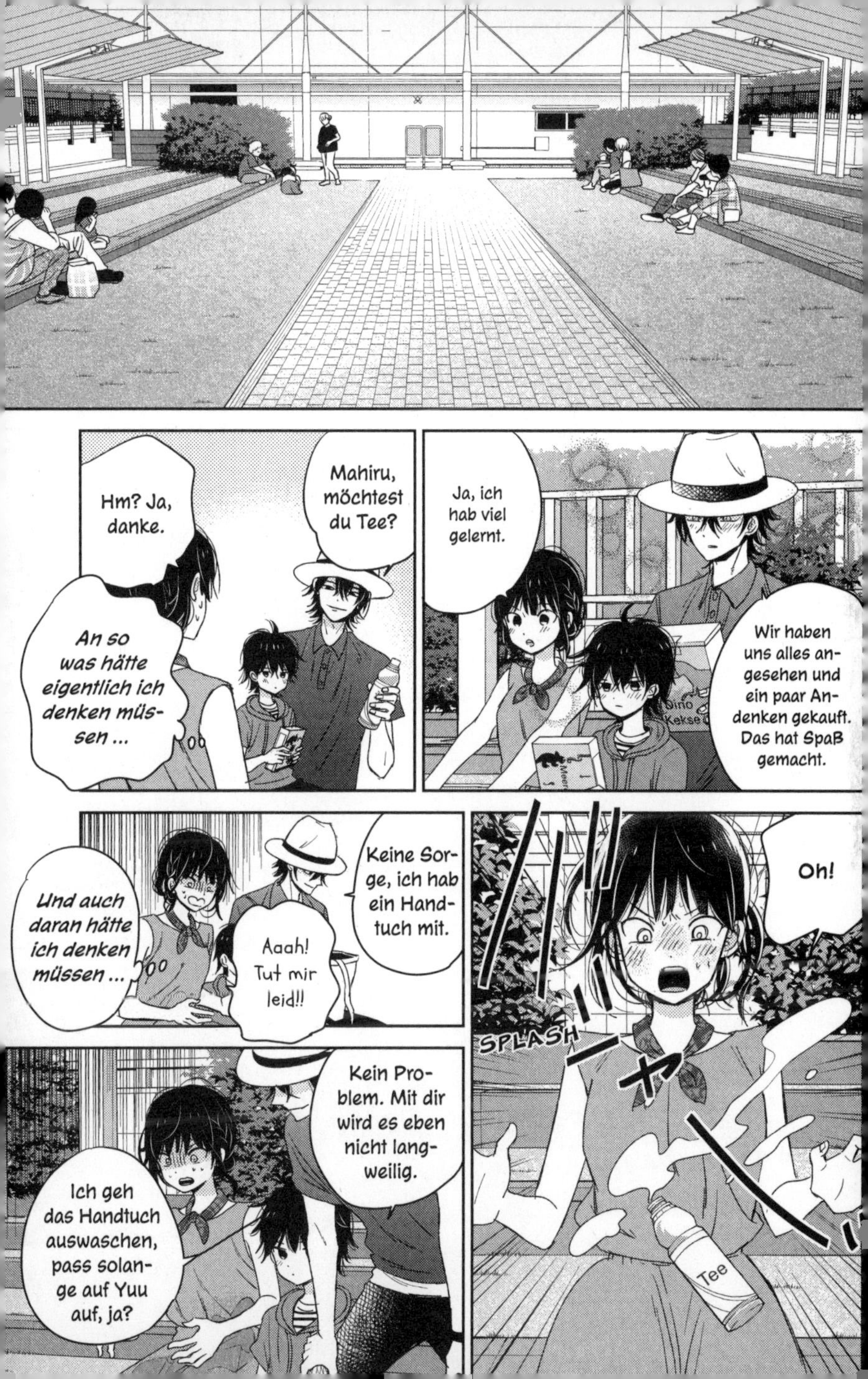

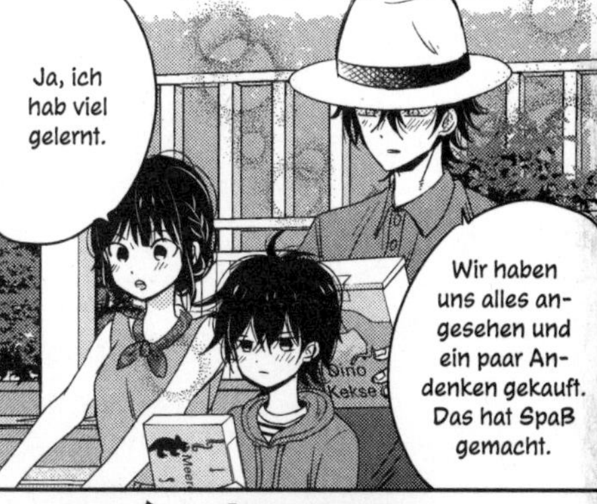
Ja, ich hab viel gelernt.
Wir haben uns alles angesehen und ein paar Andenken gekauft. Das hat Spaß gemacht.
Dino Kekse

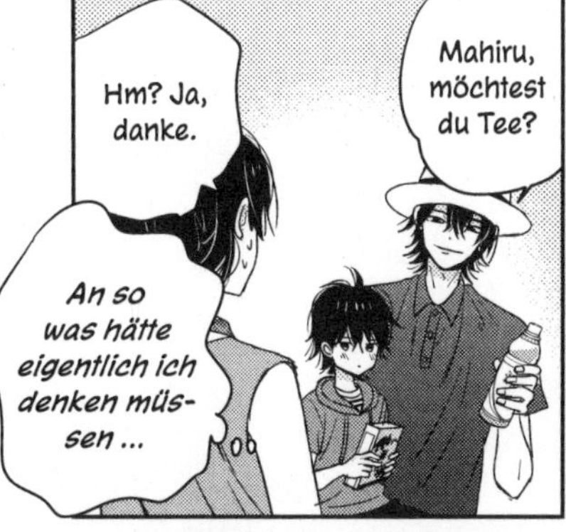
Mahiru, möchtest du Tee?
Hm? Ja, danke.
An so was hätte eigentlich ich denken müssen ...

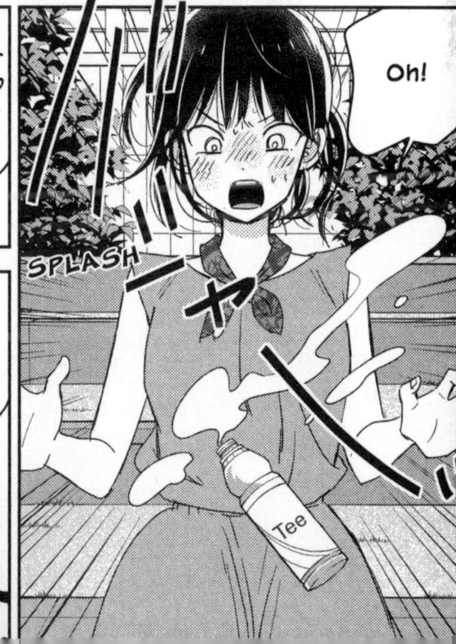
Oh!
SPLASH
Tee

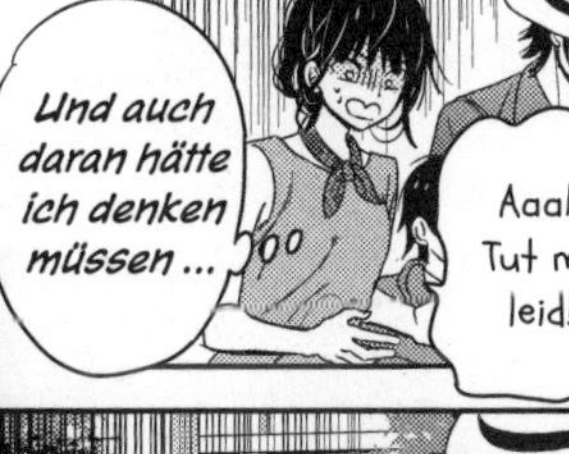
Aaah! Tut mir leid!!
Keine Sorge, ich hab ein Handtuch mit.
Und auch daran hätte ich denken müssen ...

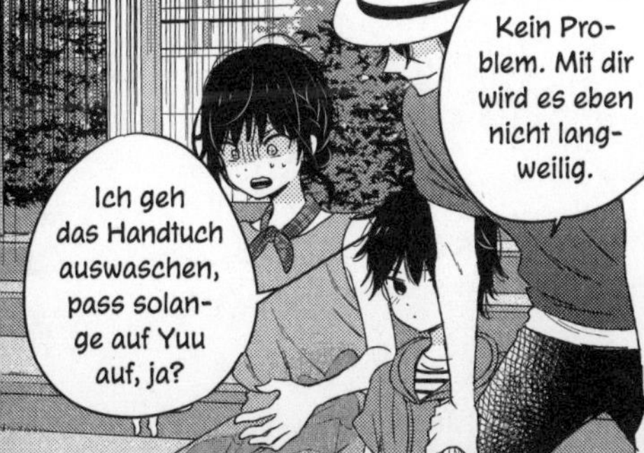
Ich geh das Handtuch auswaschen, pass solange auf Yuu auf, ja?
Kein Problem. Mit dir wird es eben nicht langweilig.

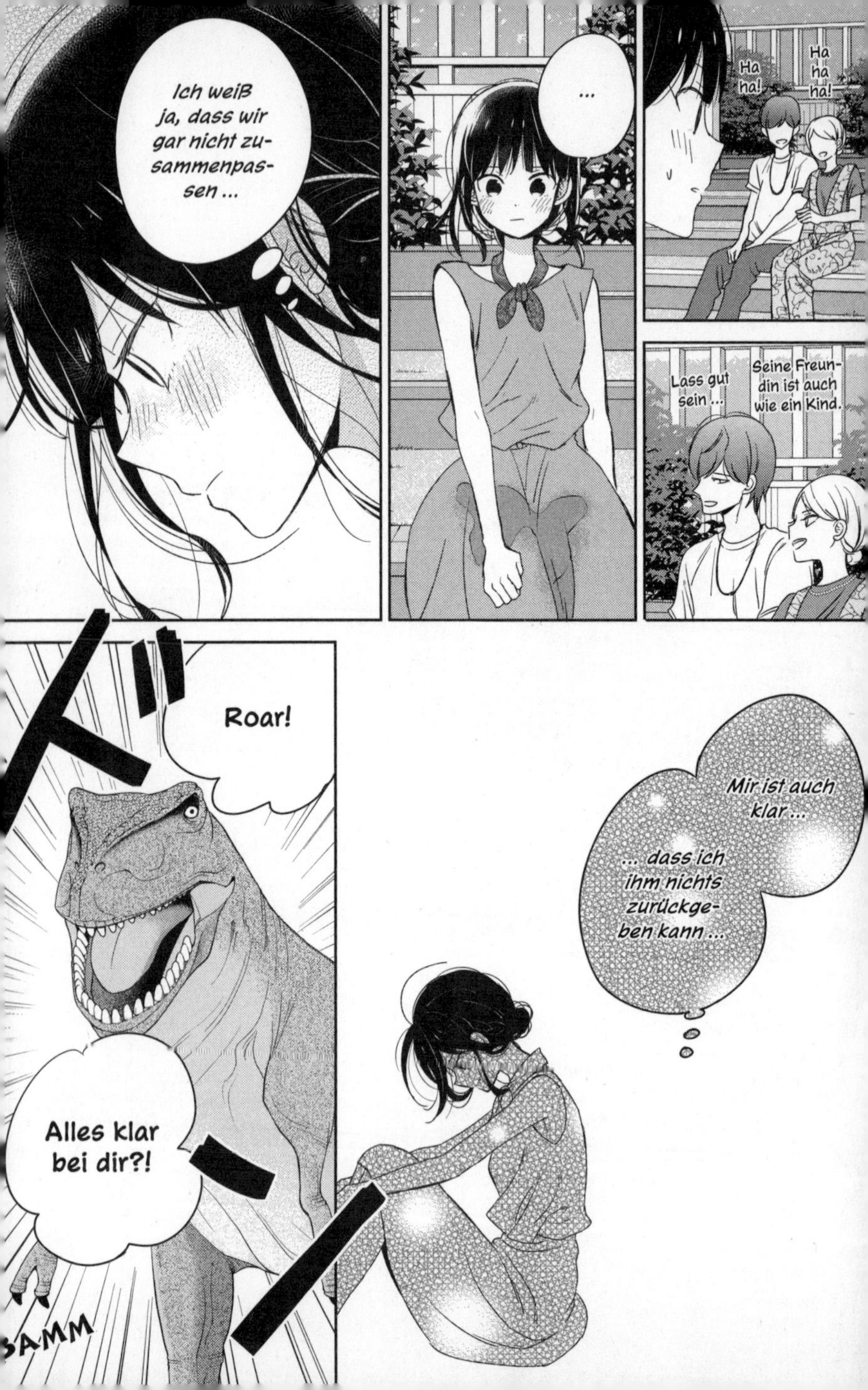
Ha ha ha!
Ha ha!
Seine Freundin ist auch wie ein Kind.
Lass gut sein ...
...
Ich weiß ja, dass wir gar nicht zusammenpassen ...
Mir ist auch klar ...
... dass ich ihm nichts zurückgeben kann ...
Roar!
Alles klar bei dir?!
SAMM

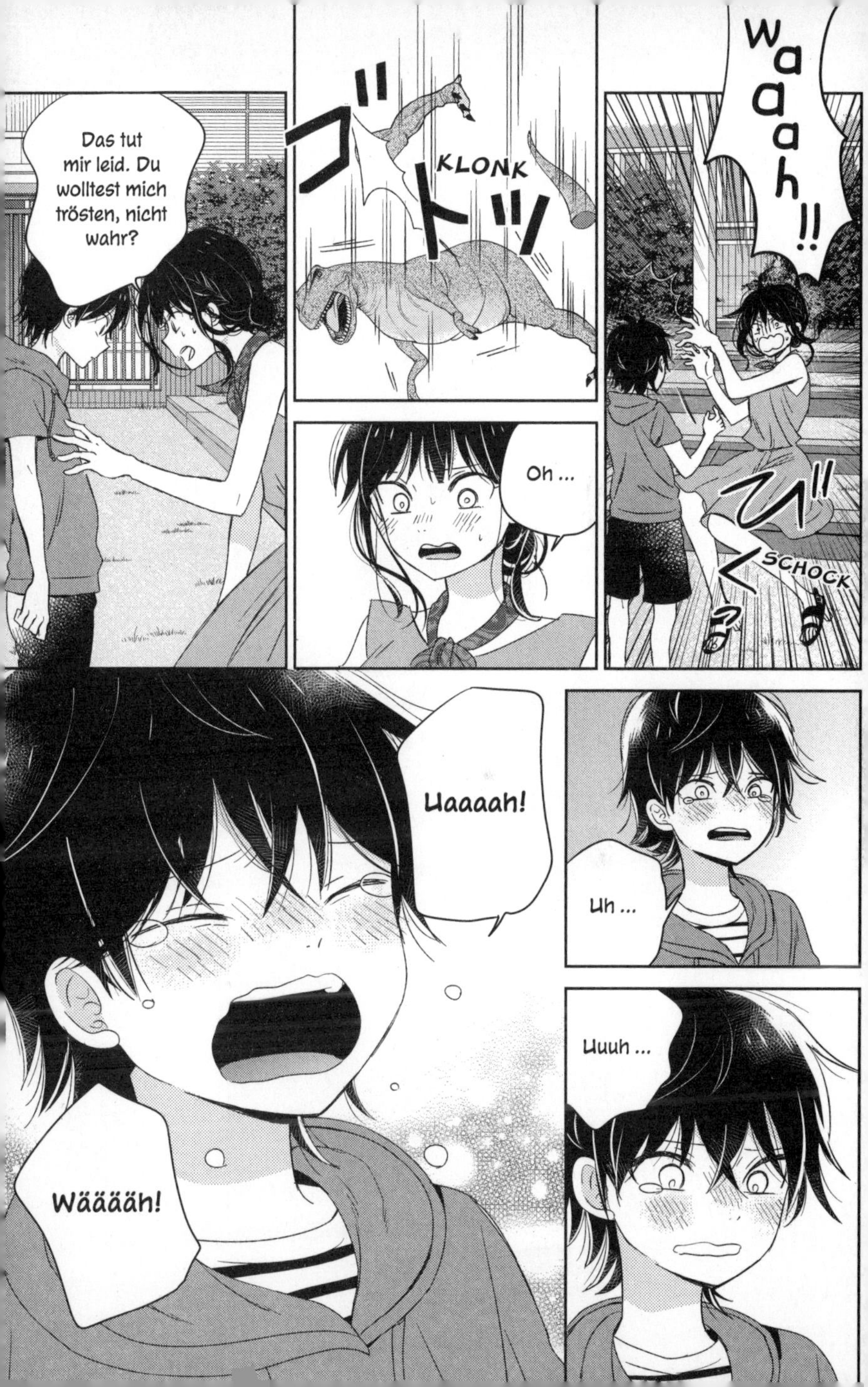
Waaaah!!
SCHOCK
KLONK
Oh ...
Das tut mir leid. Du wolltest mich trösten, nicht wahr?
Uh ...
Uuuh ...
Uaaaah!
Wäääääh!

Es tut mir leid!

Ich bin einfach ...

... zu nichts nutze ...

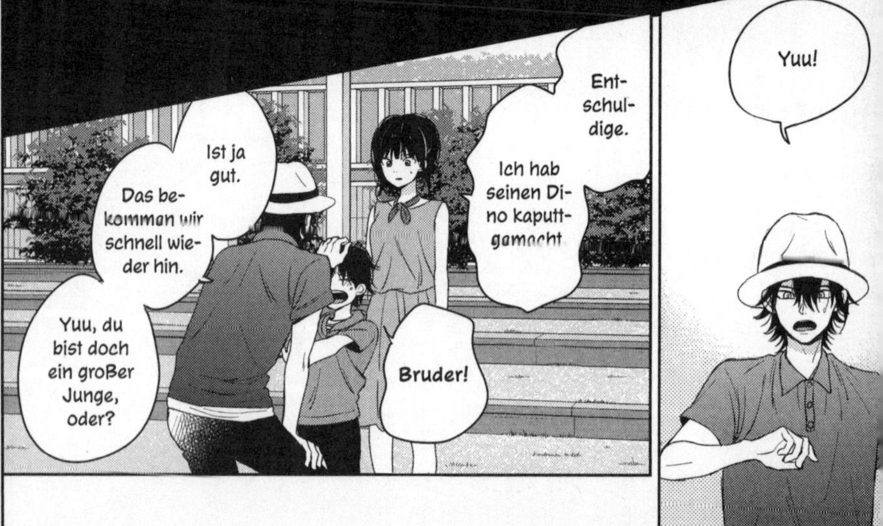

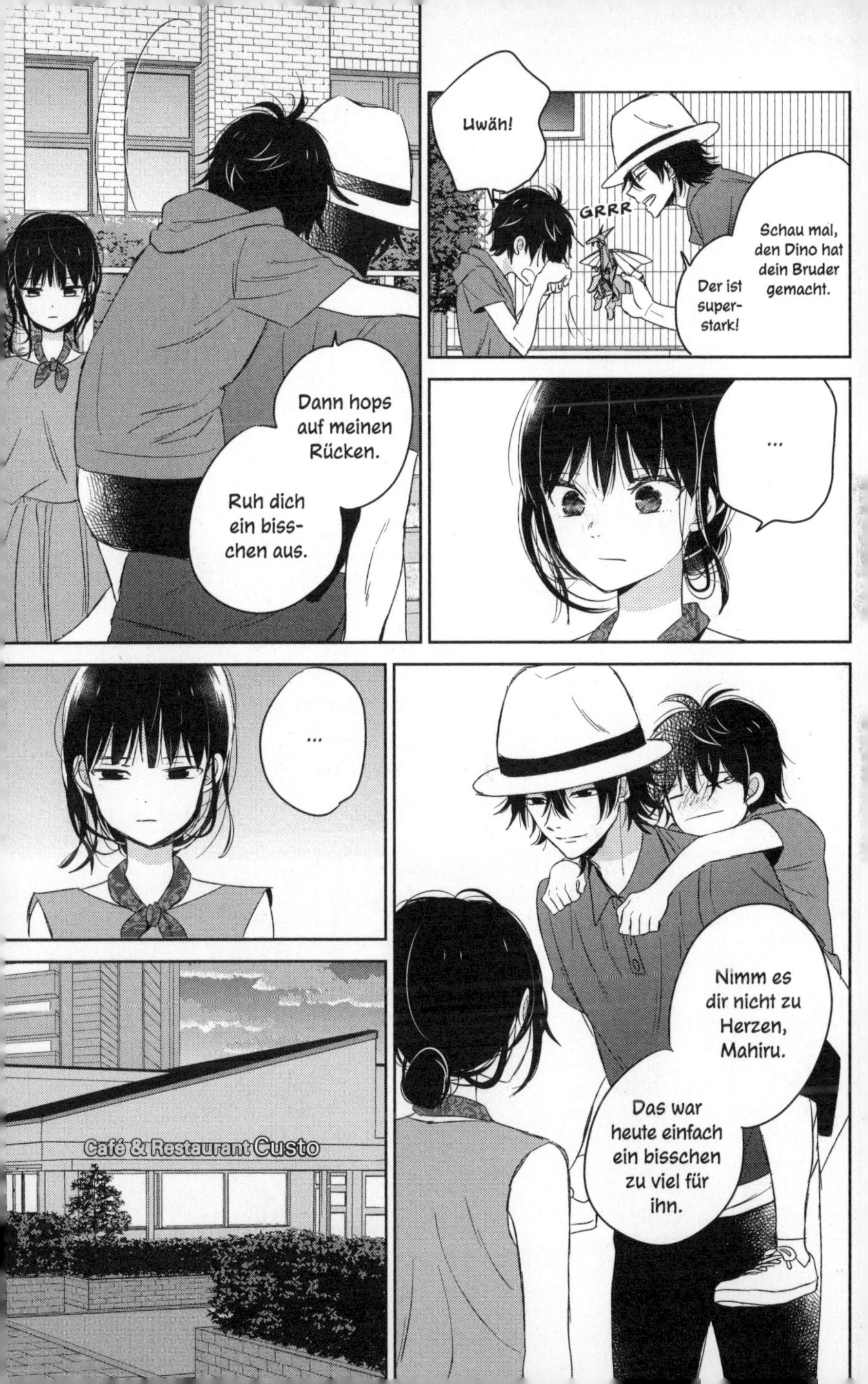

Uwäh!

GRRR

Schau mal, den Dino hat dein Bruder gemacht.

Der ist superstark!

...

Dann hops auf meinen Rücken.

Ruh dich ein bisschen aus.

Nimm es dir nicht zu Herzen, Mahiru.

Das war heute einfach ein bisschen zu viel für ihn.

...

Café & Restaurant Custo

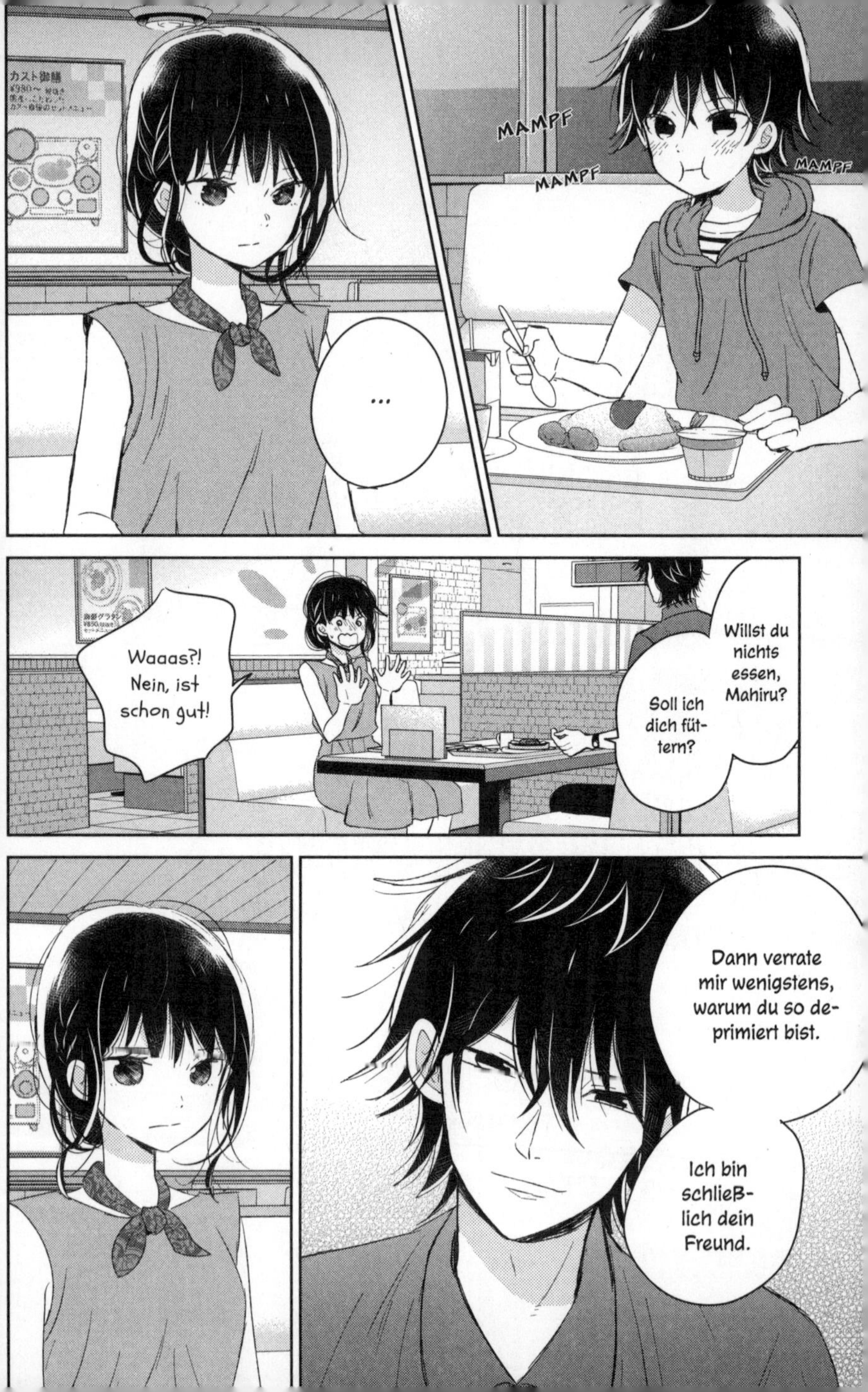

MAMPF
MAMPF
MAMPF
...

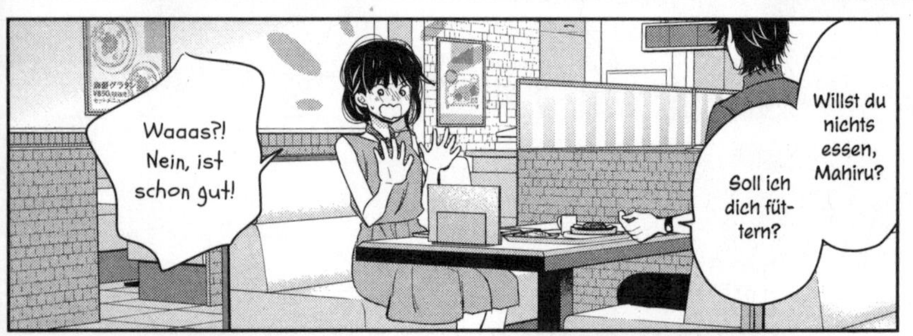

Dann verrate mir wenigstens, warum du so deprimiert bist.
Ich bin schließlich dein Freund.

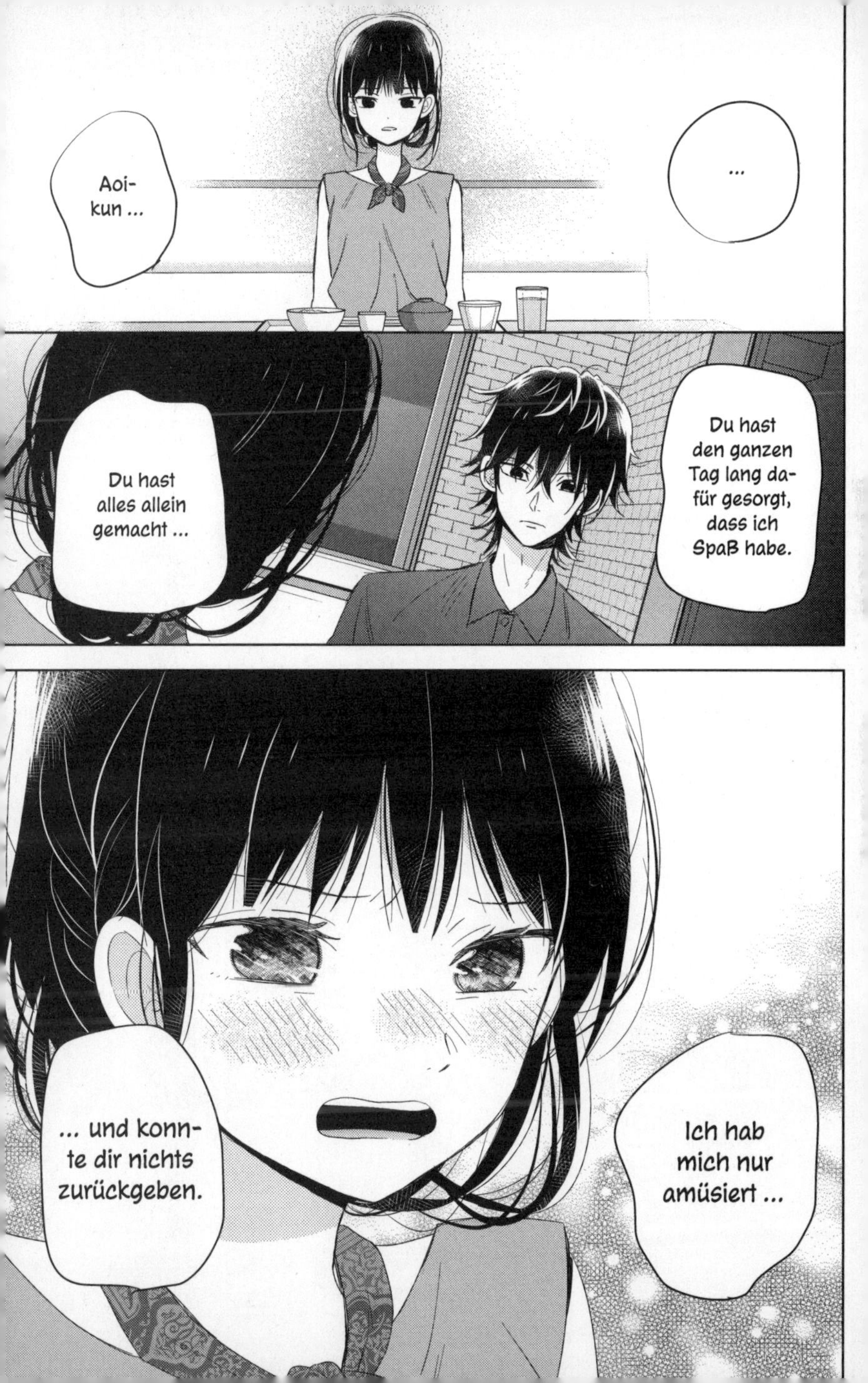

...

Aoi-kun ...

Du hast den ganzen Tag lang dafür gesorgt, dass ich Spaß habe.

Du hast alles allein gemacht ...

Ich hab mich nur amüsiert ...

... und konnte dir nichts zurückgeben.

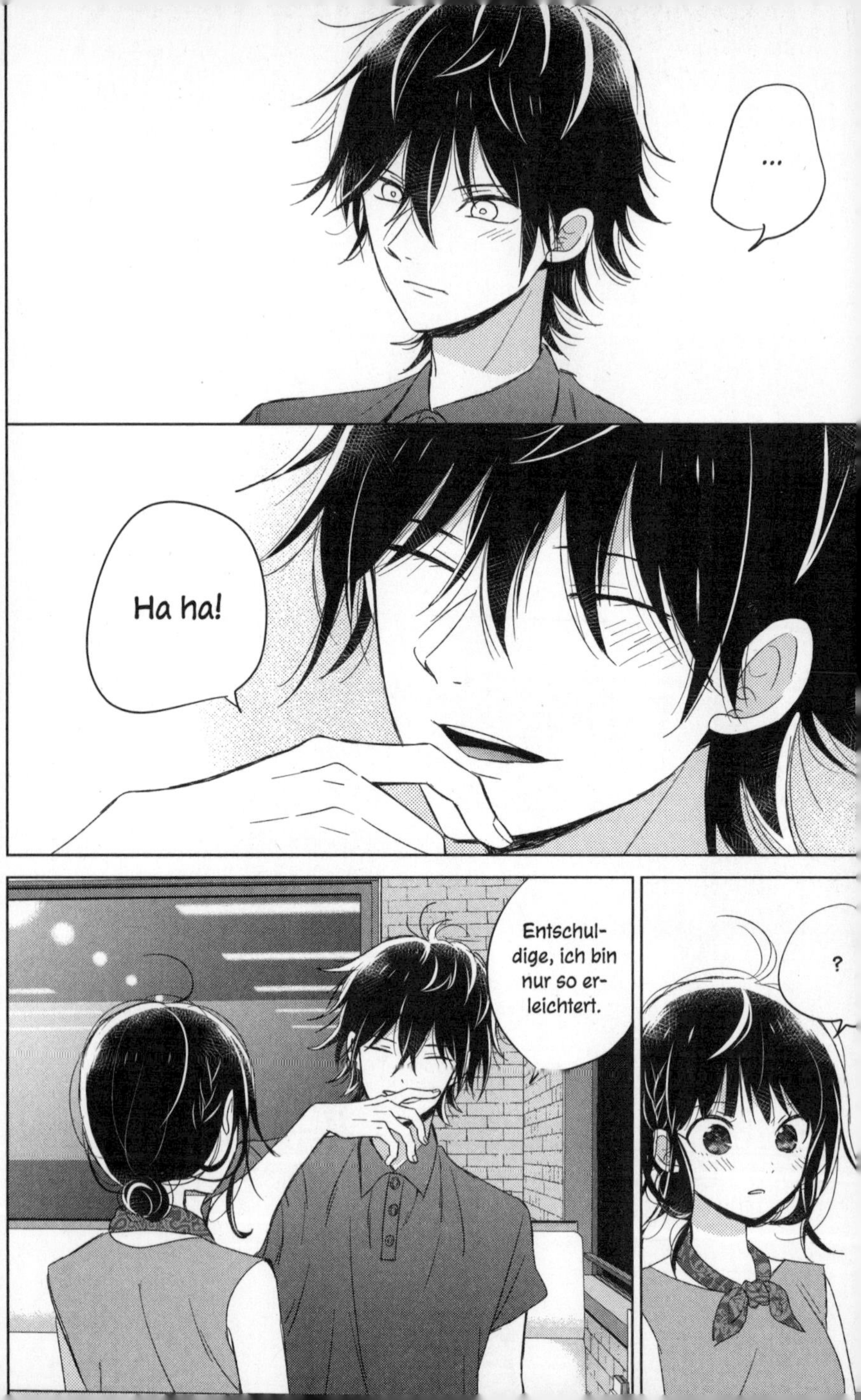

...
Ha ha!
?
Entschul-
dige, ich bin
nur so er-
leichtert.

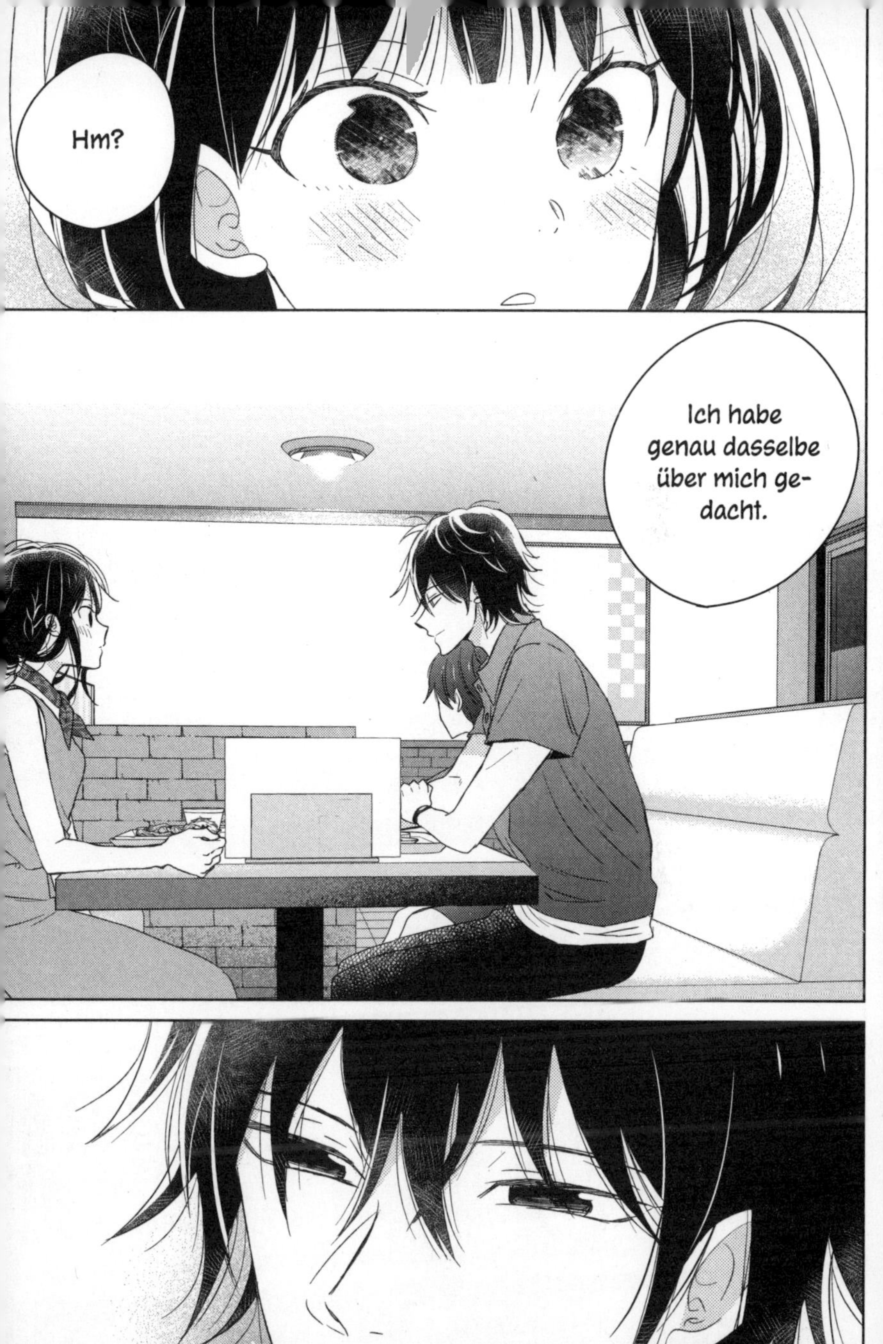
Hm?
Ich habe genau dasselbe über mich gedacht.

Was bedeutet ...

... Normalität?

Was bedeutet es ...

... ein Paar zu sein?

Noch immer ...

... kann ich bei diesen Fragen nur beschämt meinen Blick senken.

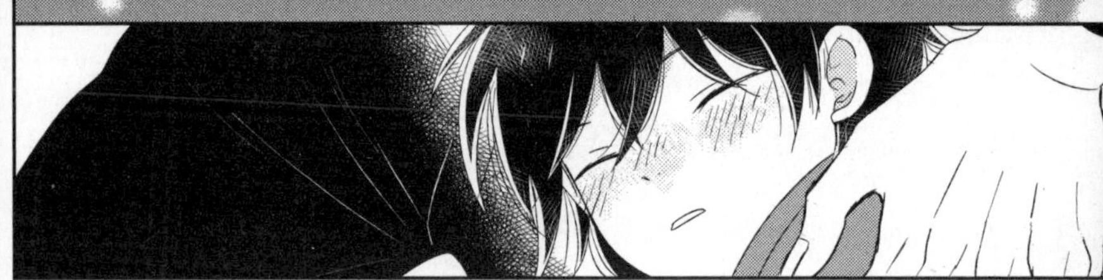

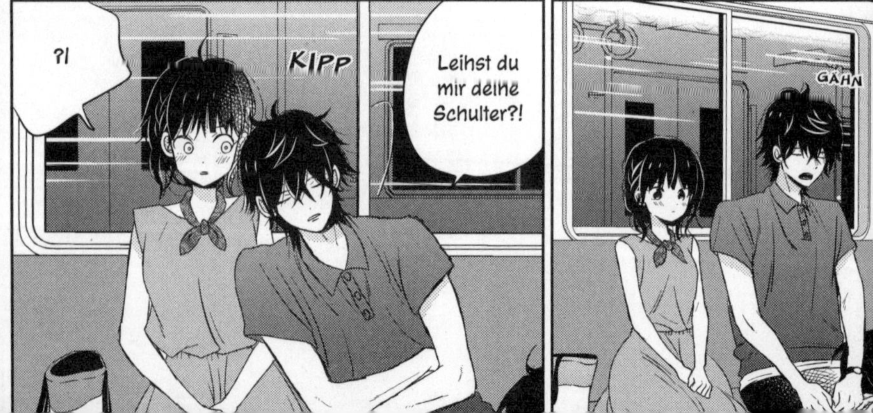

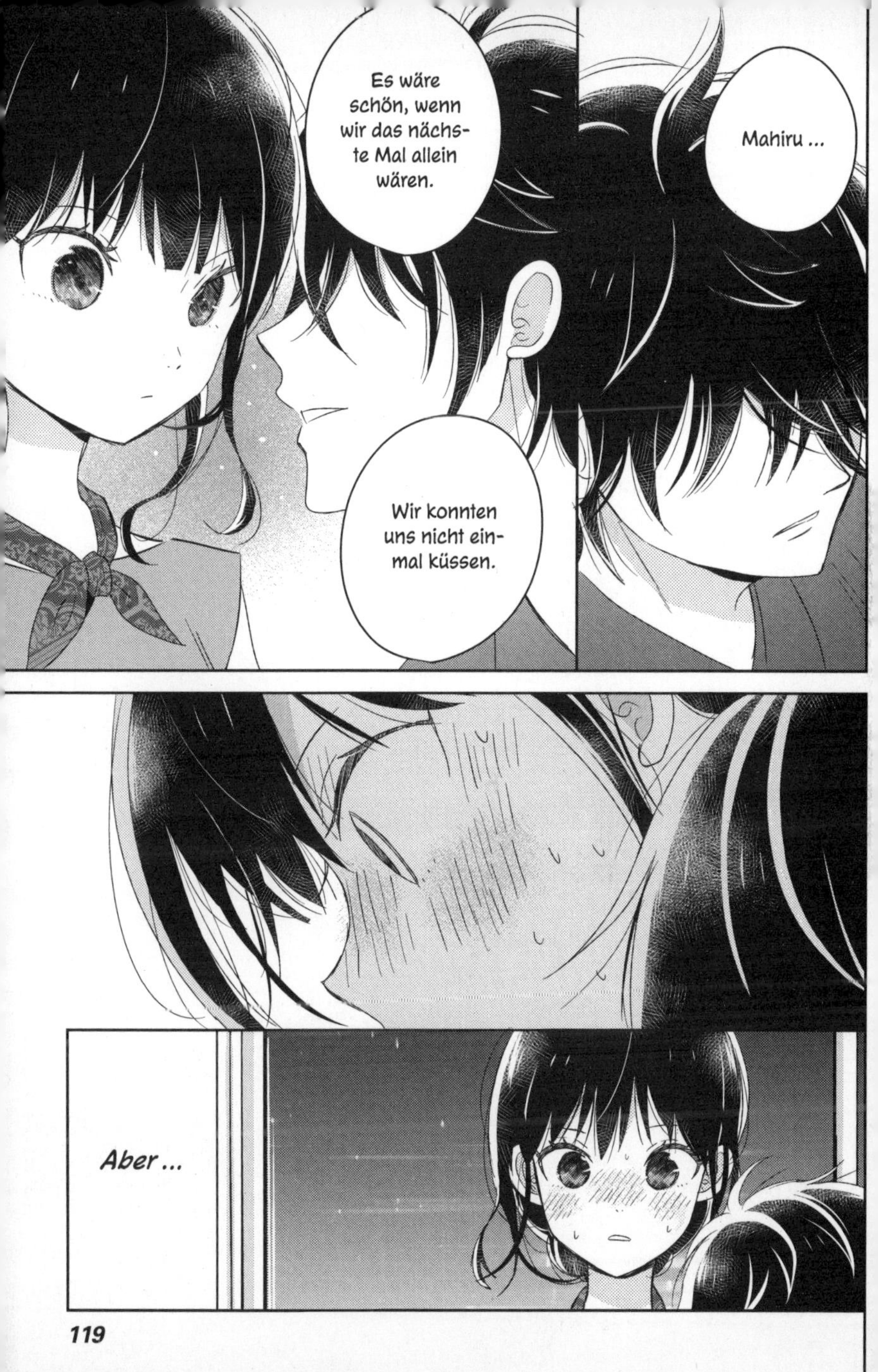

Mahiru ...
Es wäre schön, wenn wir das nächste Mal allein wären.
Wir konnten uns nicht einmal küssen.
Aber ...

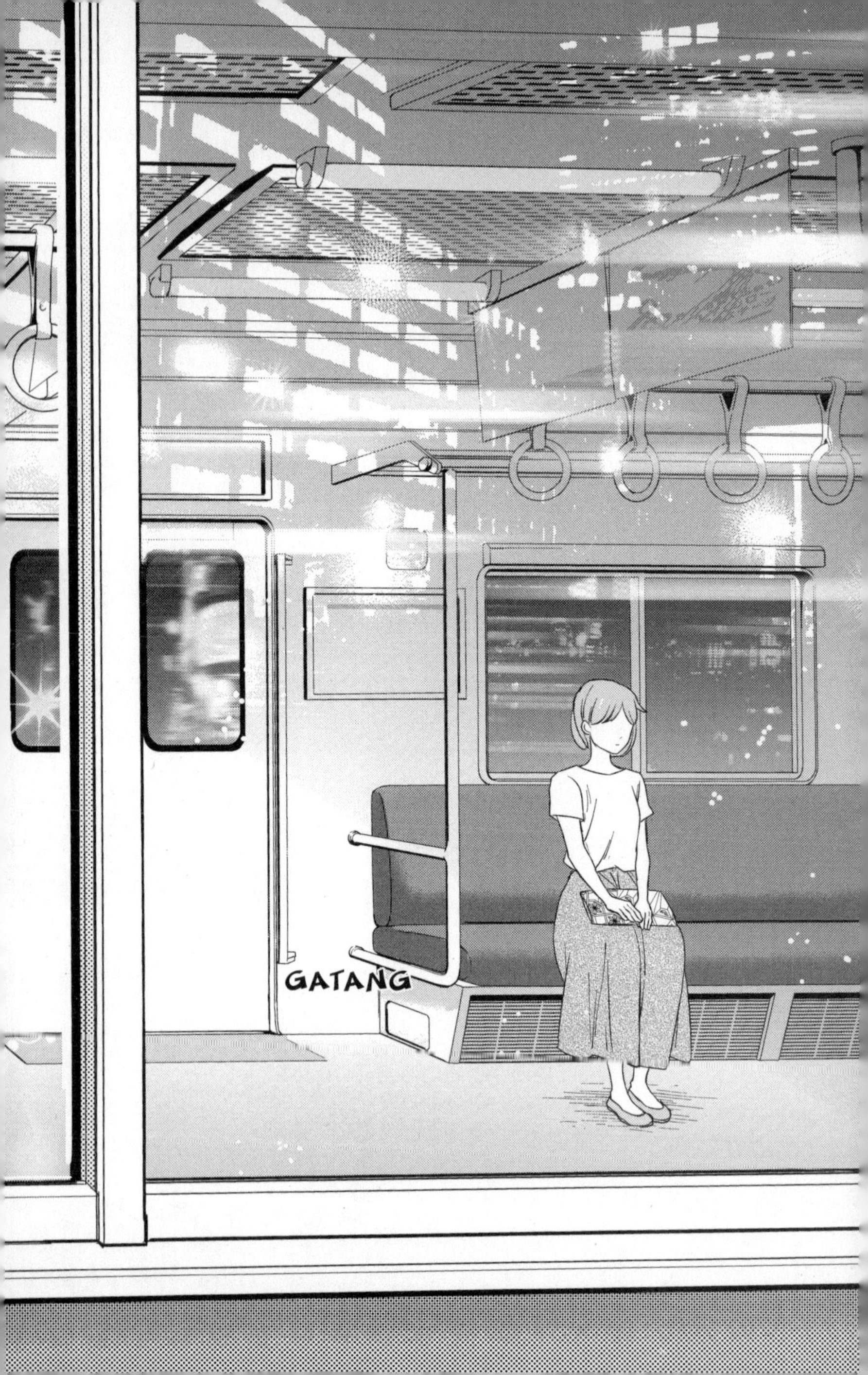
GATANG

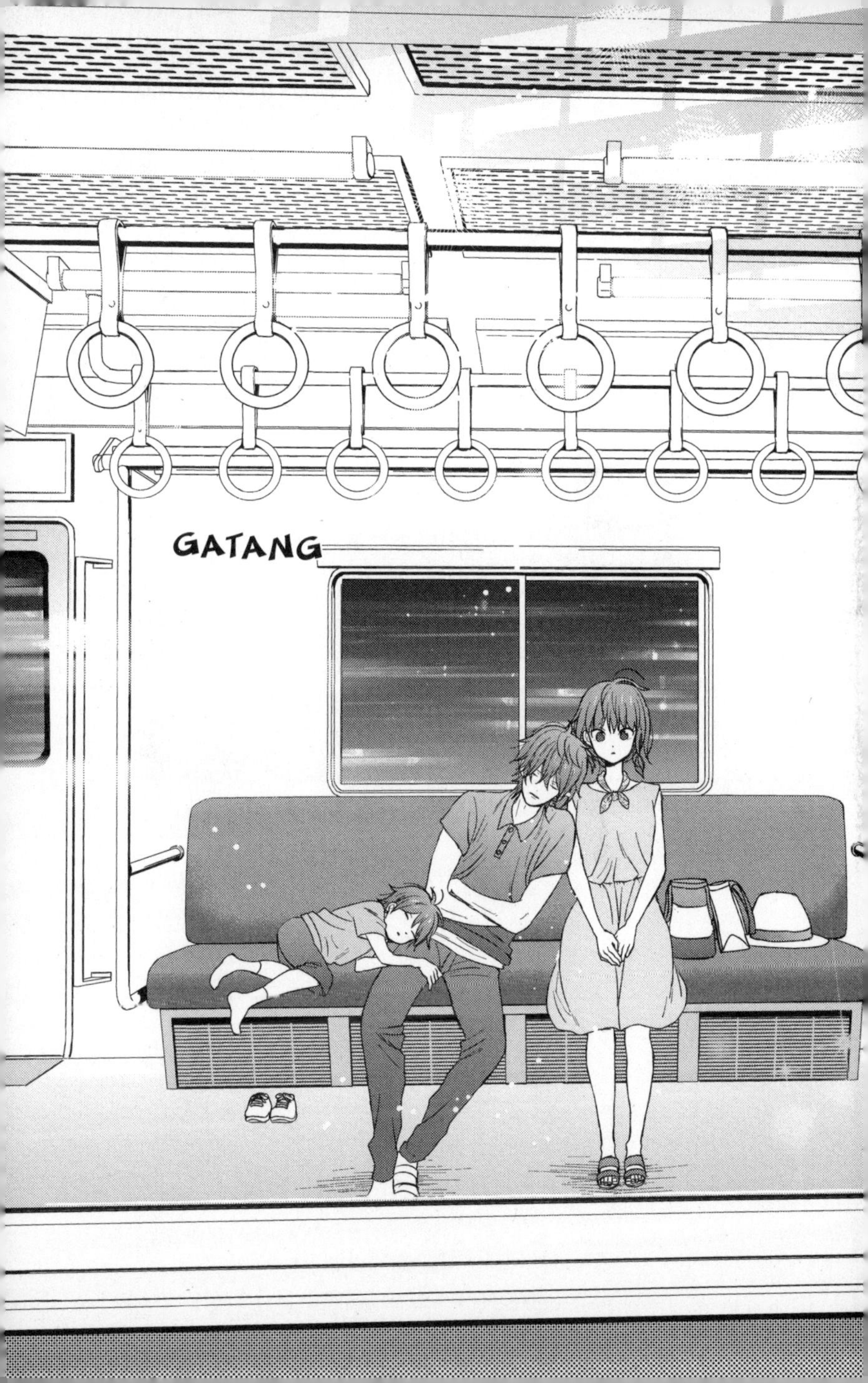
GATANG

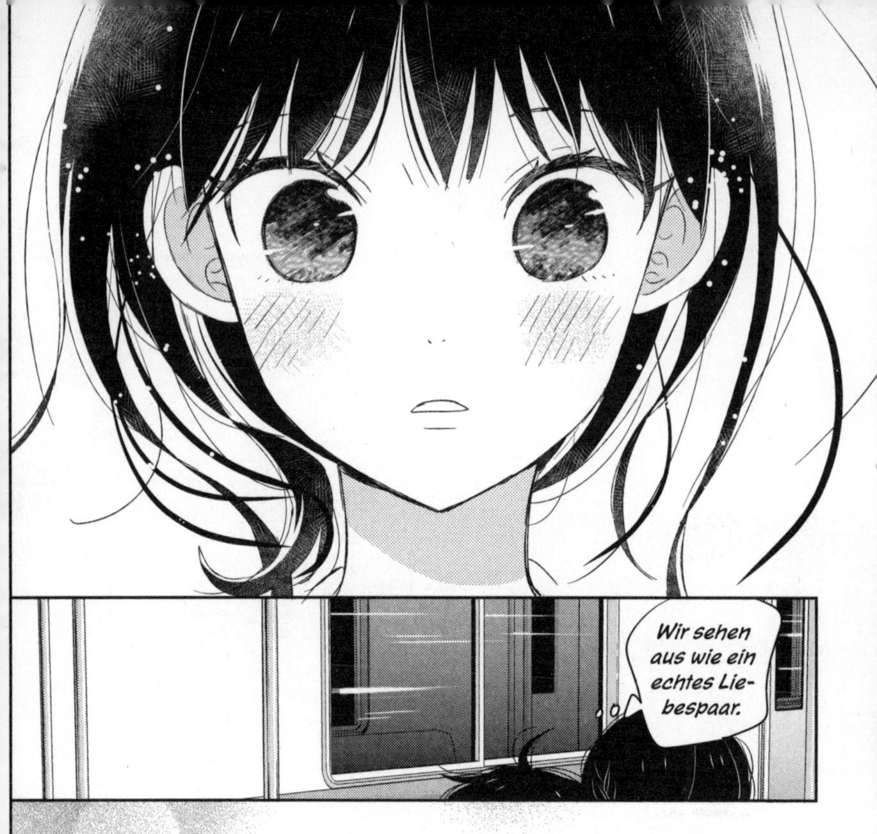

Ich bekomme eine Ahnung davon, wie wundervoll es ist ...

... etwas mit einem anderen Menschen zu teilen ...

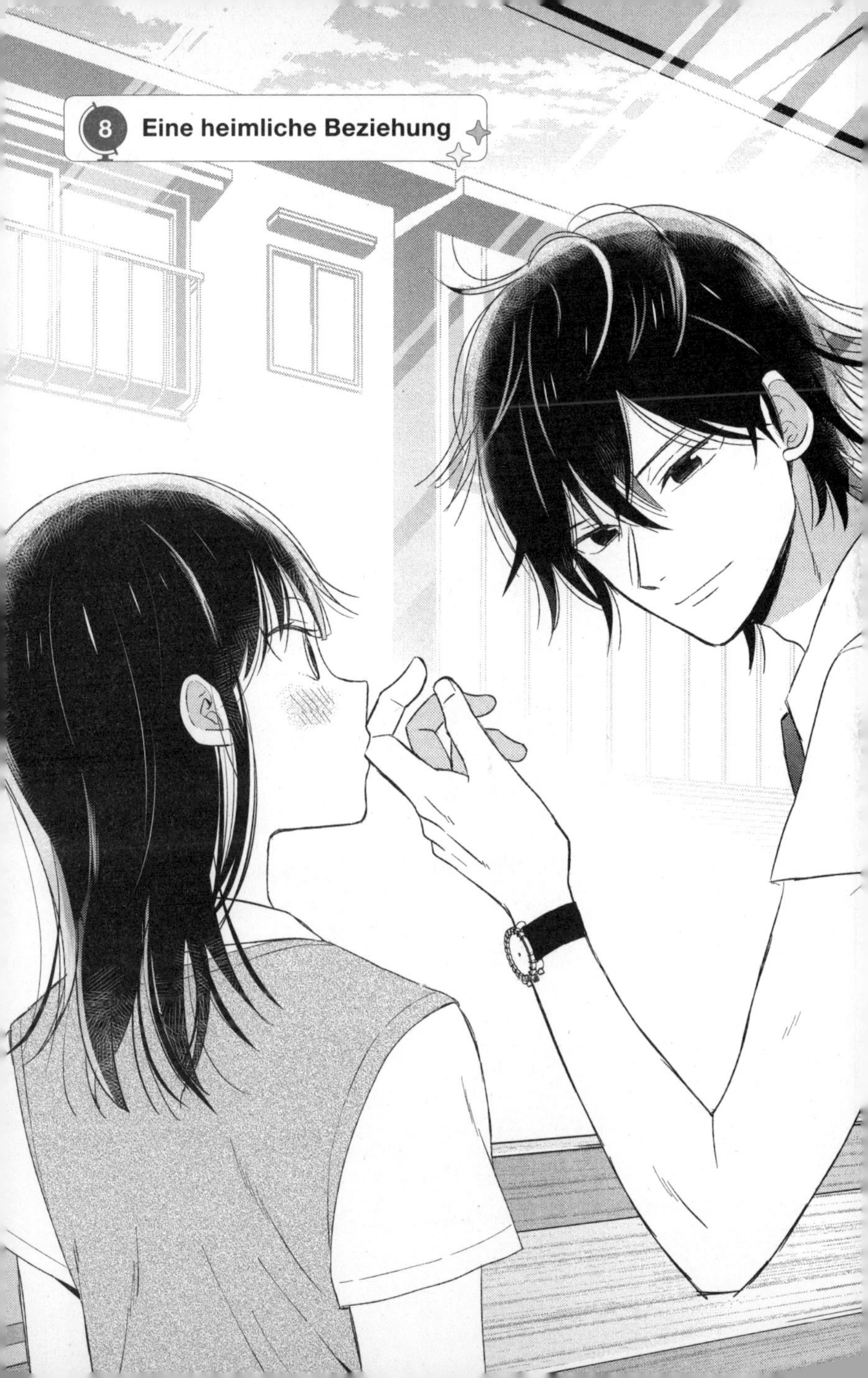
8
Eine heimliche Beziehung

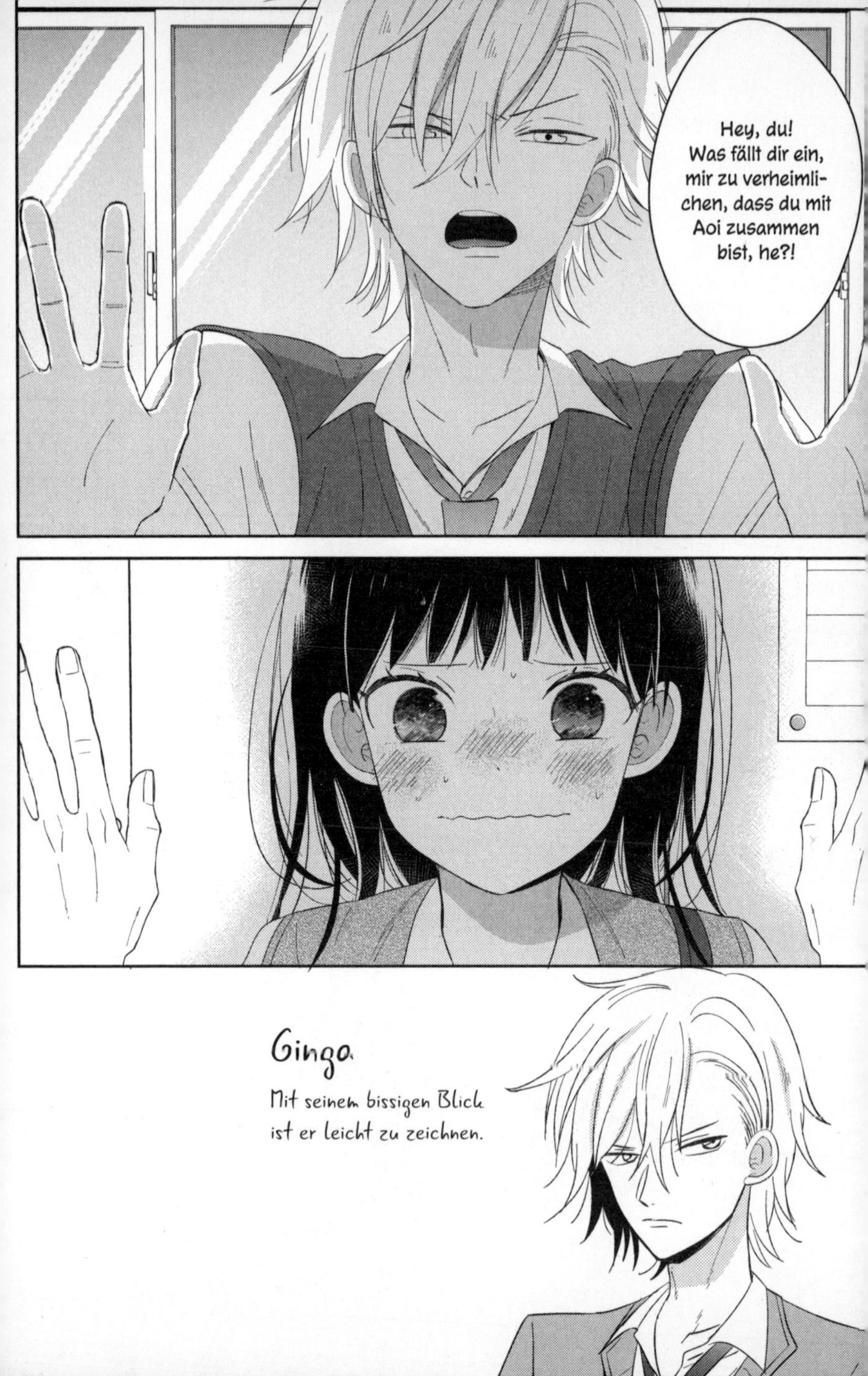
Hey, du! Was fällt dir ein, mir zu verheimlichen, dass du mit Aoi zusammen bist, he?!
Gingo
Mit seinem bissigen Blick ist er leicht zu zeichnen.

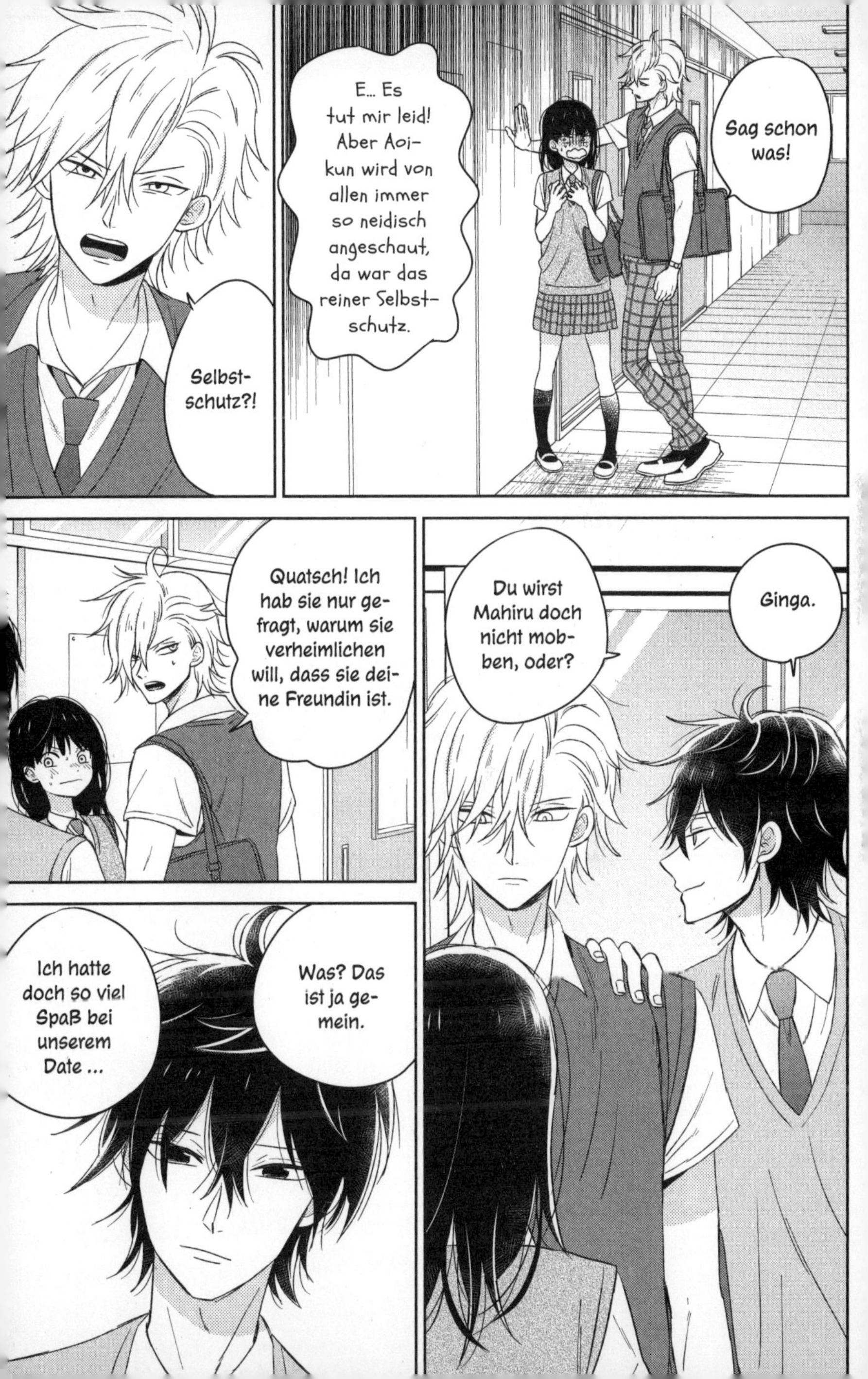

Sag schon was!
E... Es tut mir leid! Aber Aoi-kun wird von allen immer so neidisch angeschaut, da war das reiner Selbstschutz.
Selbstschutz?!

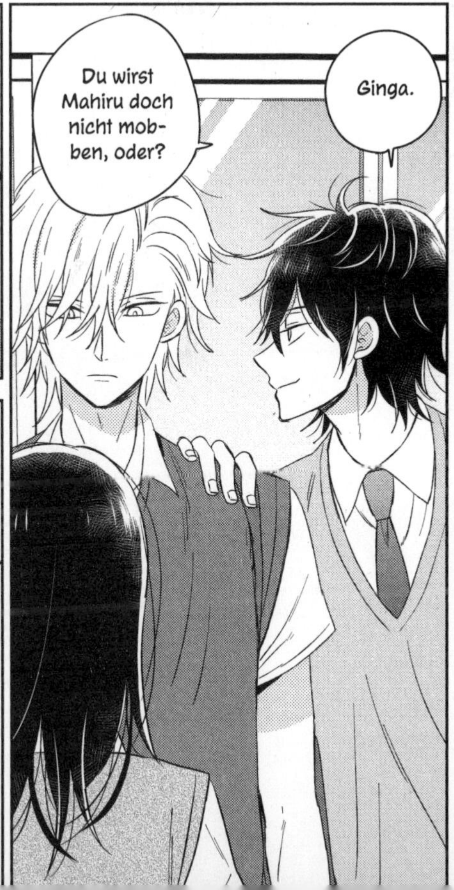

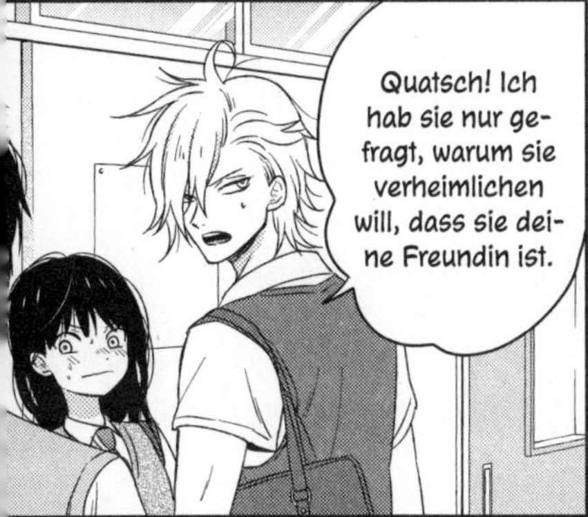

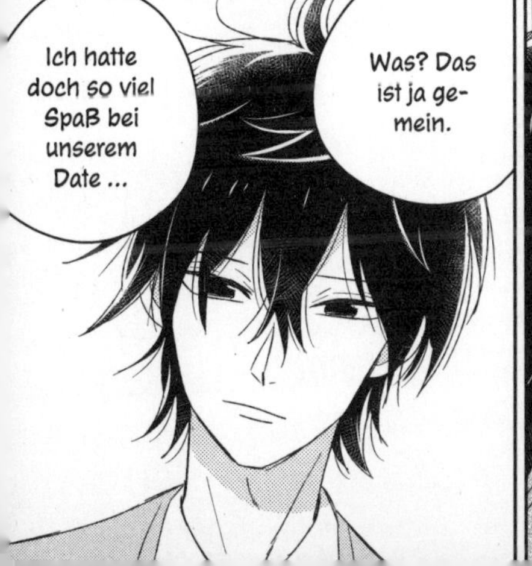

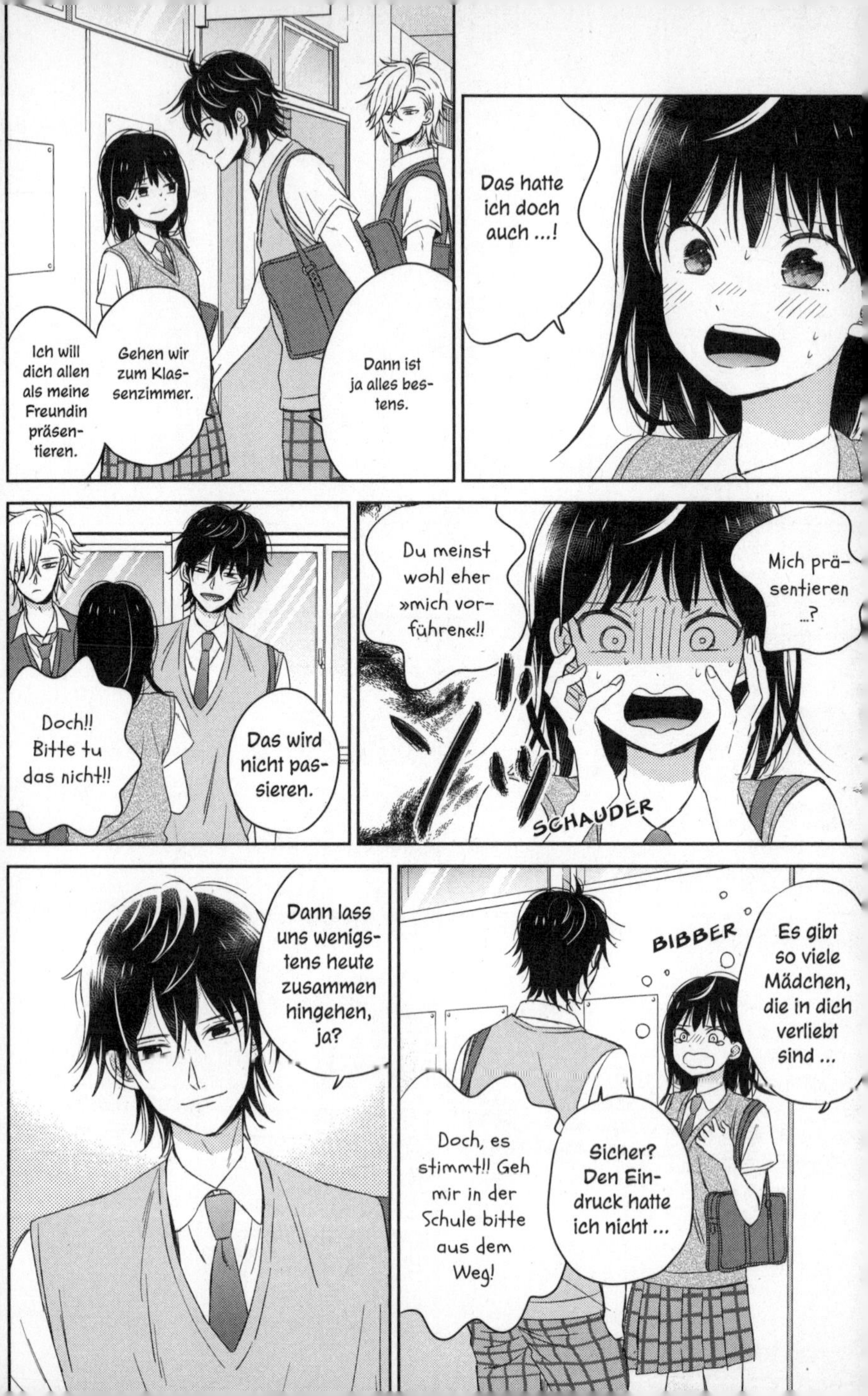

Das hatte ich doch auch ...!
Dann ist ja alles bestens.
Gehen wir zum Klassenzimmer.
Ich will dich allen als meine Freundin präsentieren.
Mich präsentieren ...?
Du meinst wohl eher »mich vorführen«!!
SCHAUDER
Das wird nicht passieren.
Doch!! Bitte tu das nicht!!
Es gibt so viele Mädchen, die in dich verliebt sind ...
BIBBER
Sicher? Den Eindruck hatte ich nicht ...
Doch, es stimmt!! Geh mir in der Schule bitte aus dem Weg!
Dann lass uns wenigstens heute zusammen hingehen, ja?

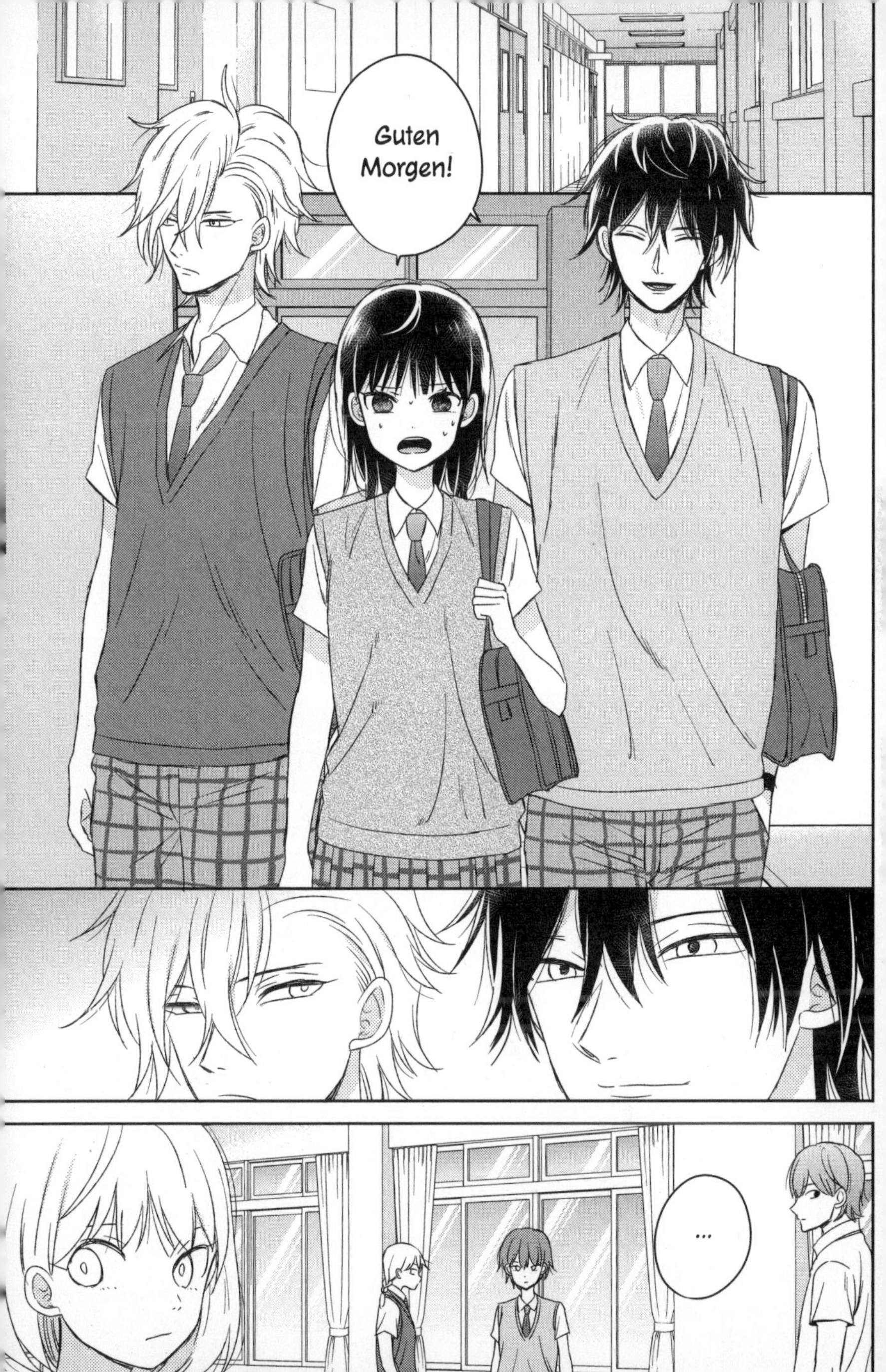

Guten Morgen!
...

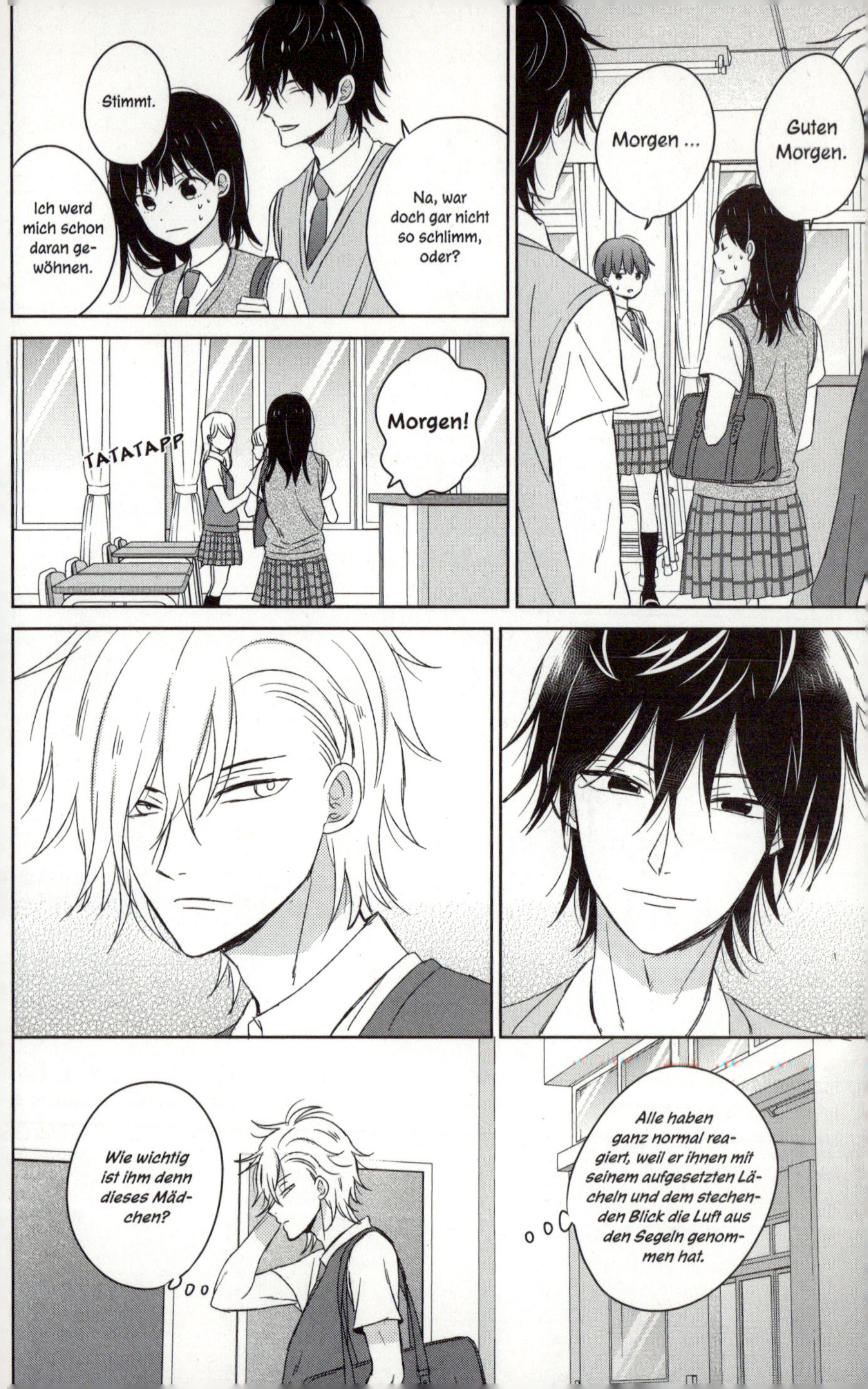

Na, war doch gar nicht so schlimm, oder?
Stimmt.
Ich werd mich schon daran gewöhnen.
TATATAPP
Morgen!
Guten Morgen.
Morgen ...
Alle haben ganz normal reagiert, weil er ihnen mit seinem aufgesetzten Lächeln und dem stechenden Blick die Luft aus den Segeln genommen hat.
Wie wichtig ist ihm denn dieses Mädchen?

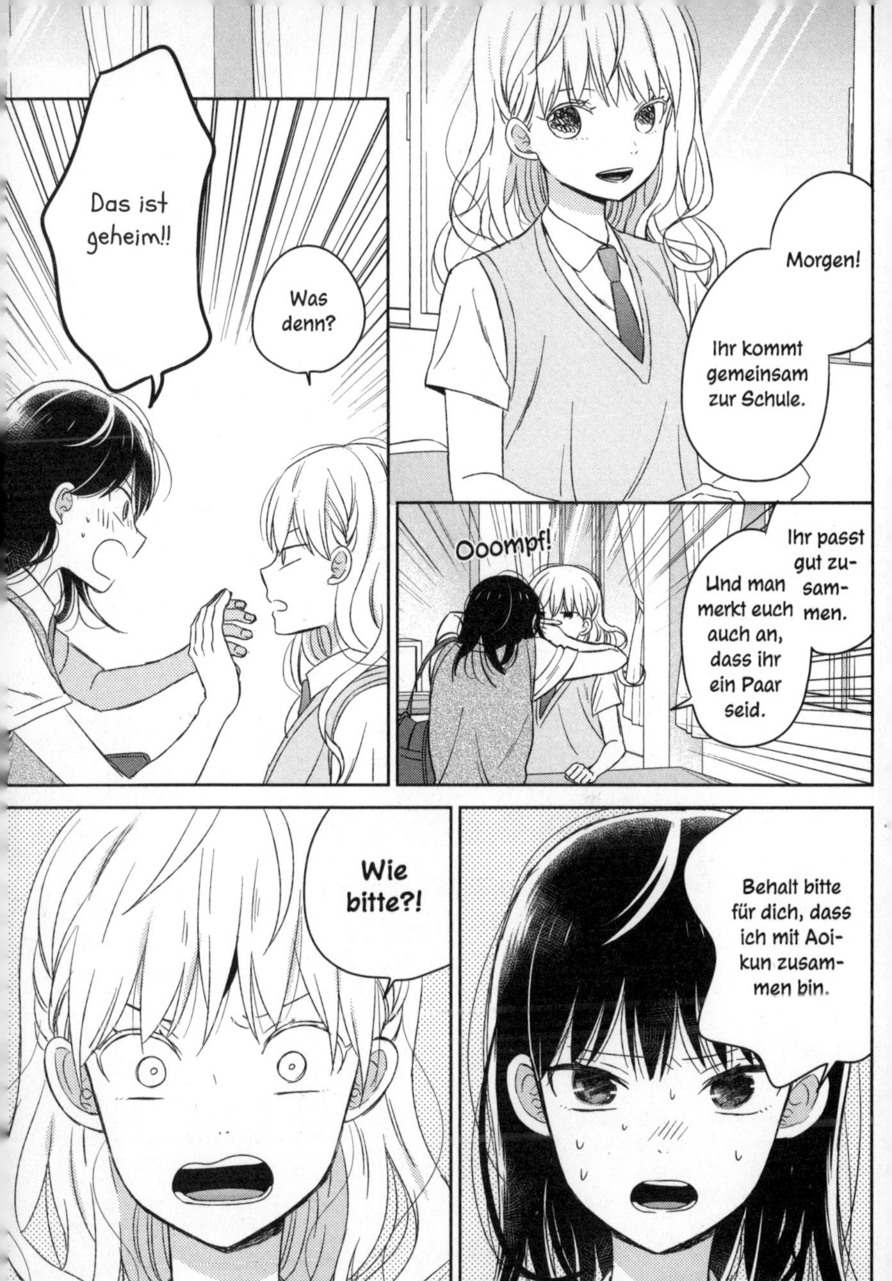
Morgen!
Ihr kommt gemeinsam zur Schule.
Ihr passt gut zusammen.
Und man merkt euch auch an, dass ihr ein Paar seid.
Ooompf!
Was denn?
Das ist geheim!!
Behalt bitte für dich, dass ich mit Aoi-kun zusammen bin.
Wie bitte?!

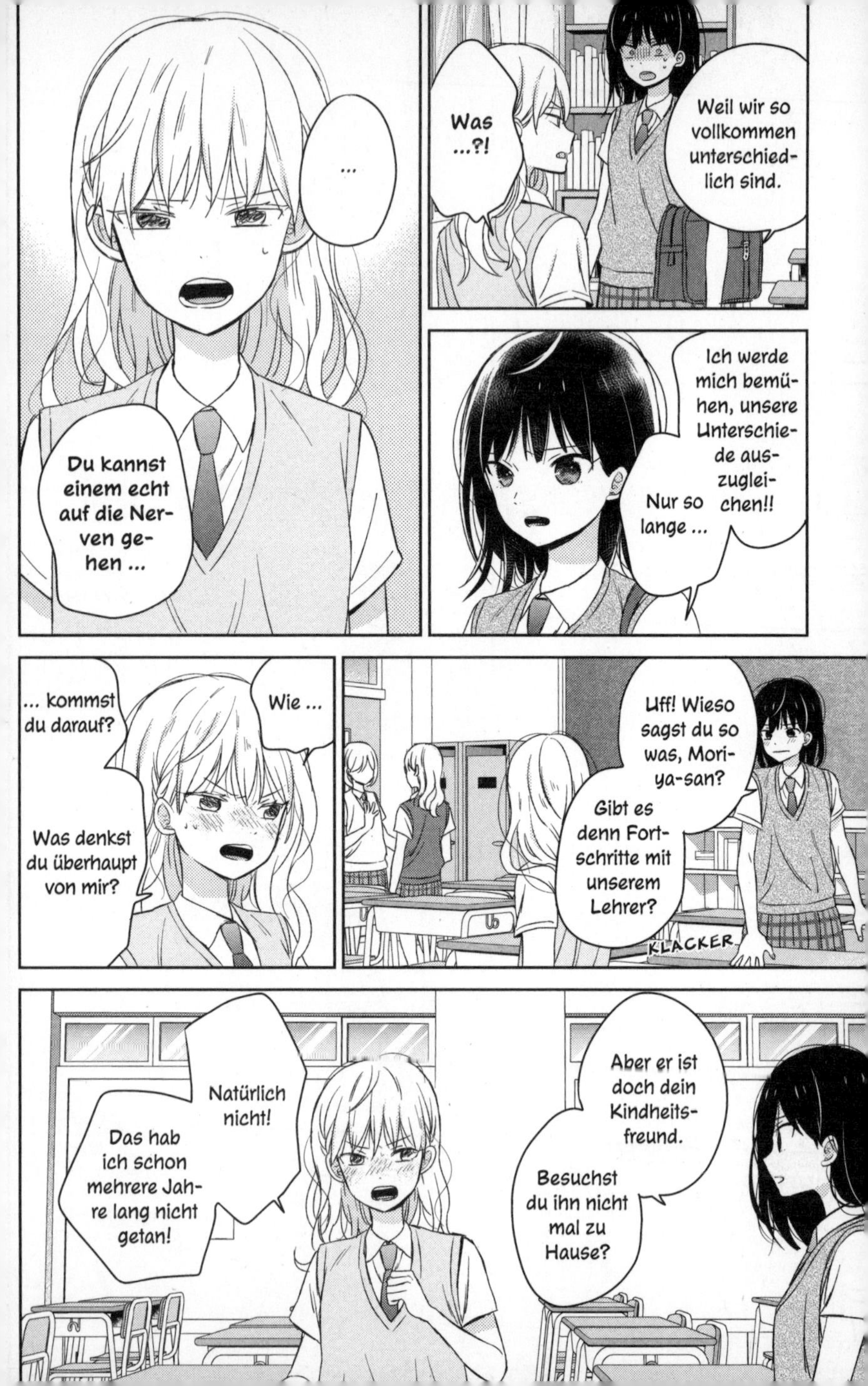
Weil wir so vollkommen unterschiedlich sind.
Was ...?!
Ich werde mich bemühen, unsere Unterschiede auszugleichen!!
Nur so lange ...
...
Du kannst einem echt auf die Nerven gehen ...
Uff! Wieso sagst du so was, Moriya-san?
Gibt es denn Fortschritte mit unserem Lehrer?
KLACKER
Wie ...
... kommst du darauf?
Was denkst du überhaupt von mir?
Aber er ist doch dein Kindheitsfreund.
Besuchst du ihn nicht mal zu Hause?
Natürlich nicht!
Das hab ich schon mehrere Jahre lang nicht getan!

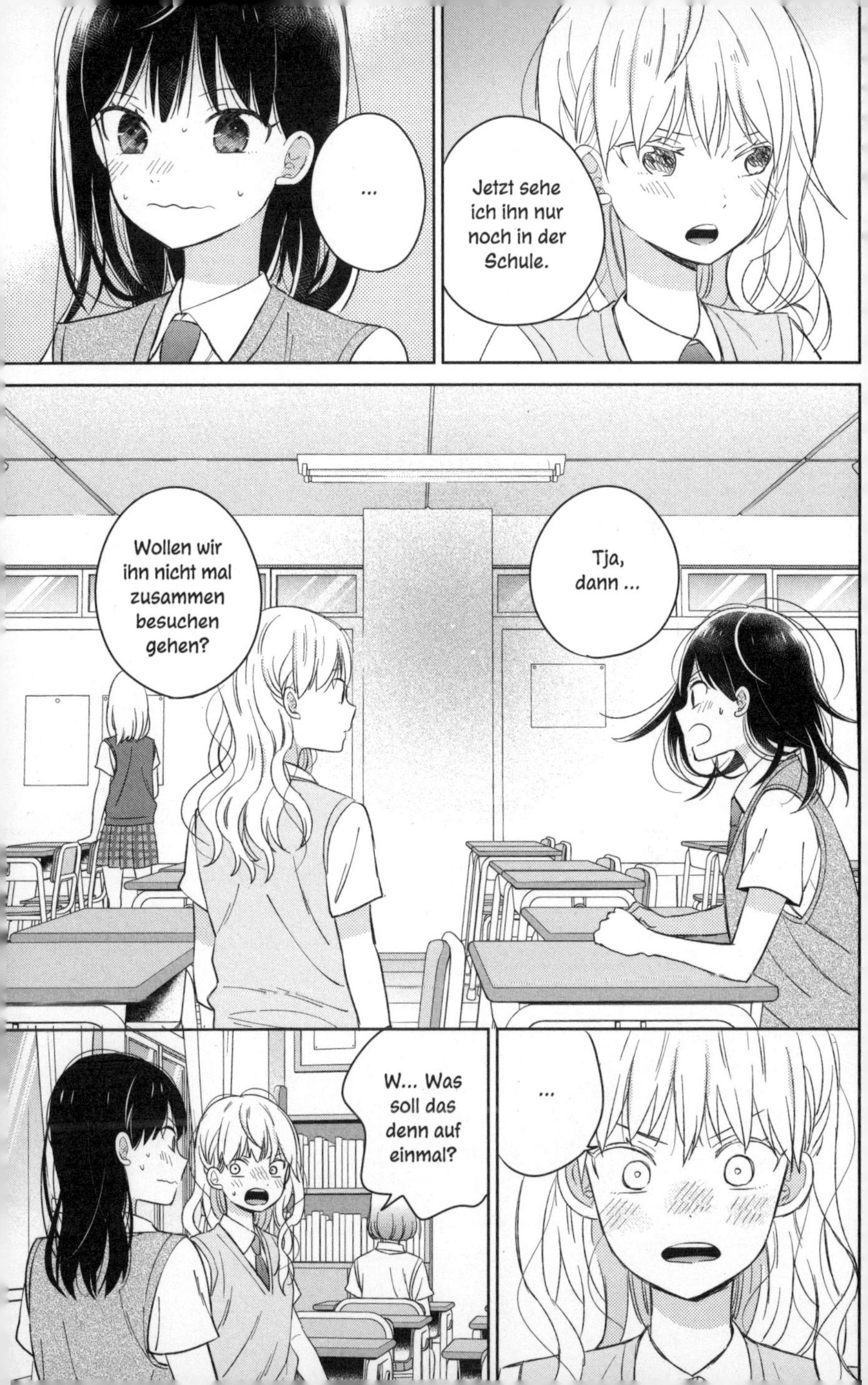
Jetzt sehe ich ihn nur noch in der Schule.
...
Tja, dann ...
Wollen wir ihn nicht mal zusammen besuchen gehen?
...
W... Was soll das denn auf einmal?

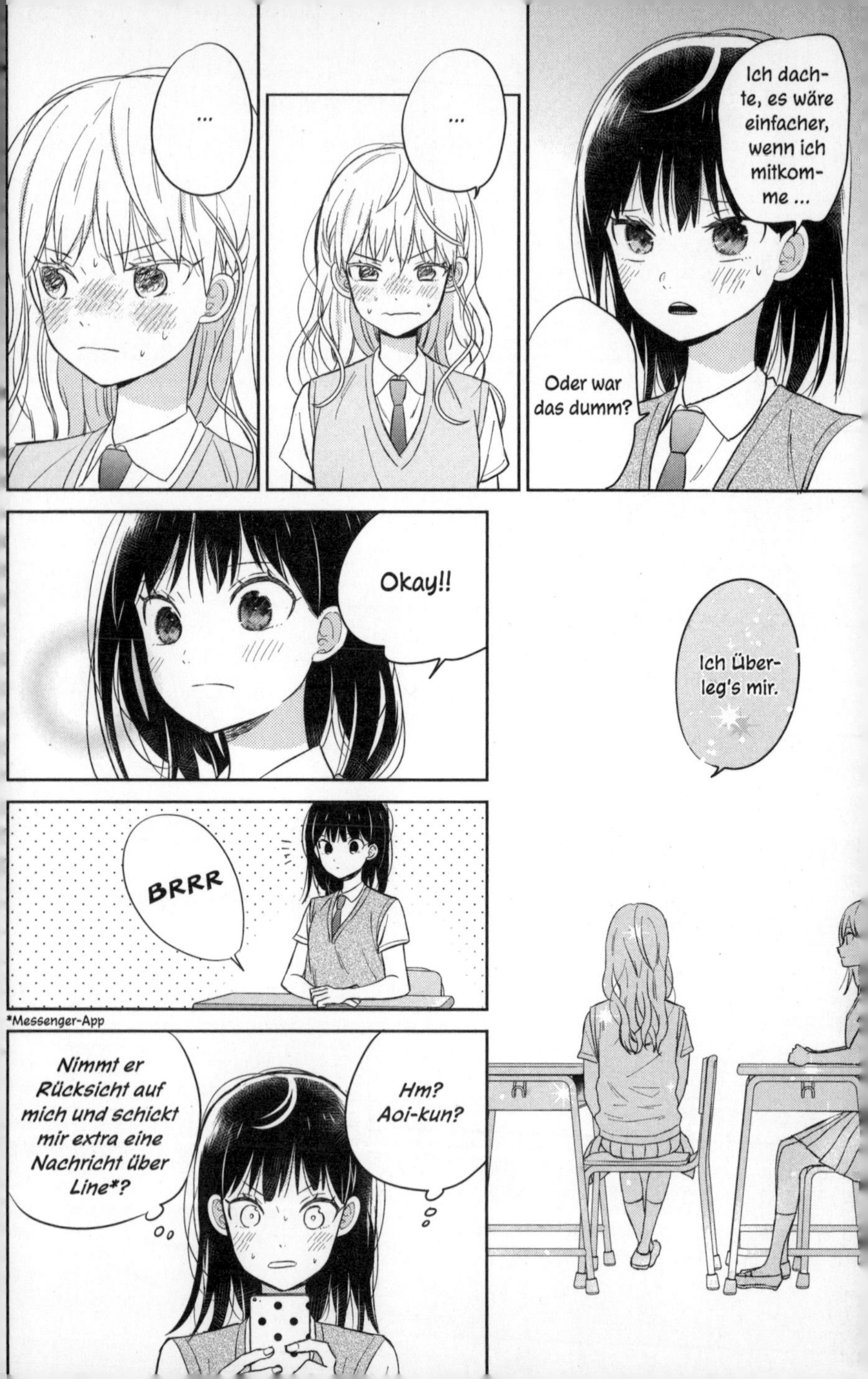

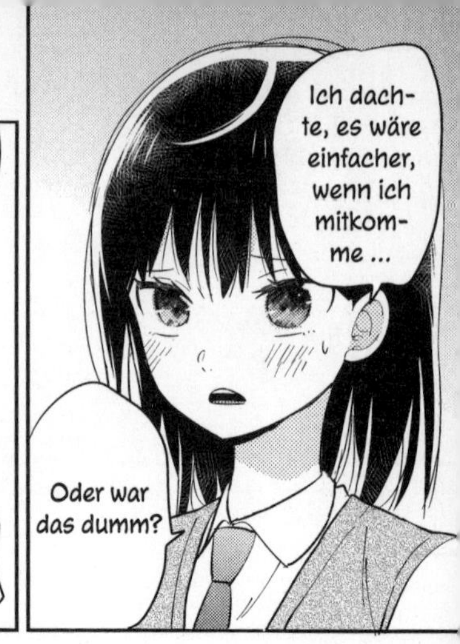

...

...

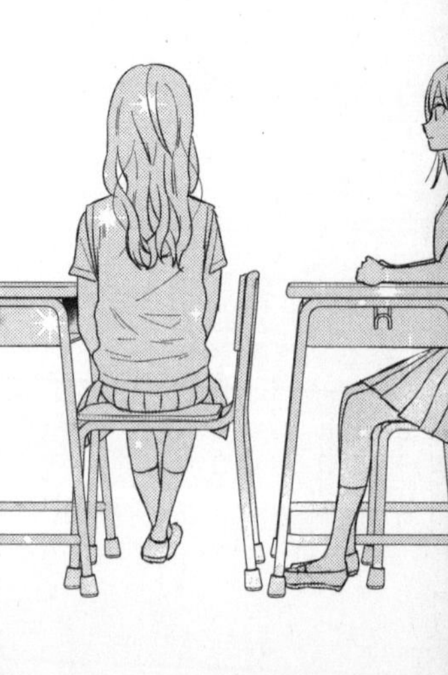
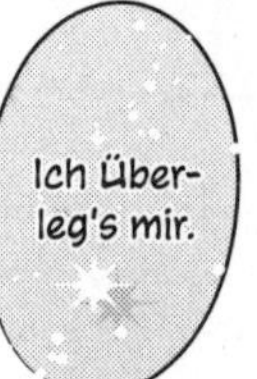

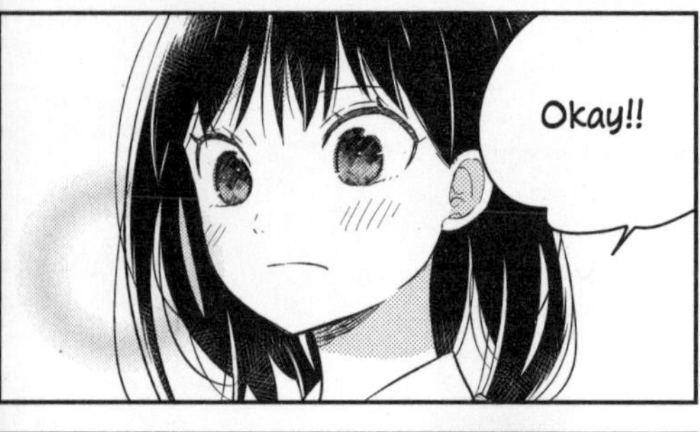

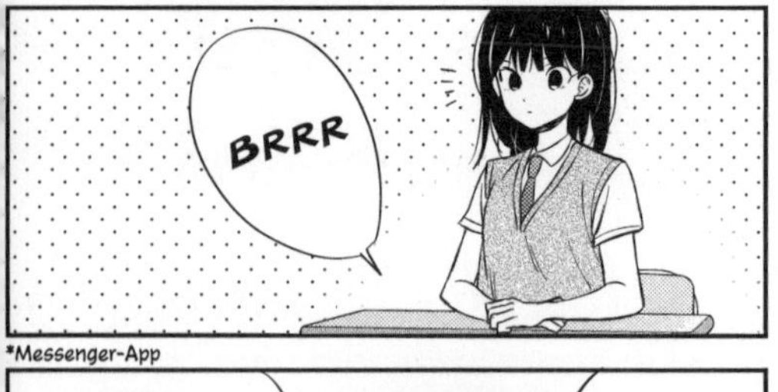

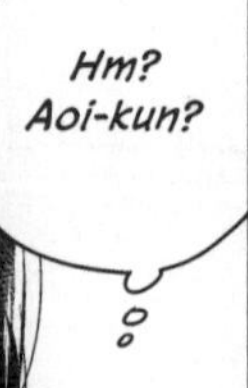

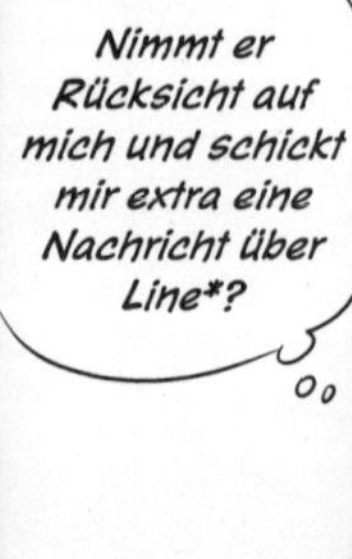

*Messenger-App

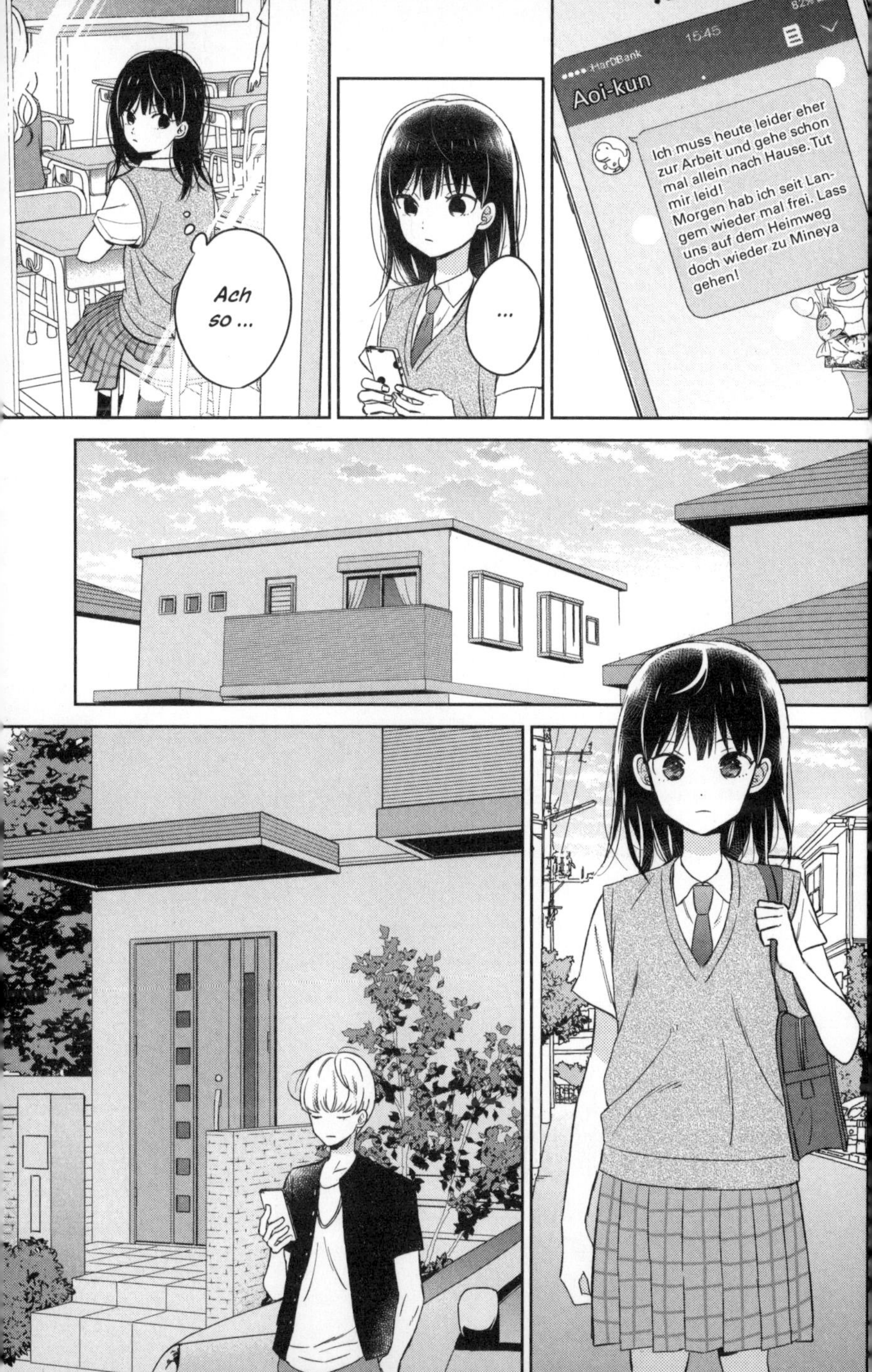

15:45
82%
Aoi-kun
Ich muss heute leider eher zur Arbeit und gehe schon mal allein nach Hause. Tut mir leid!
Morgen hab ich seit Lan-
gem wieder mal frei. Lass uns auf dem Heimweg doch wieder zu Mineya gehen!
...
Ach so ...

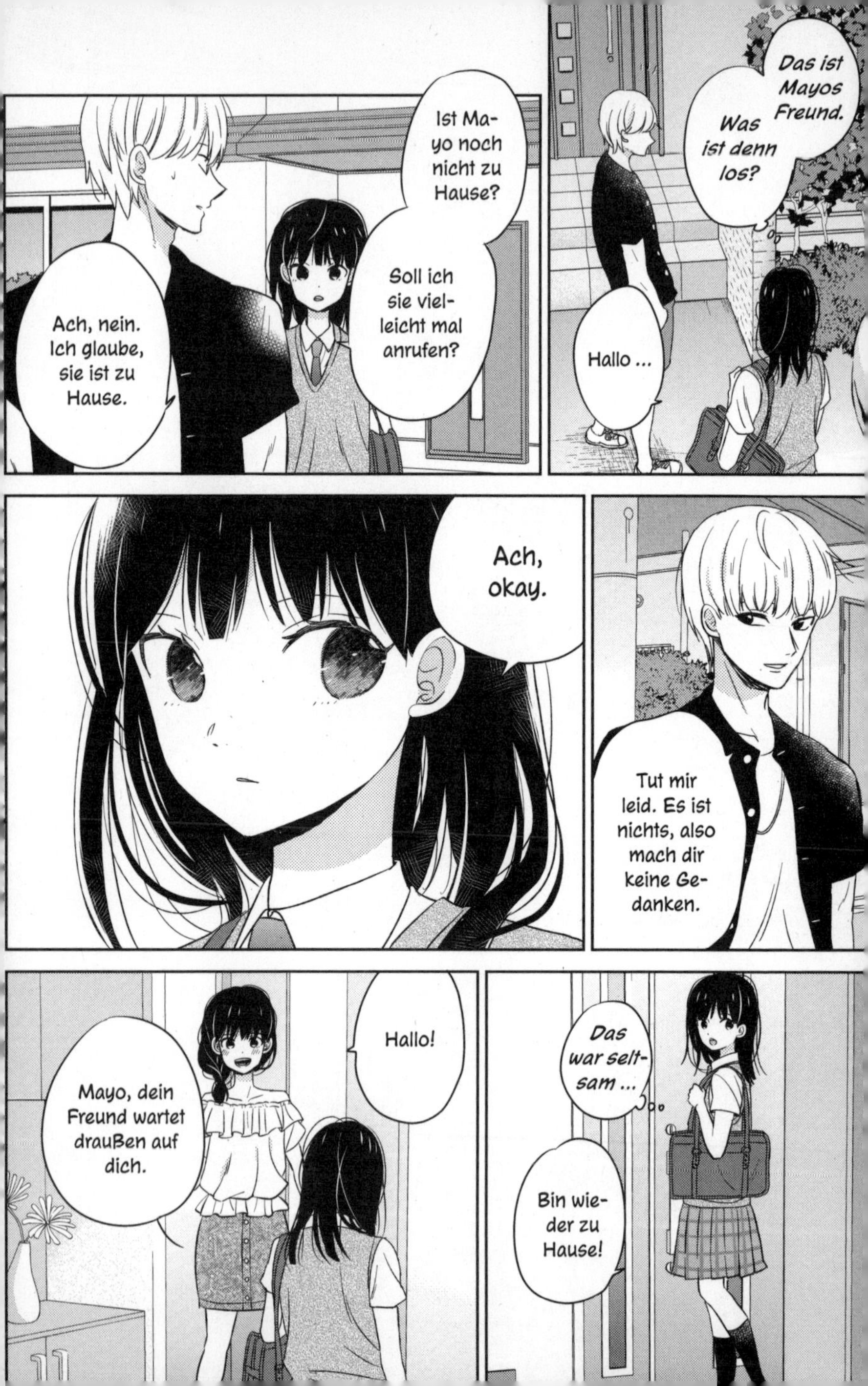

Das ist Mayos Freund.
Was ist denn los?
Hallo ...
Ist Mayo noch nicht zu Hause?
Soll ich sie vielleicht mal anrufen?
Ach, nein. Ich glaube, sie ist zu Hause.
Tut mir leid. Es ist nichts, also mach dir keine Gedanken.
Ach, okay.

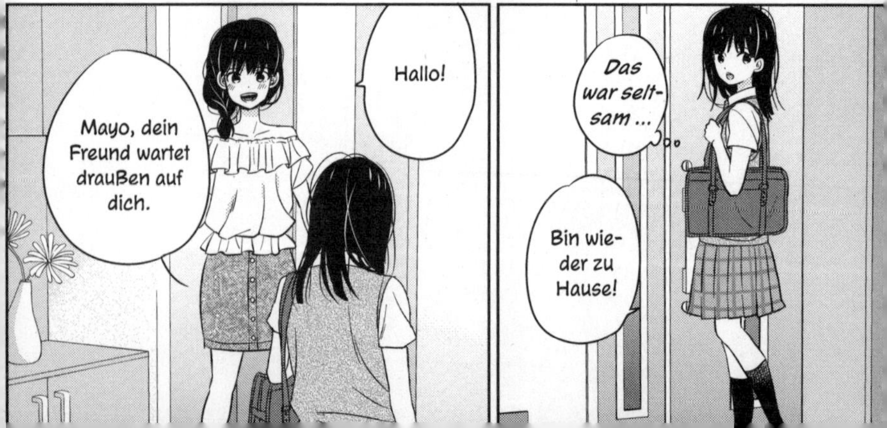

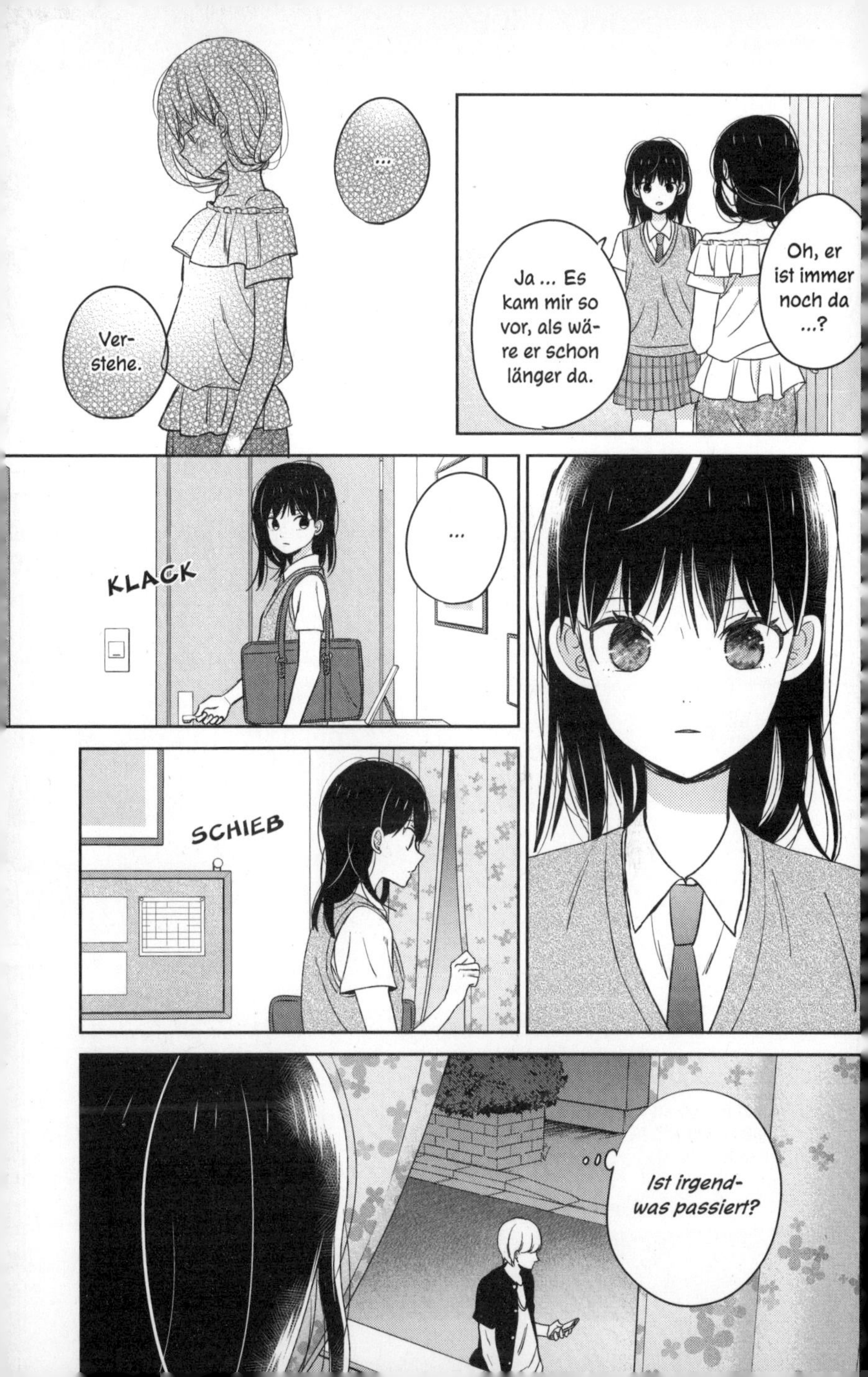

Oh, er ist immer noch da ...?

Ja ... Es kam mir so vor, als wäre er schon länger da.

...

Verstehe.

...

KLACK

SCHIEB

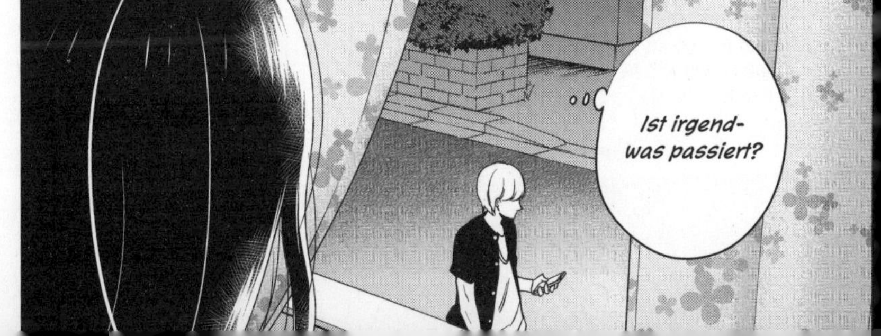

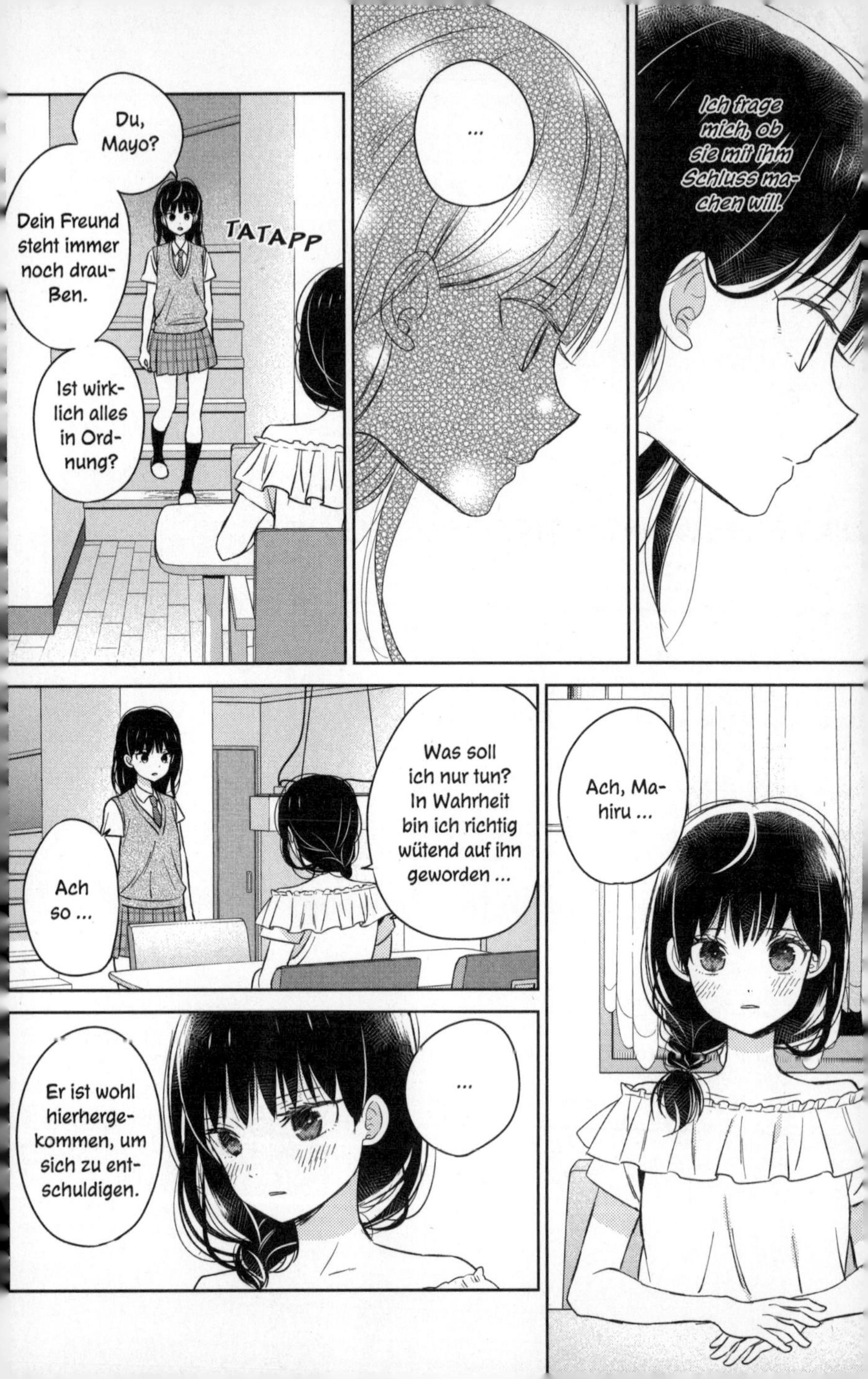

Ich frage mich, ob sie mit ihm Schluss machen will.

...

Du, Mayo?

Dein Freund steht immer noch draußen.

TATAPP

Ist wirklich alles in Ordnung?

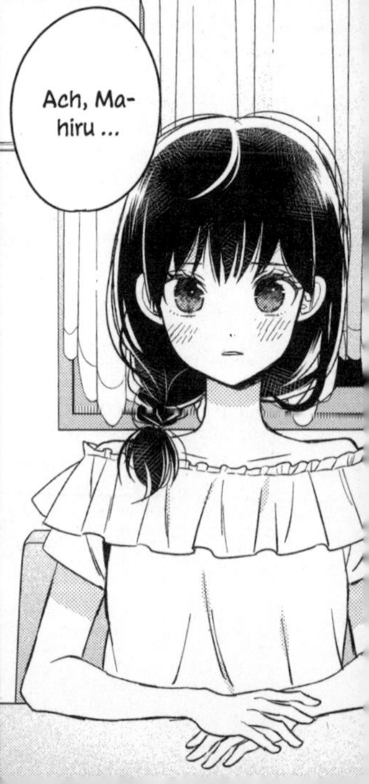

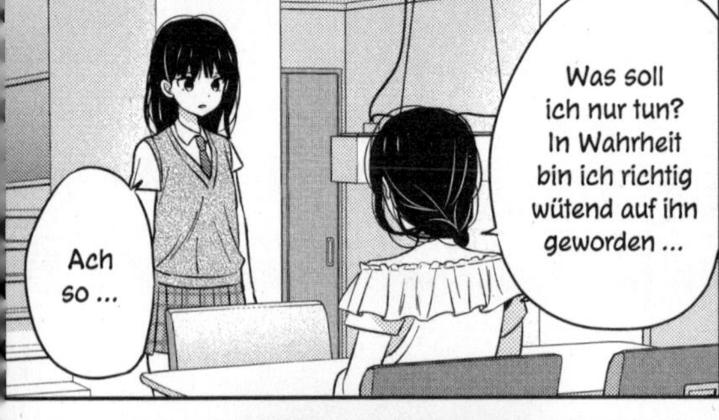

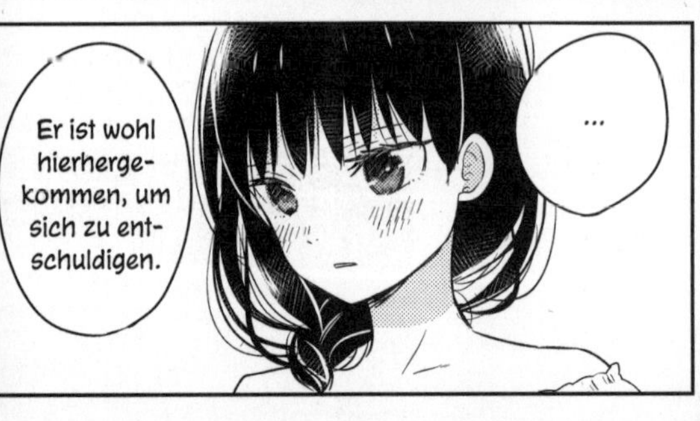

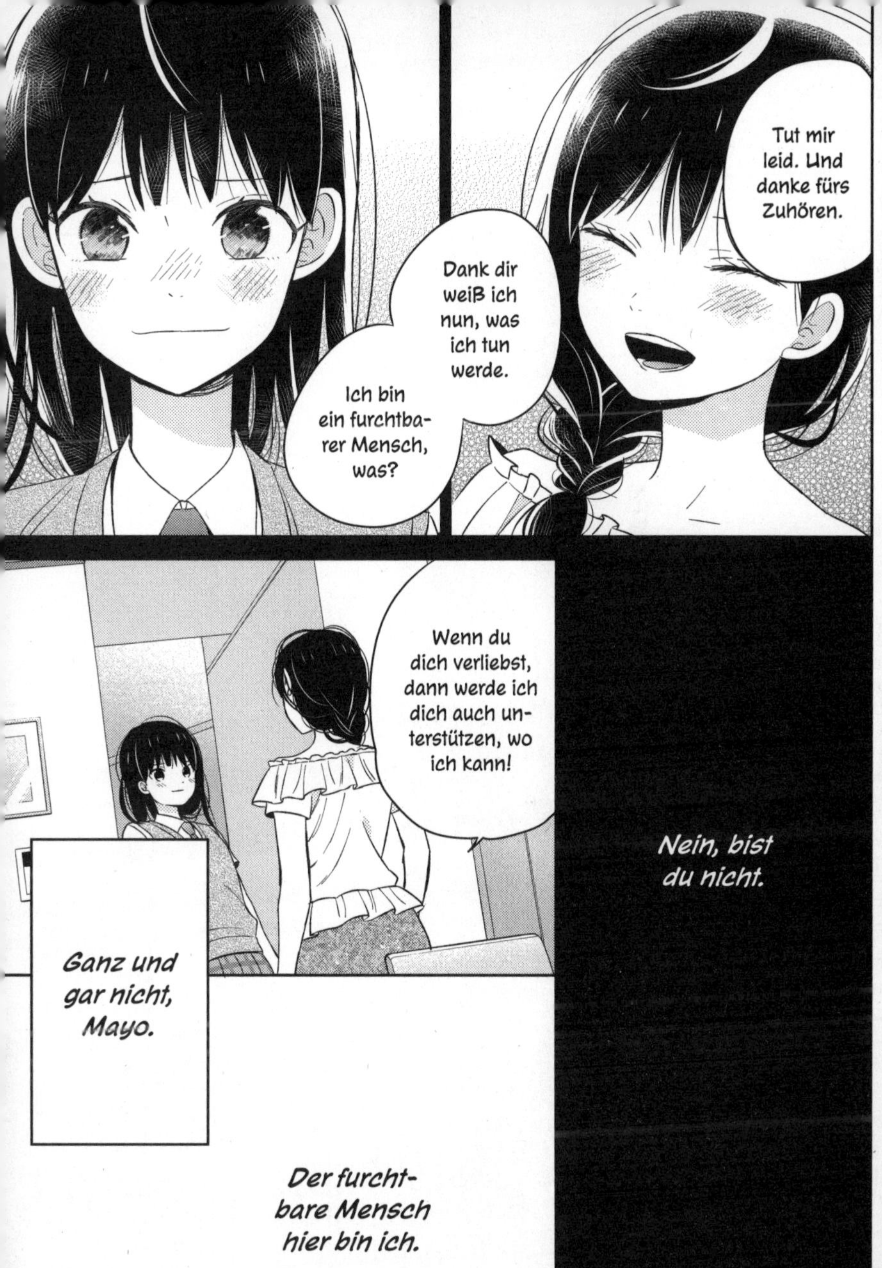

Tut mir leid. Und danke fürs Zuhören.
Dank dir weiß ich nun, was ich tun werde.
Ich bin ein furchtbarer Mensch, was?
Nein, bist du nicht.
Wenn du dich verliebst, dann werde ich dich auch unterstützen, wo ich kann!
Ganz und gar nicht, Mayo.
Der furchtbare Mensch hier bin ich.

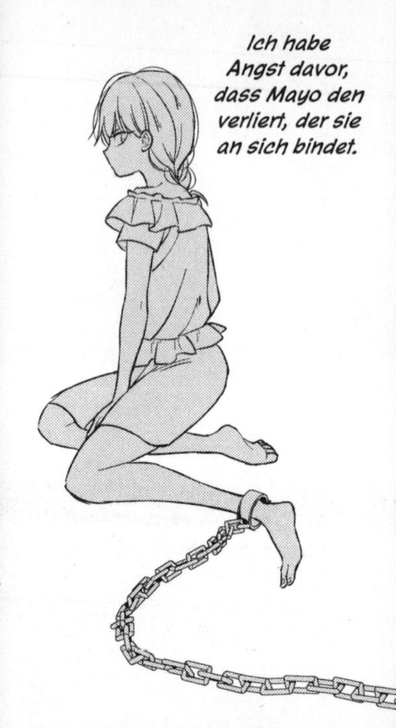

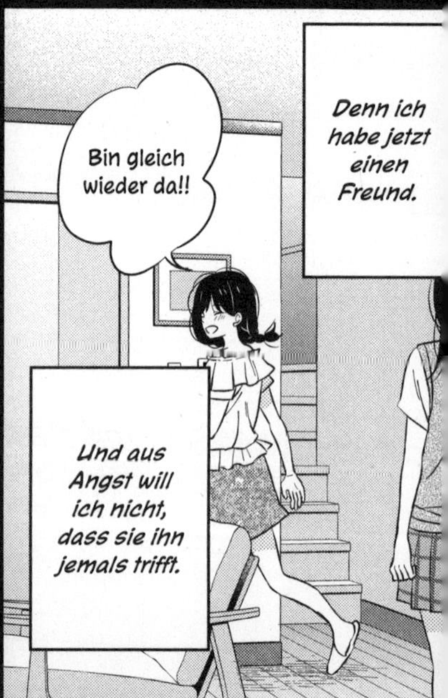

Ich möchte dieses Gefühl überwinden, aber irgendwie ...

Mein Inneres ist so abscheulich, dass ich mich selbst davor ekel.

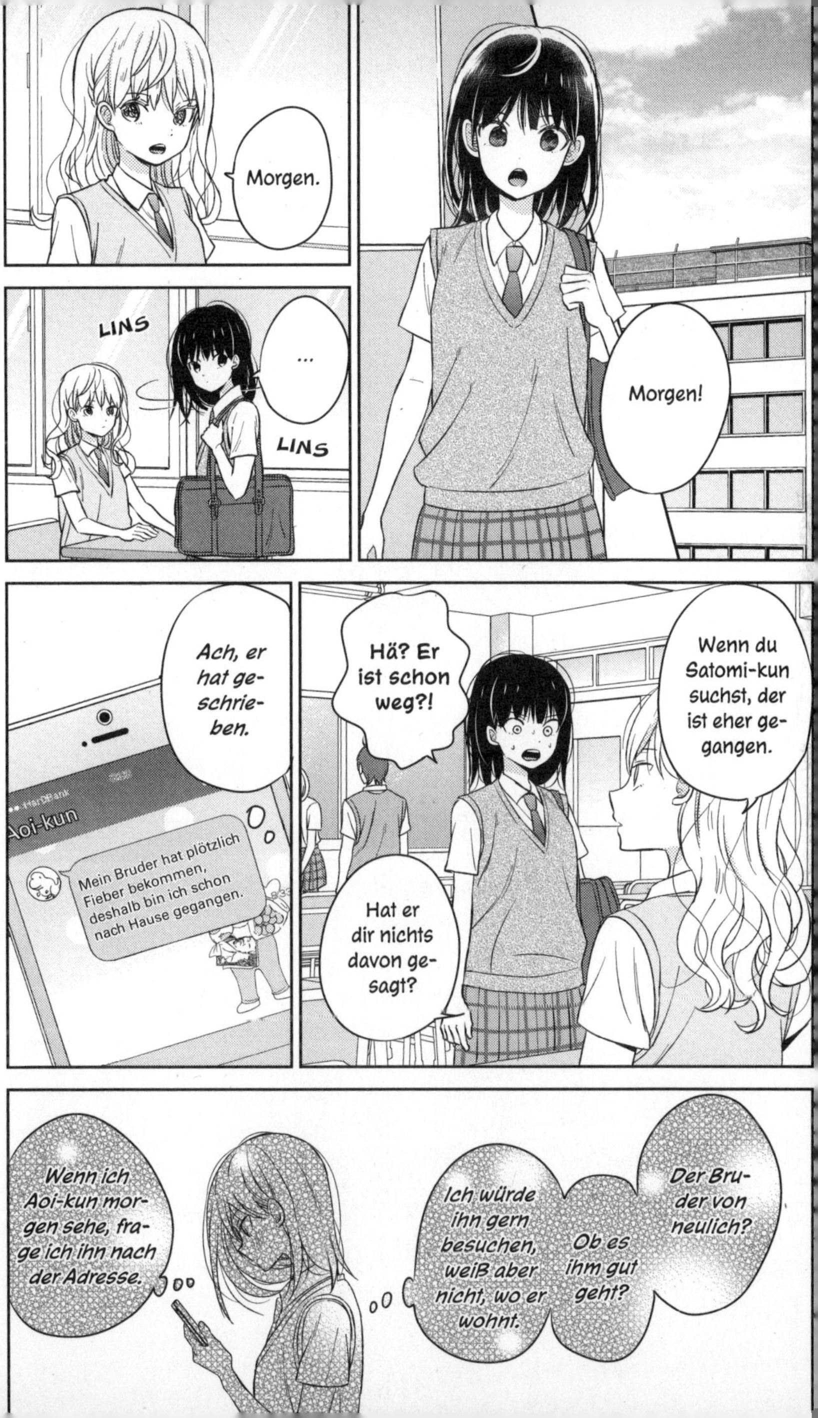

Morgen!

Morgen.

LINS

...

LINS

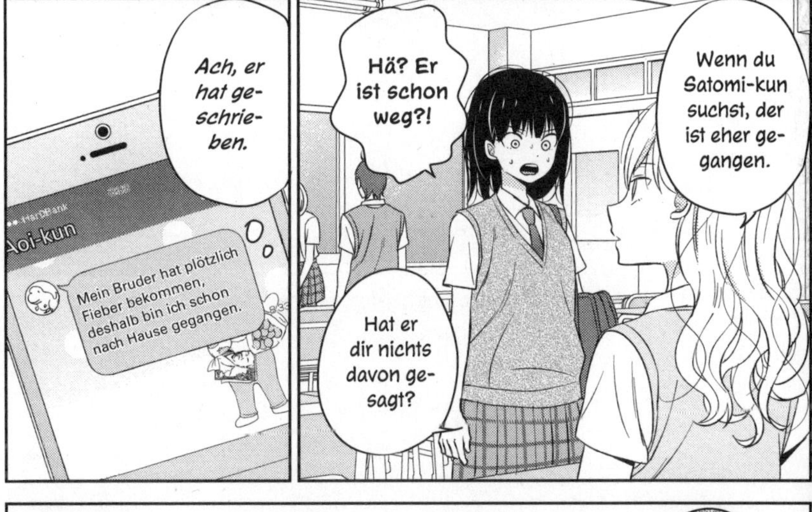

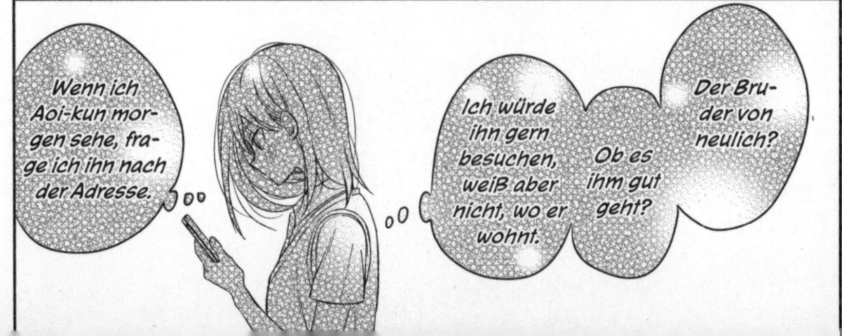

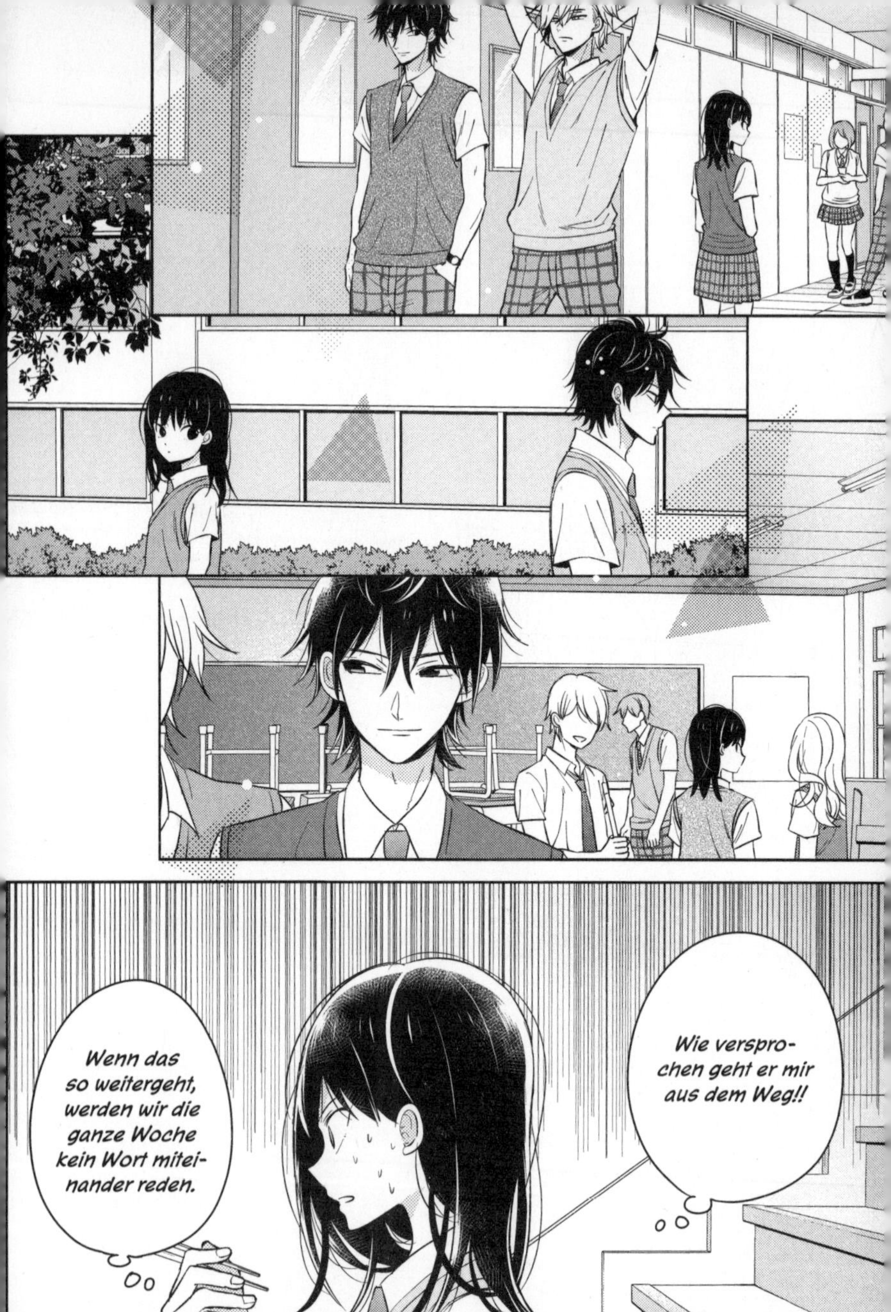
Wie verspro-chen geht er mir aus dem Weg!!
Wenn das so weitergeht, werden wir die ganze Woche kein Wort mitei-nander reden.

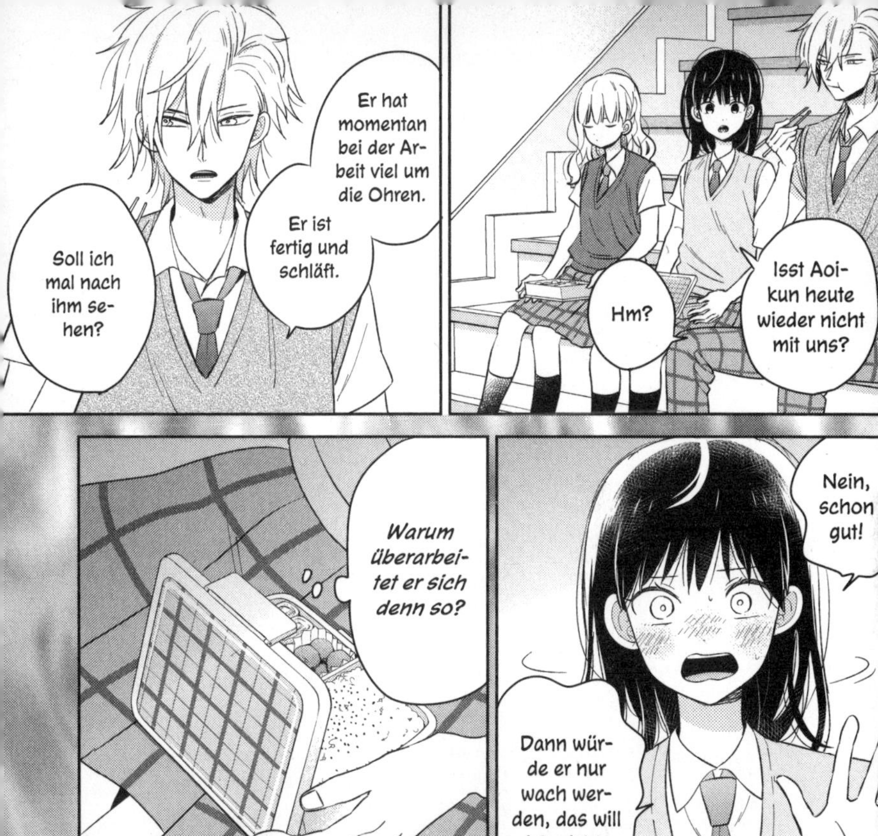

Hm ...? Kann es sein, dass ich überhaupt nichts über ihn weiß?

Trotzdem sage ich, dass ich ihn mag?

Und statt mehr über ihn erfahren zu wollen, bitte ich ihn, mir aus dem Weg zu gehen.

Ich mache überhaupt keine Fortschritte.

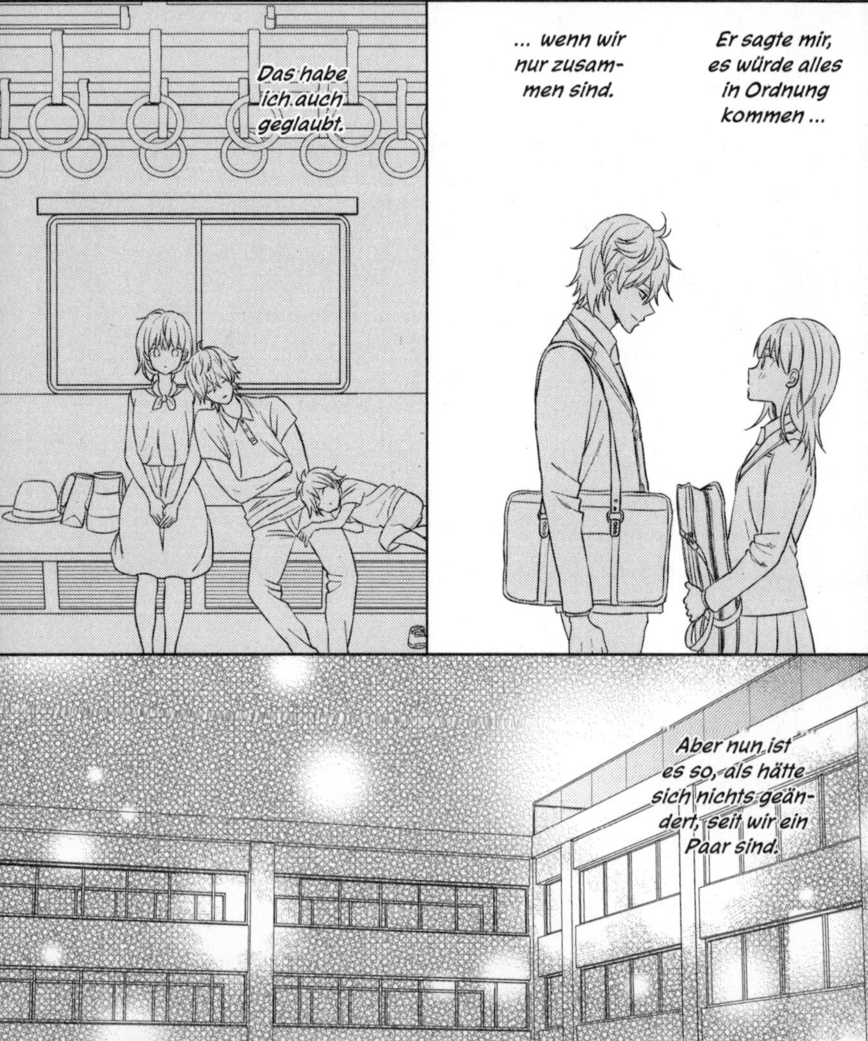

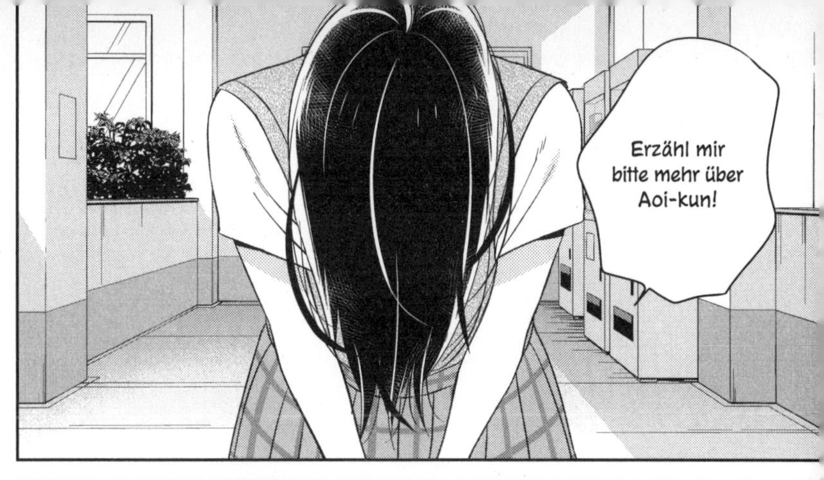
Erzähl mir bitte mehr über Aoi-kun!

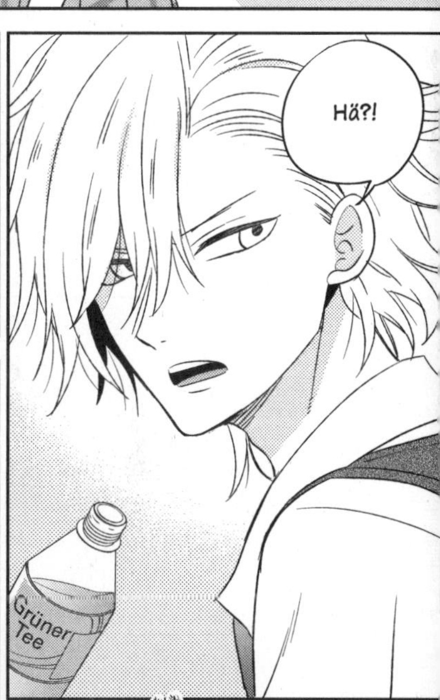
Hä?!
Grüner Tee

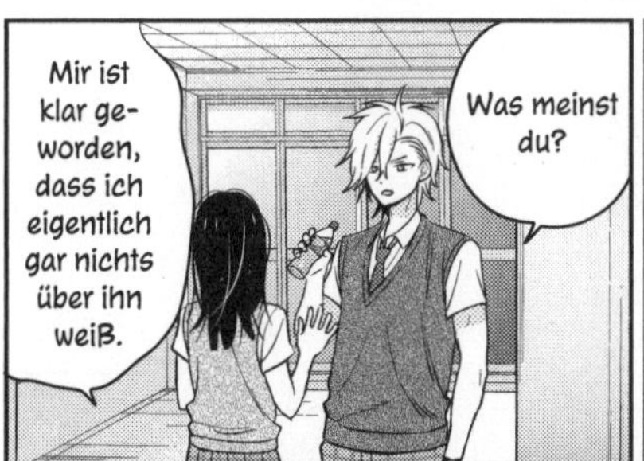
Was meinst du?
Mir ist klar geworden, dass ich eigentlich gar nichts über ihn weiß.

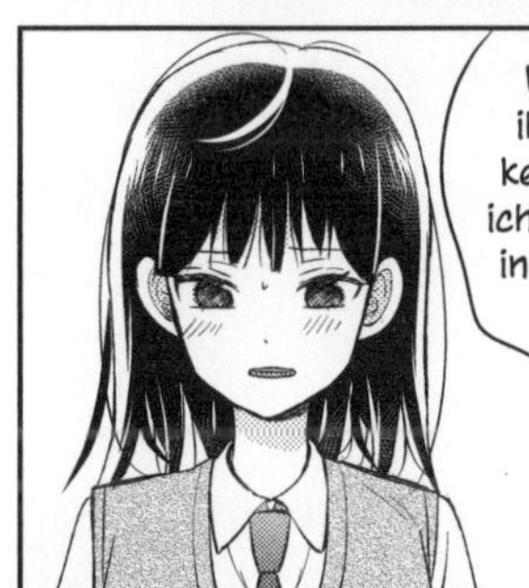
Wenn ich ihn besser kenne, kann ich mich auch in ihn verlieben ...

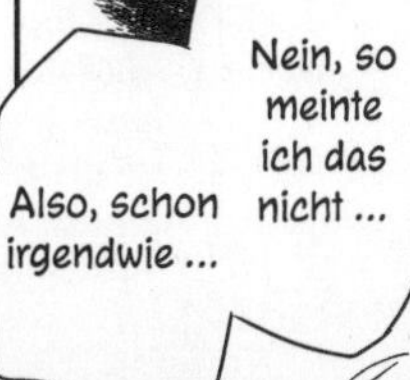
Du bist also nicht in diesen tollen Kerl verliebt?!
GROLL
Nein, so meinte ich das nicht ...
Also, schon irgendwie ...

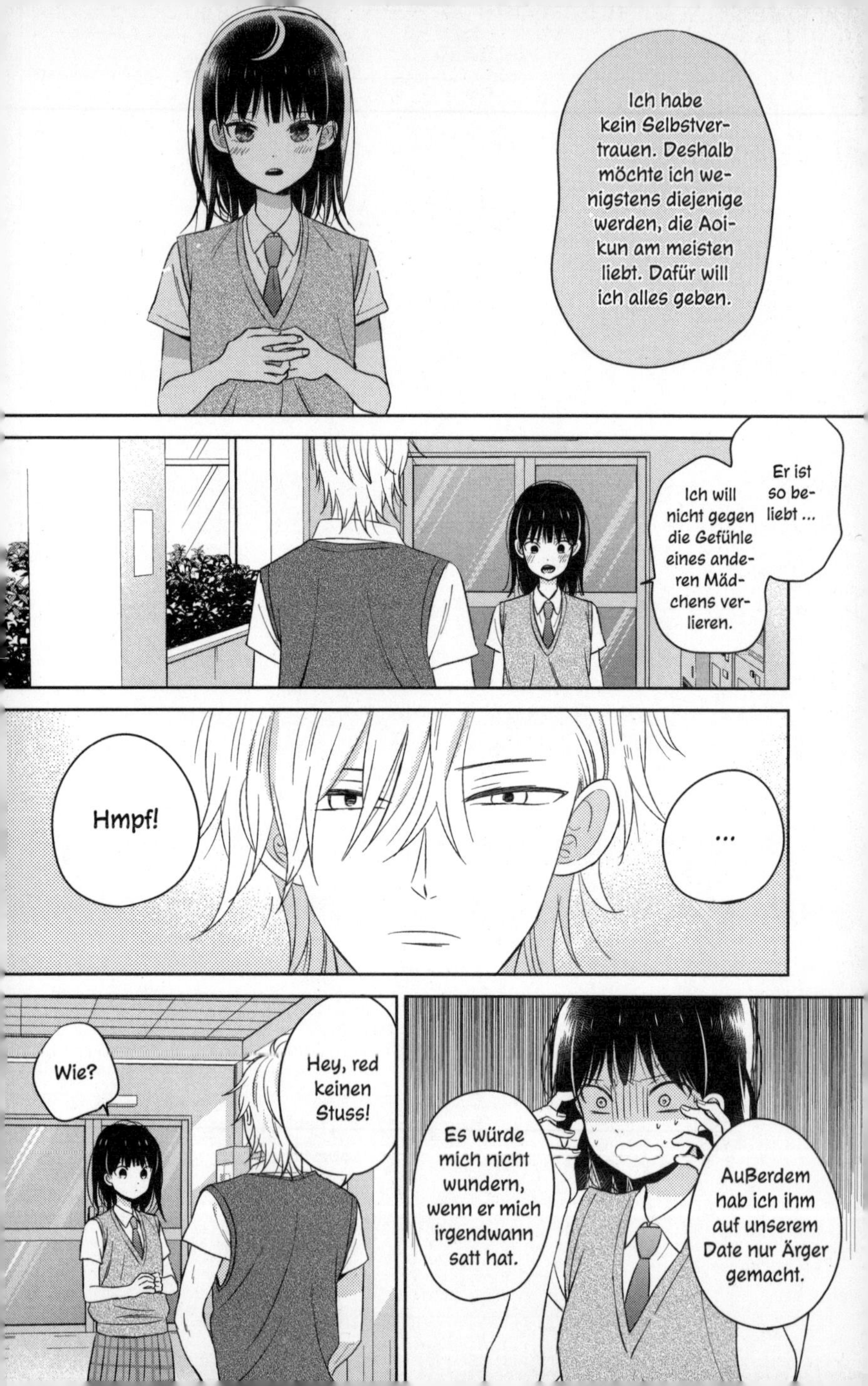

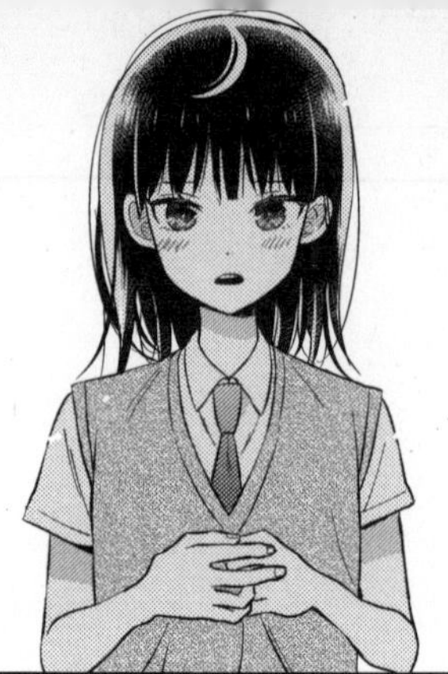

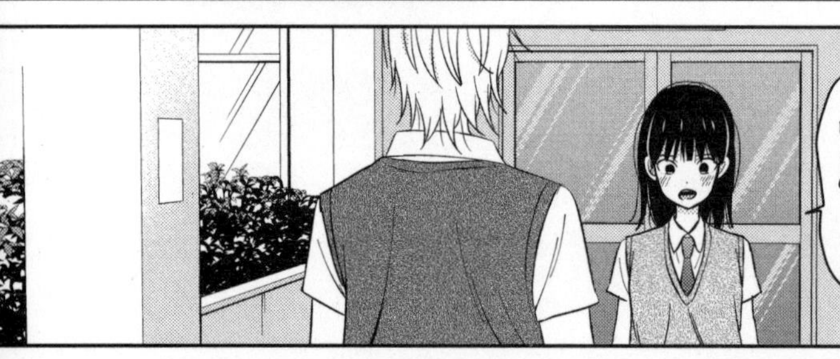

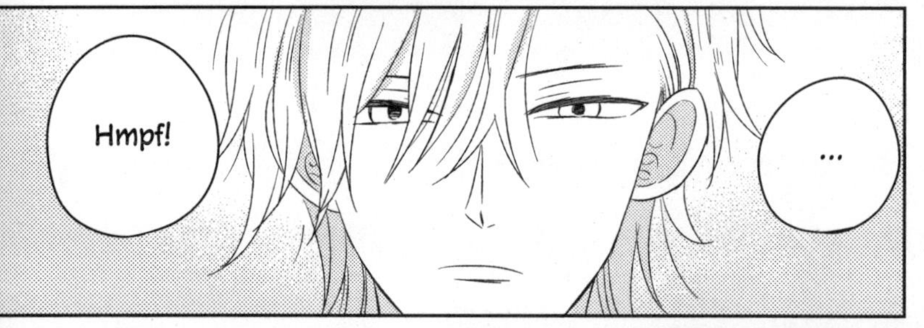

Außerdem hab ich ihm auf unserem Date nur Ärger gemacht.
Es würde mich nicht wundern, wenn er mich irgendwann satt hat.

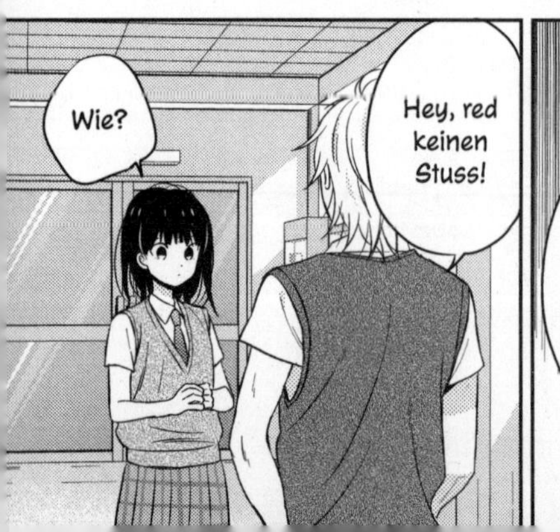

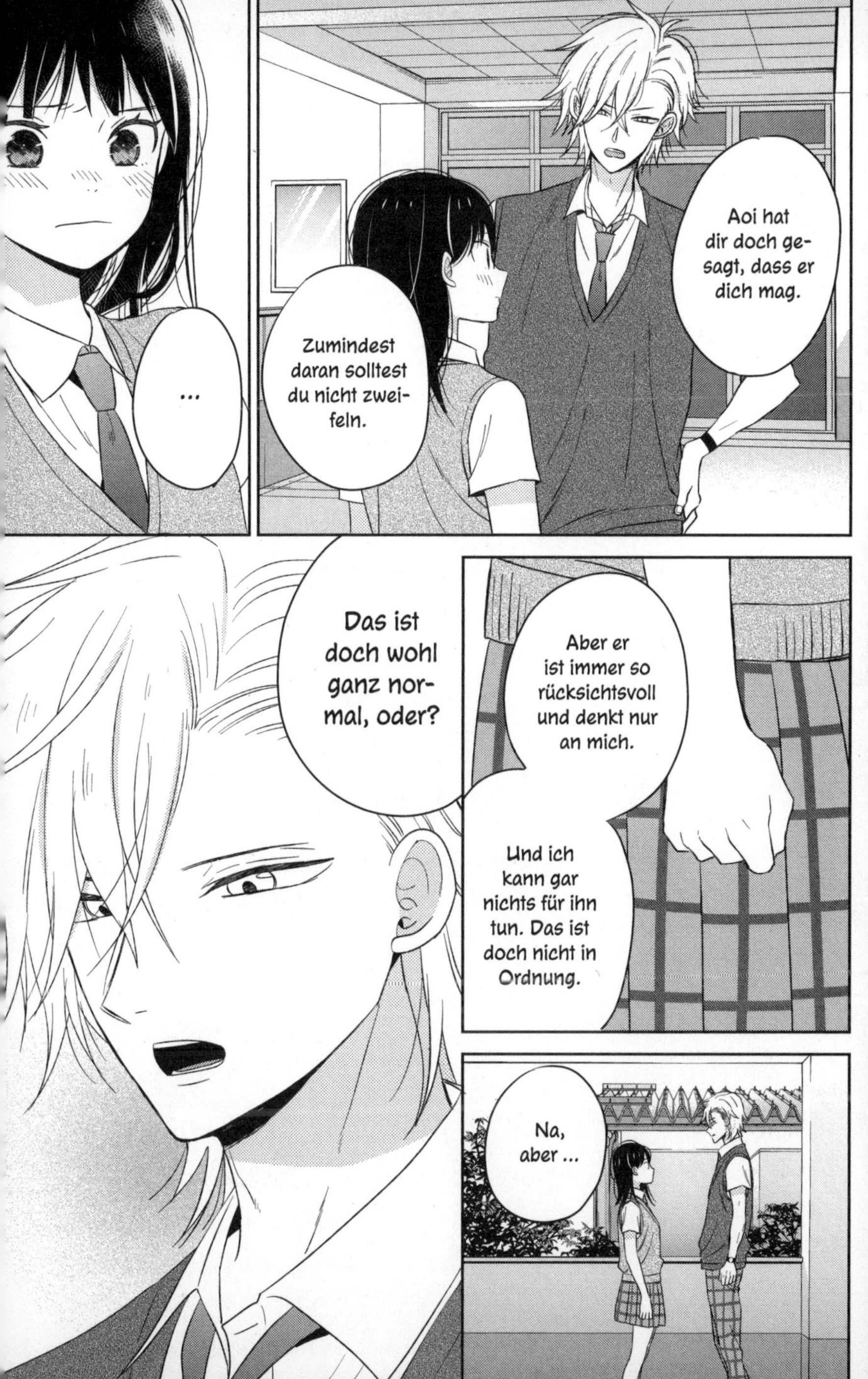

Aoi hat dir doch ge- sagt, dass er dich mag.
Zumindest daran solltest du nicht zwei- feln.
...
Aber er ist immer so rücksichtsvoll und denkt nur an mich.
Und ich kann gar nichts für ihn tun. Das ist doch nicht in Ordnung.
Das ist doch wohl ganz nor- mal, oder?
Na, aber ...

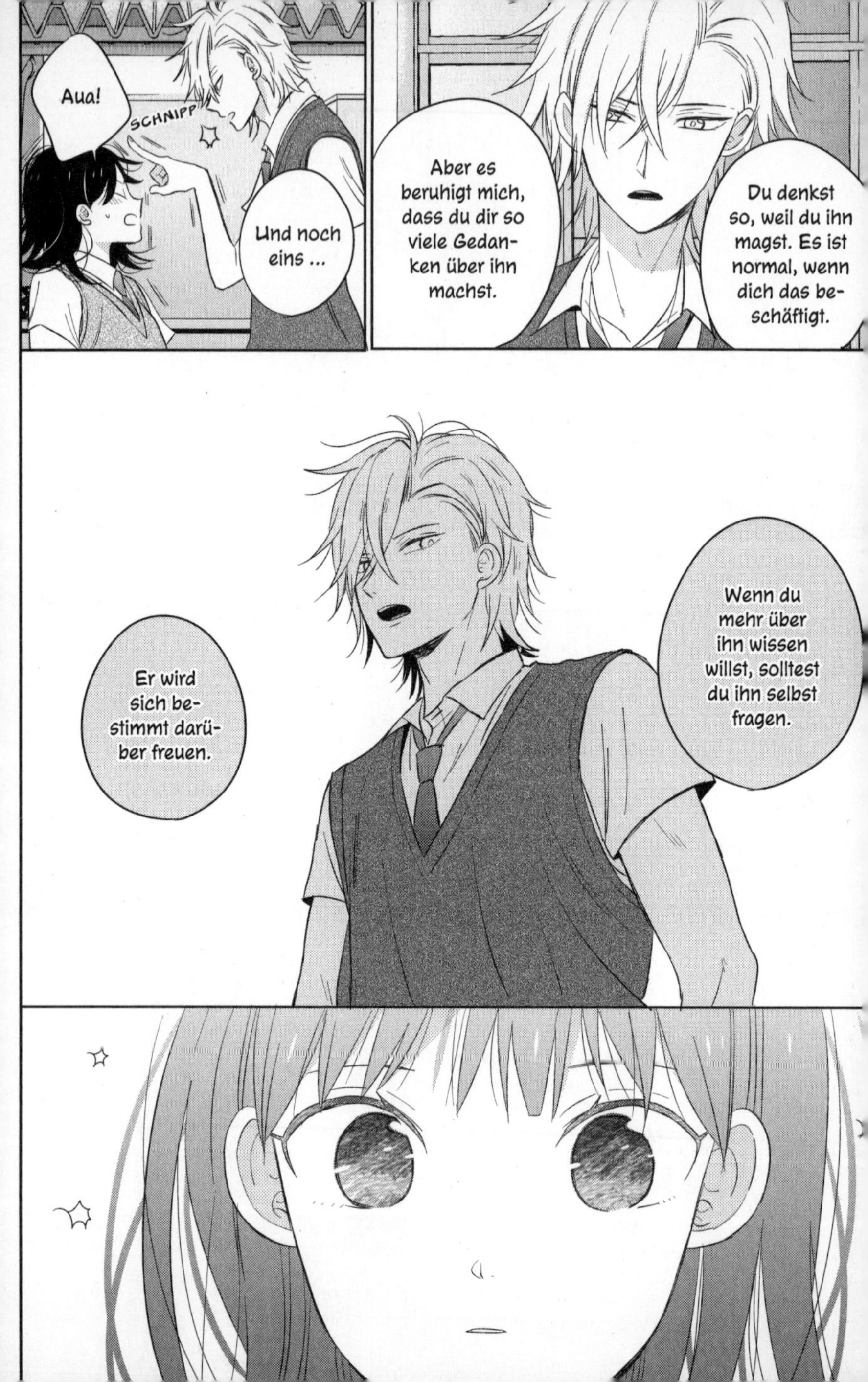
Du denkst so, weil du ihn magst. Es ist normal, wenn dich das beschäftigt.
Aber es beruhigt mich, dass du dir so viele Gedanken über ihn machst.
Und noch eins ...
SCHNIPP
Aua!
Wenn du mehr über ihn wissen willst, solltest du ihn selbst fragen.
Er wird sich bestimmt darüber freuen.

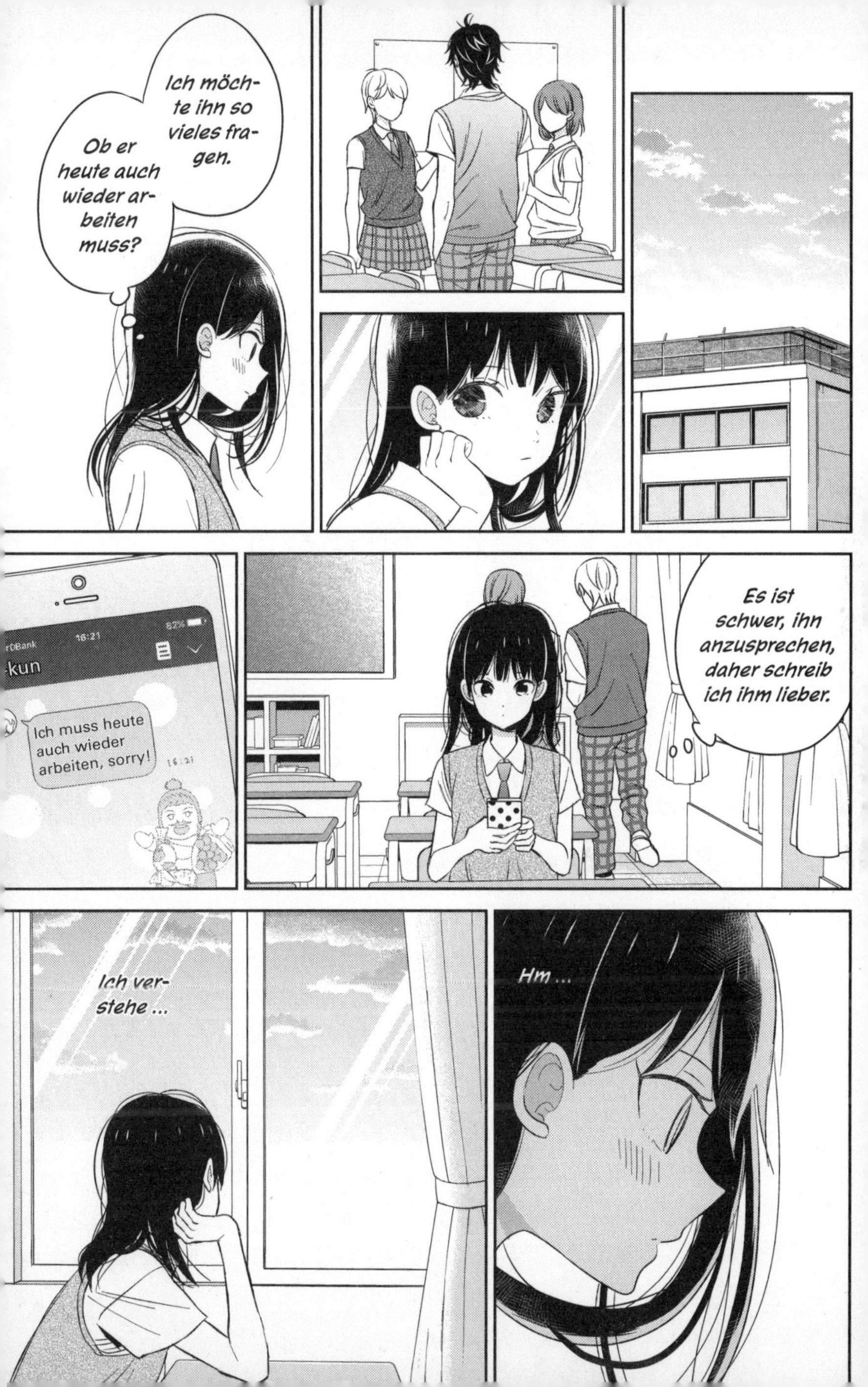

Ich möchte ihn so vieles fragen.

Ob er heute auch wieder arbeiten muss?

Es ist schwer, ihn anzusprechen, daher schreib ich ihm lieber.

Ich muss heute auch wieder arbeiten, sorry!

Hm ...

Ich verstehe ...

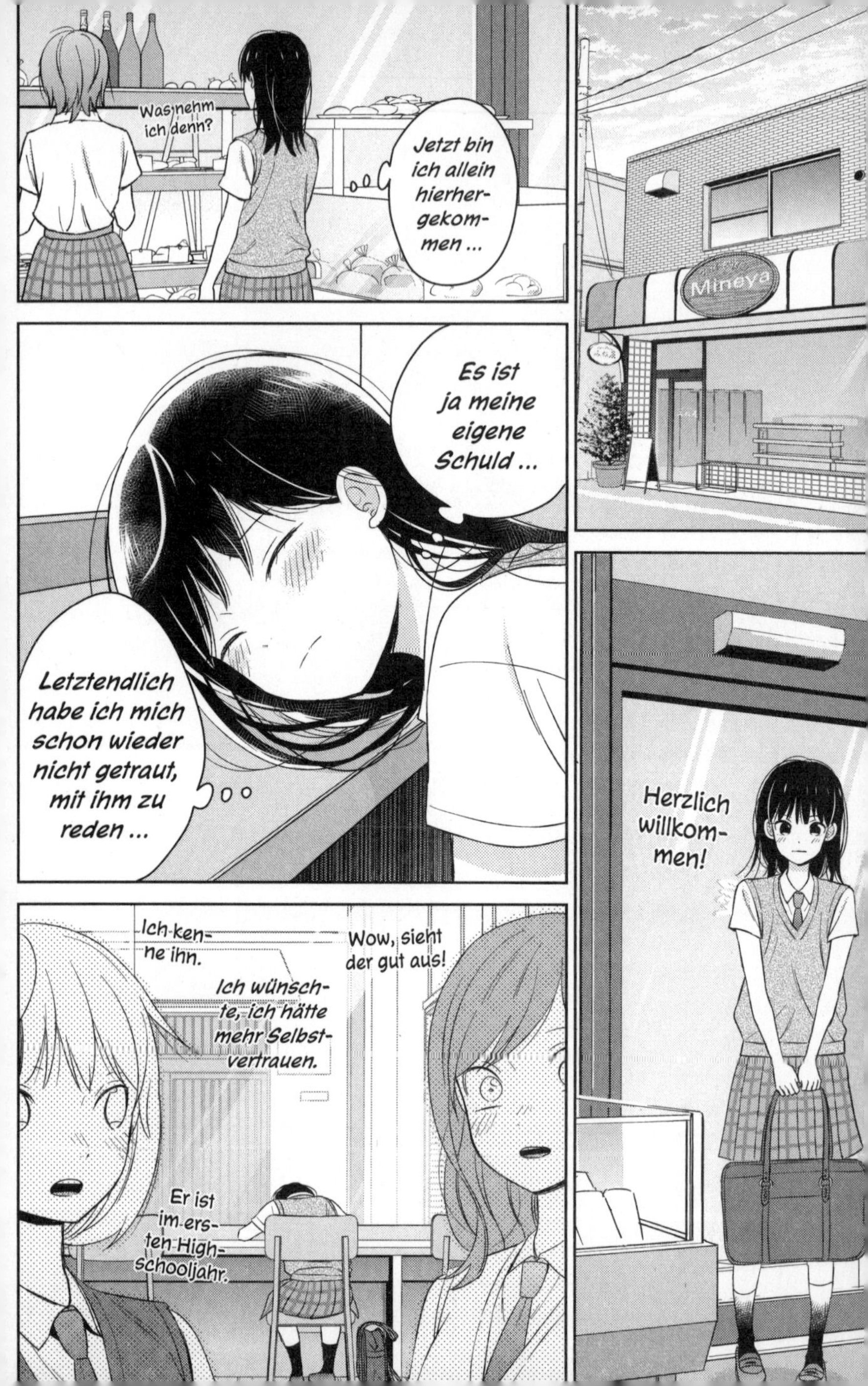
Mineya
Was nehm ich denn?
Jetzt bin ich allein hierhergekommen …
Herzlich willkommen!
Es ist ja meine eigene Schuld …
Letztendlich habe ich mich schon wieder nicht getraut, mit ihm zu reden …
Wow, sieht der gut aus!
Ich kenne ihn.
Ich wünschte, ich hätte mehr Selbstvertrauen.
Er ist im ersten Highschooljahr.

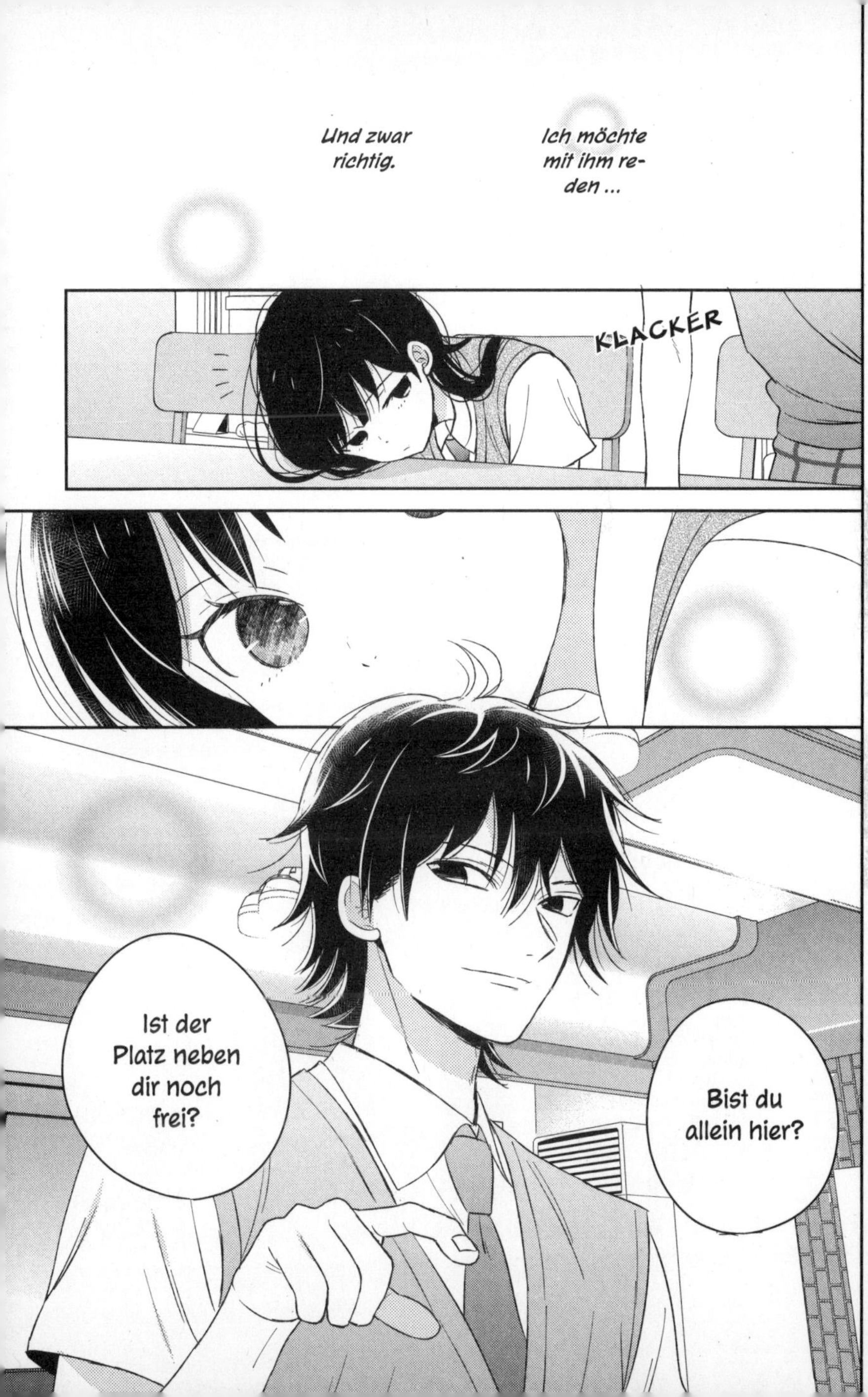

Ich möchte mit ihm reden ...

Und zwar richtig.

KLACKER

Bist du allein hier?

Ist der Platz neben dir noch frei?

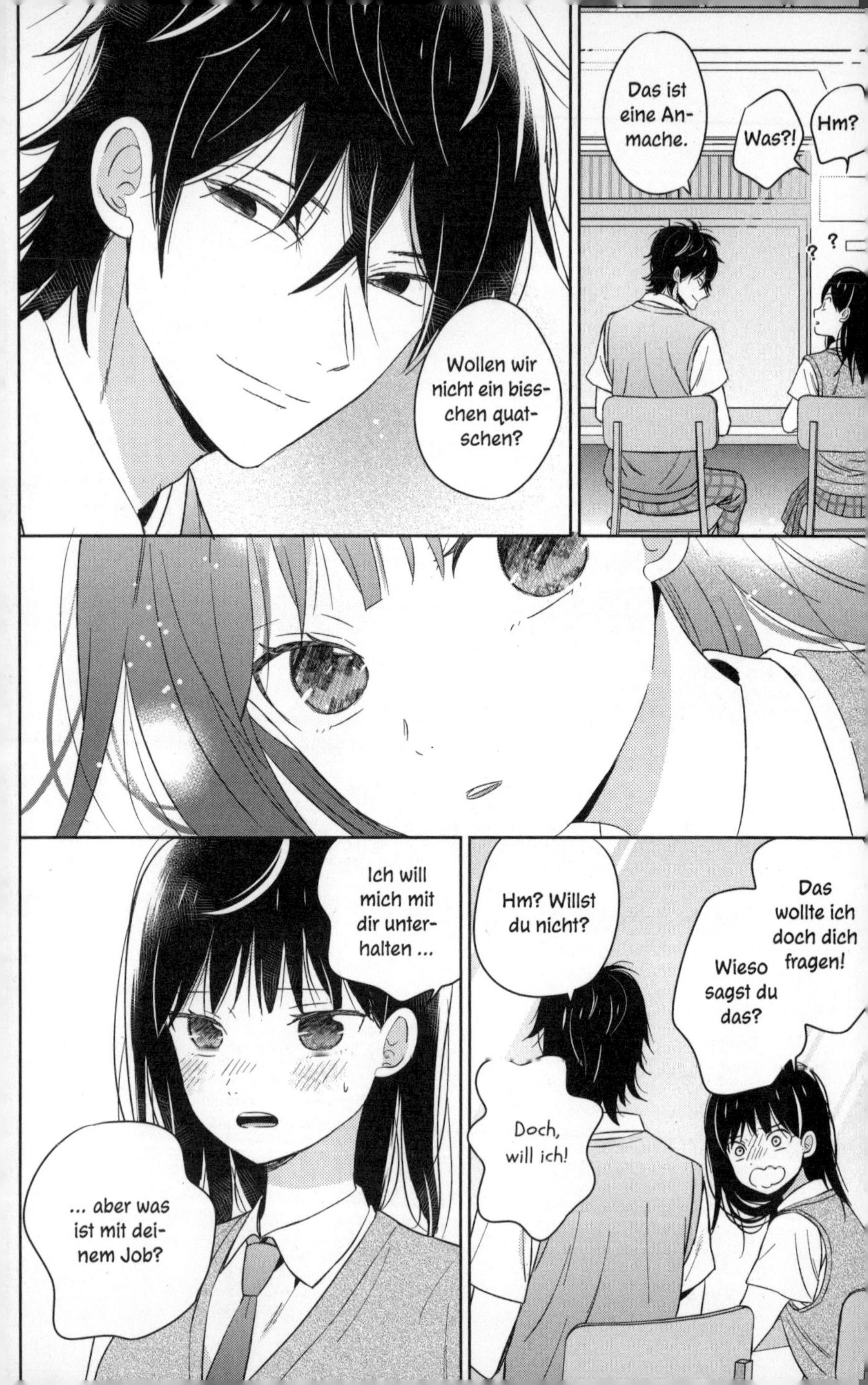
Wollen wir nicht ein bisschen quatschen?
Das ist eine Anmache.
Was?!
Hm?
Ich will mich mit dir unterhalten ...
... aber was ist mit deinem Job?
Hm? Willst du nicht?
Doch, will ich!
Das wollte ich doch dich fragen!
Wieso sagst du das?

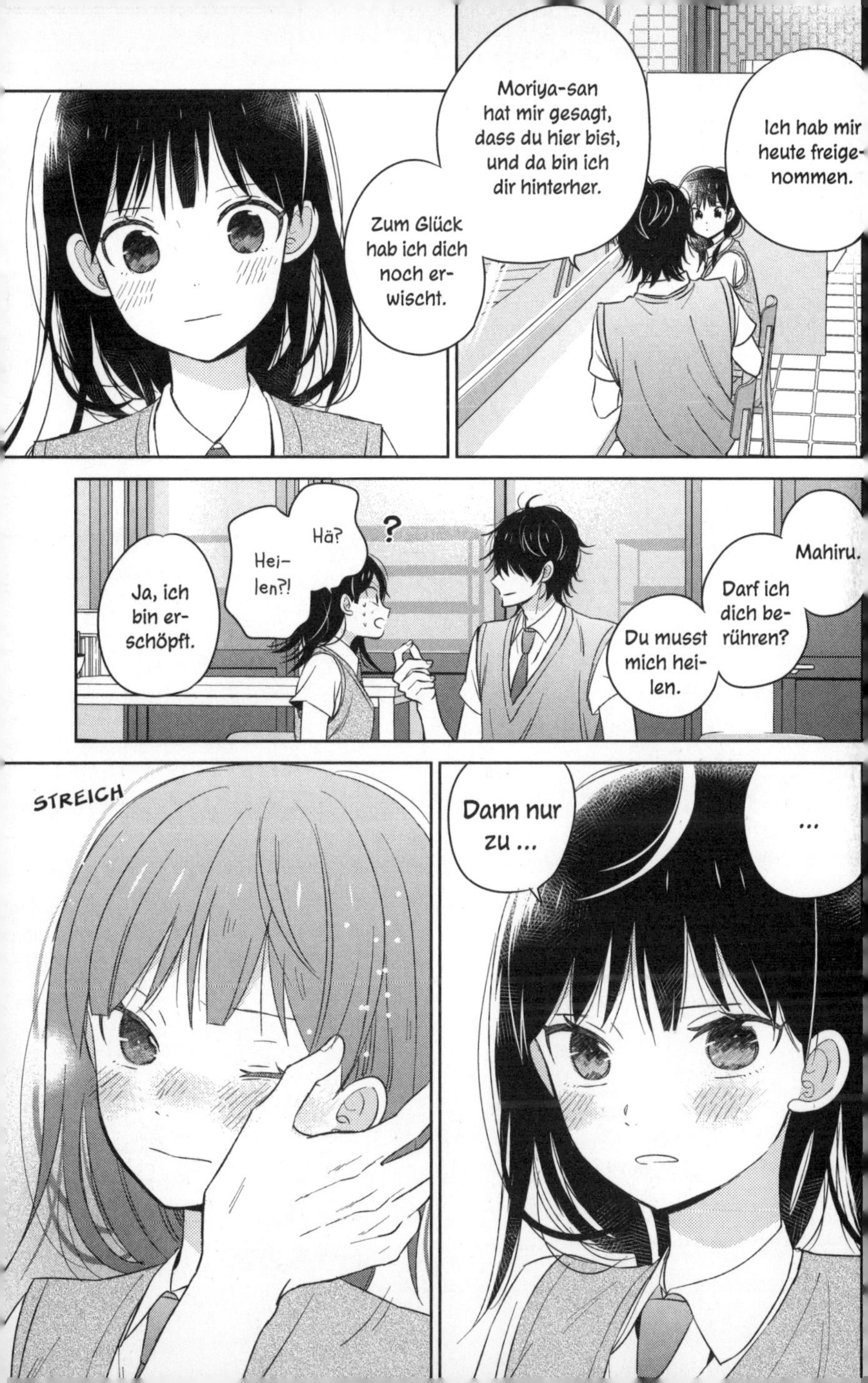

Ich hab mir heute freigenommen.
Moriya-san hat mir gesagt, dass du hier bist, und da bin ich dir hinterher.
Zum Glück hab ich dich noch erwischt.
Mahiru.
Darf ich dich berühren?
Du musst mich heilen.
Hä?
Heilen?!
Ja, ich bin erschöpft.
...
Dann nur zu ...
STREICH

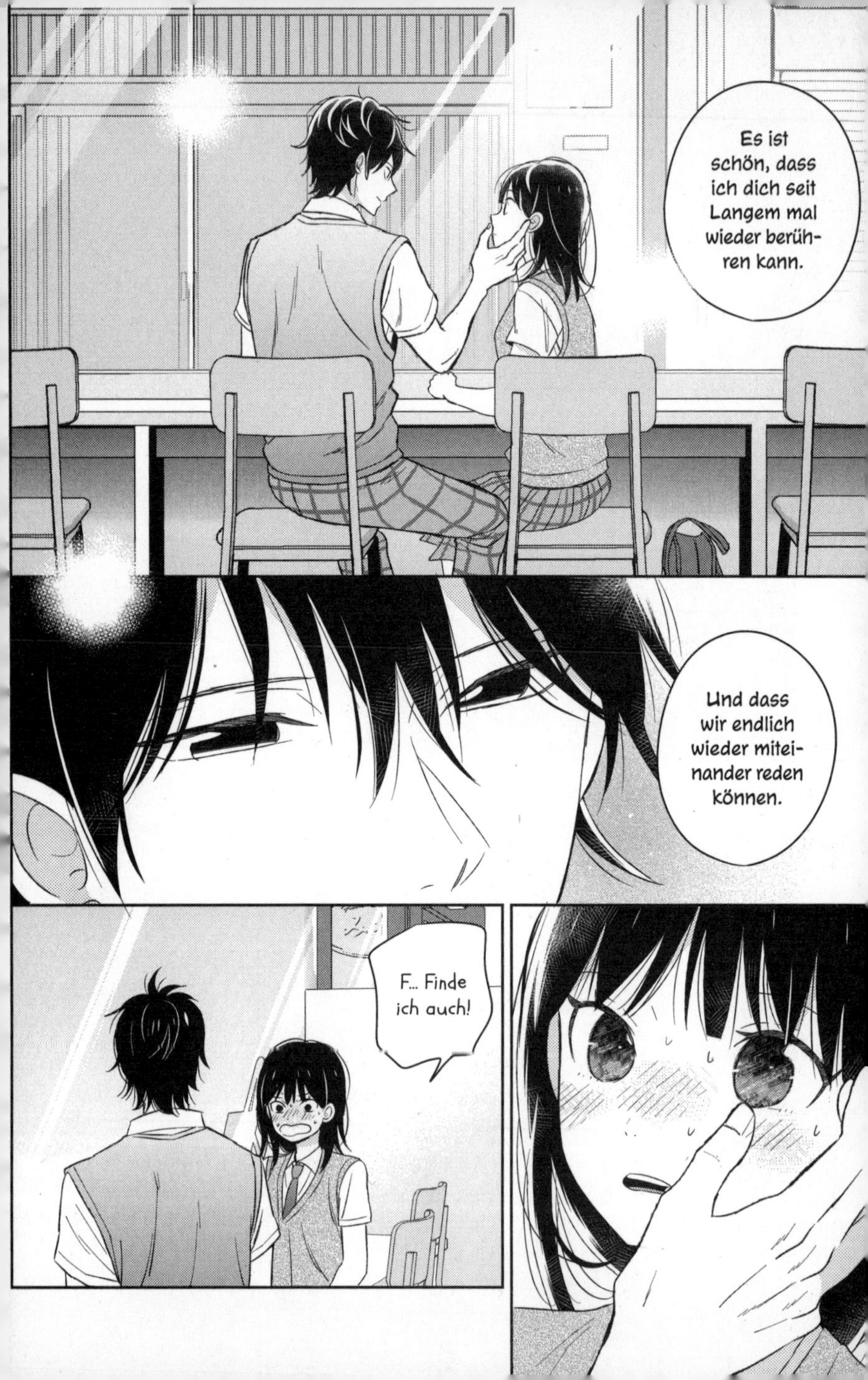
Es ist schön, dass ich dich seit Langem mal wieder berühren kann.
Und dass wir endlich wieder miteinander reden können.
F... Finde ich auch!

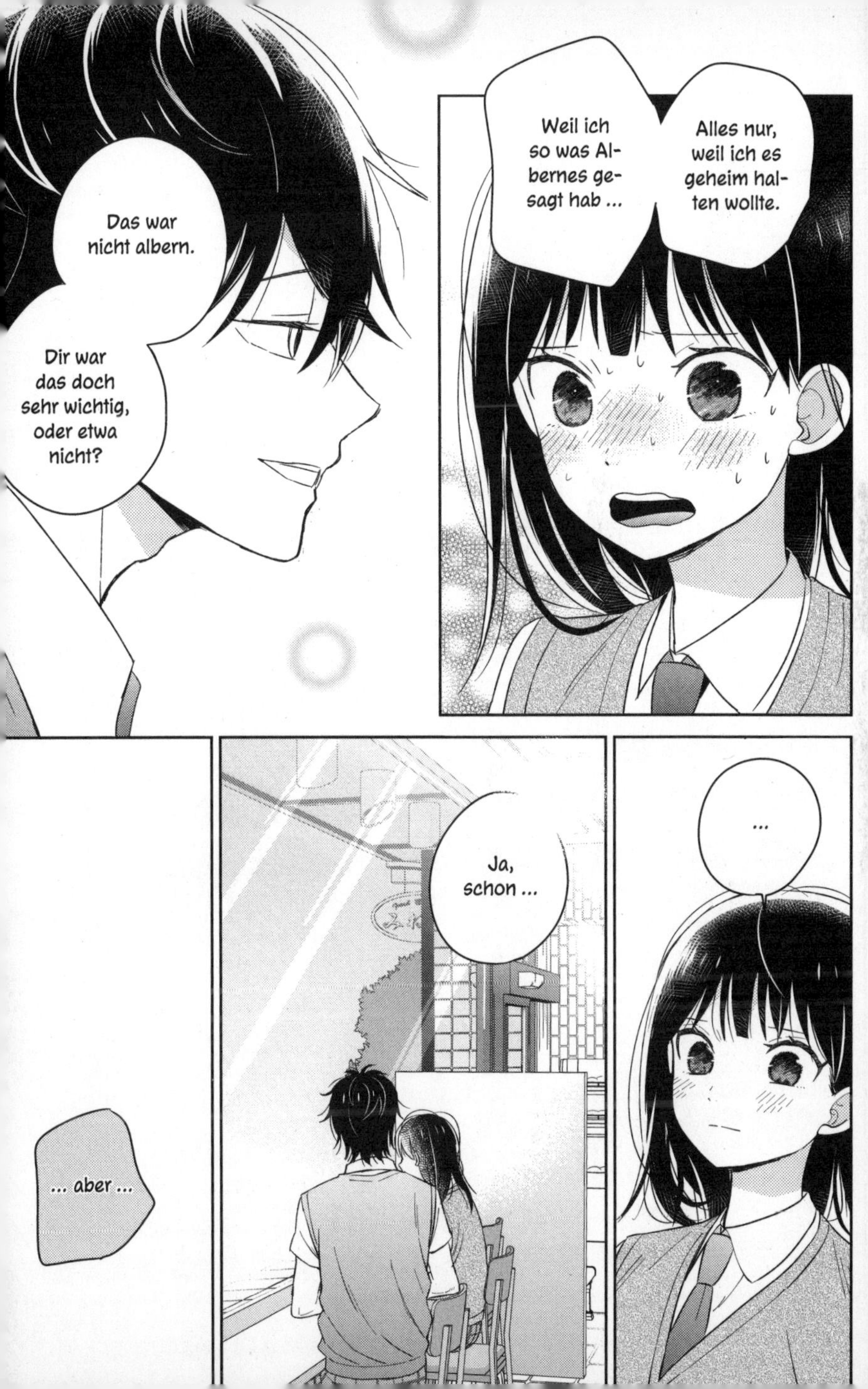

Alles nur, weil ich es geheim halten wollte.
Weil ich so was Albernes gesagt hab ...
Das war nicht albern.
Dir war das doch sehr wichtig, oder etwa nicht?
...
Ja, schon ...
... aber ...

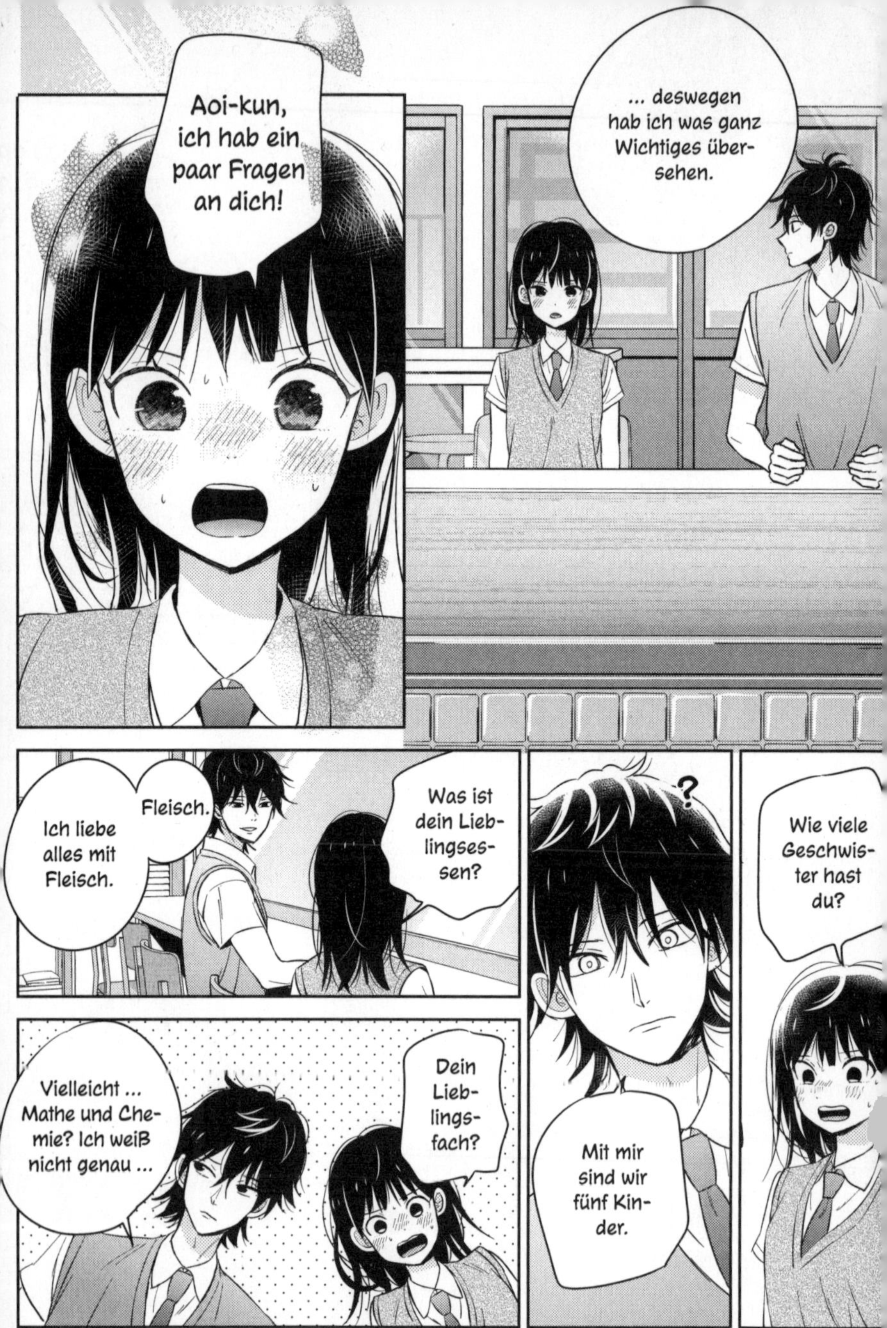
... deswegen hab ich was ganz Wichtiges über-sehen.
Aoi-kun, ich hab ein paar Fragen an dich!
Wie viele Geschwis-ter hast du?
?
Mit mir sind wir fünf Kin-der.
Was ist dein Lieb-lingses-sen?
Fleisch.
Ich liebe alles mit Fleisch.
Dein Lieb-lings-fach?
Vielleicht ... Mathe und Che-mie? Ich weiß nicht genau ...

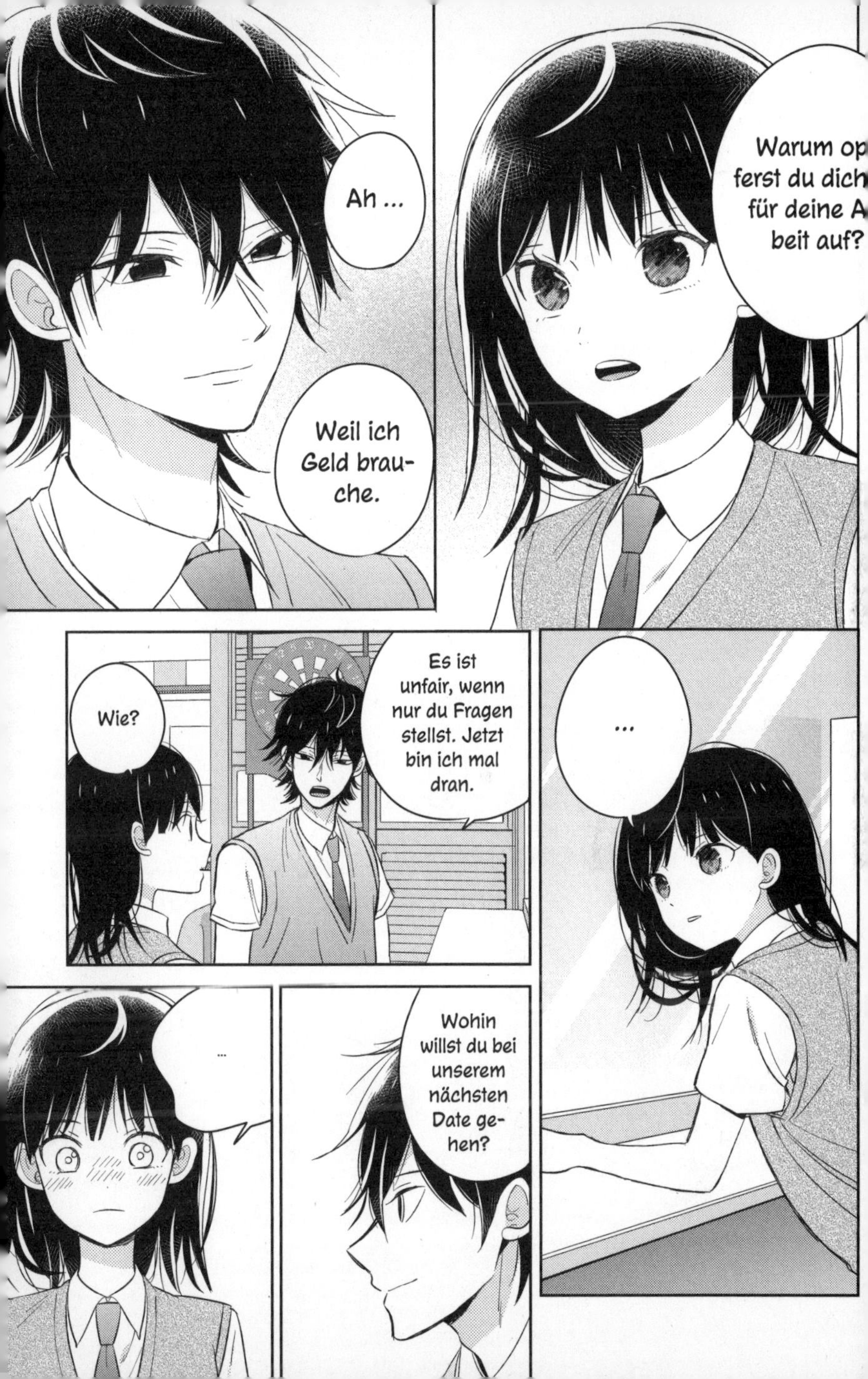
Warum op
ferst du dich
für deine A
beit auf?
Ah ...
Weil ich Geld brauche.
...
Es ist unfair, wenn nur du Fragen stellst. Jetzt bin ich mal dran.
Wie?
Wohin willst du bei unserem nächsten Date gehen?
...

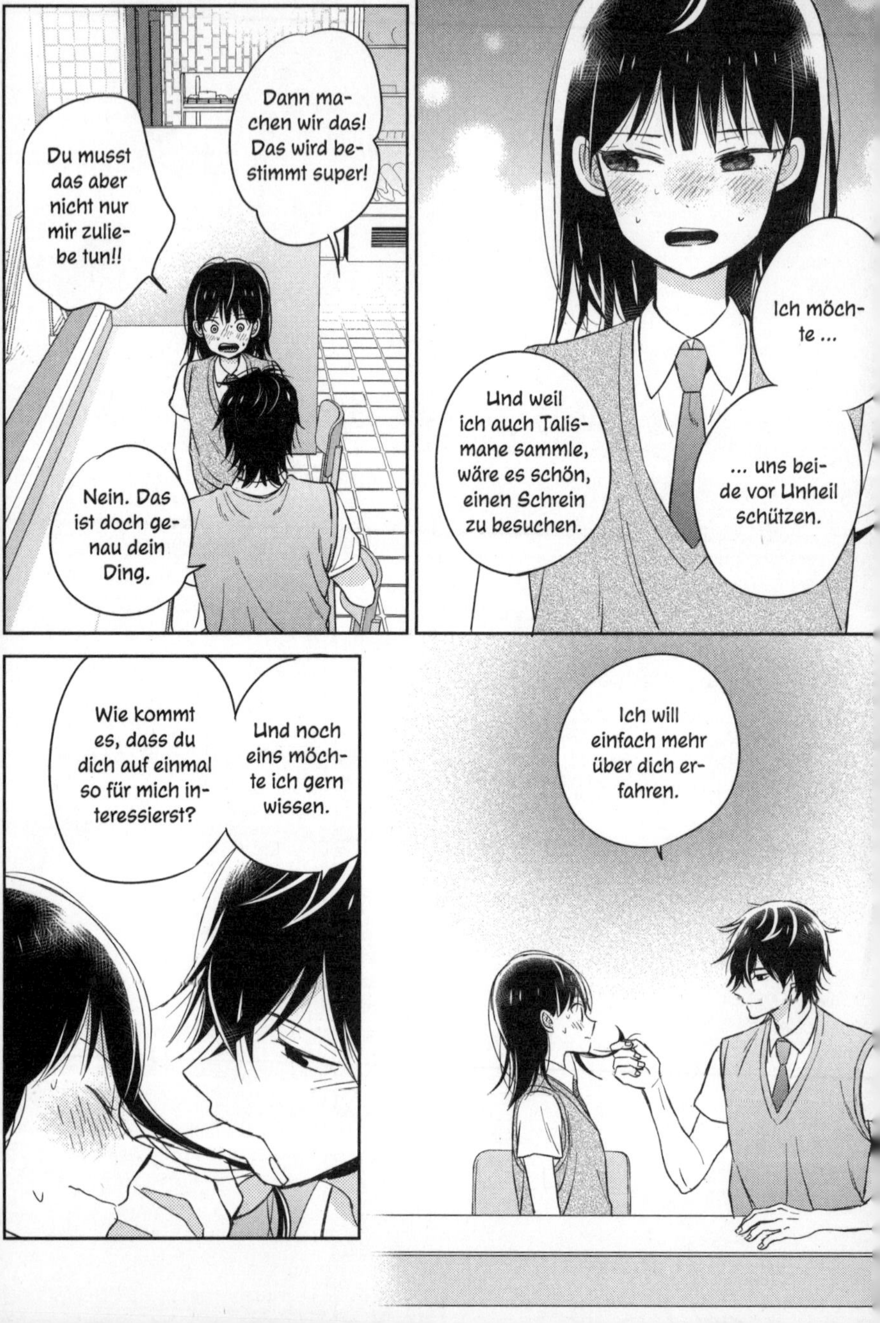

Ich möchte ...

... uns beide vor Unheil schützen.

Und weil ich auch Talismane sammle, wäre es schön, einen Schrein zu besuchen.

Dann machen wir das! Das wird bestimmt super!

Du musst das aber nicht nur mir zuliebe tun!!

Nein. Das ist doch genau dein Ding.

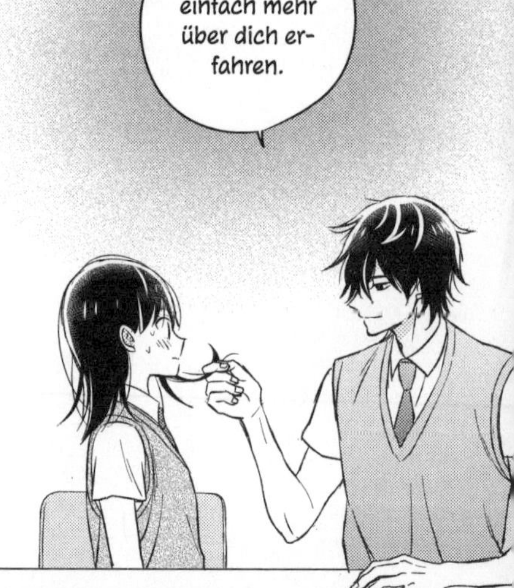

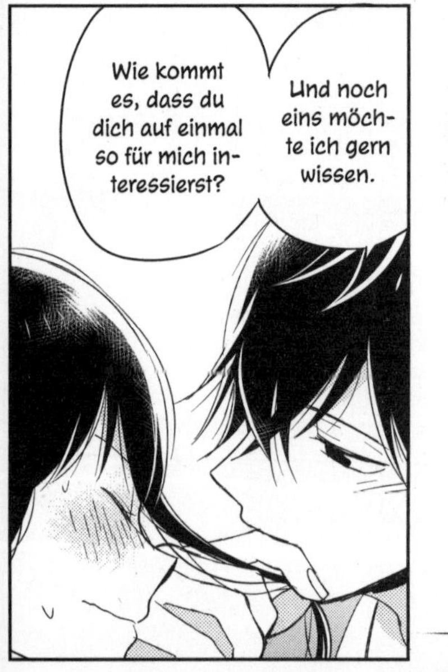

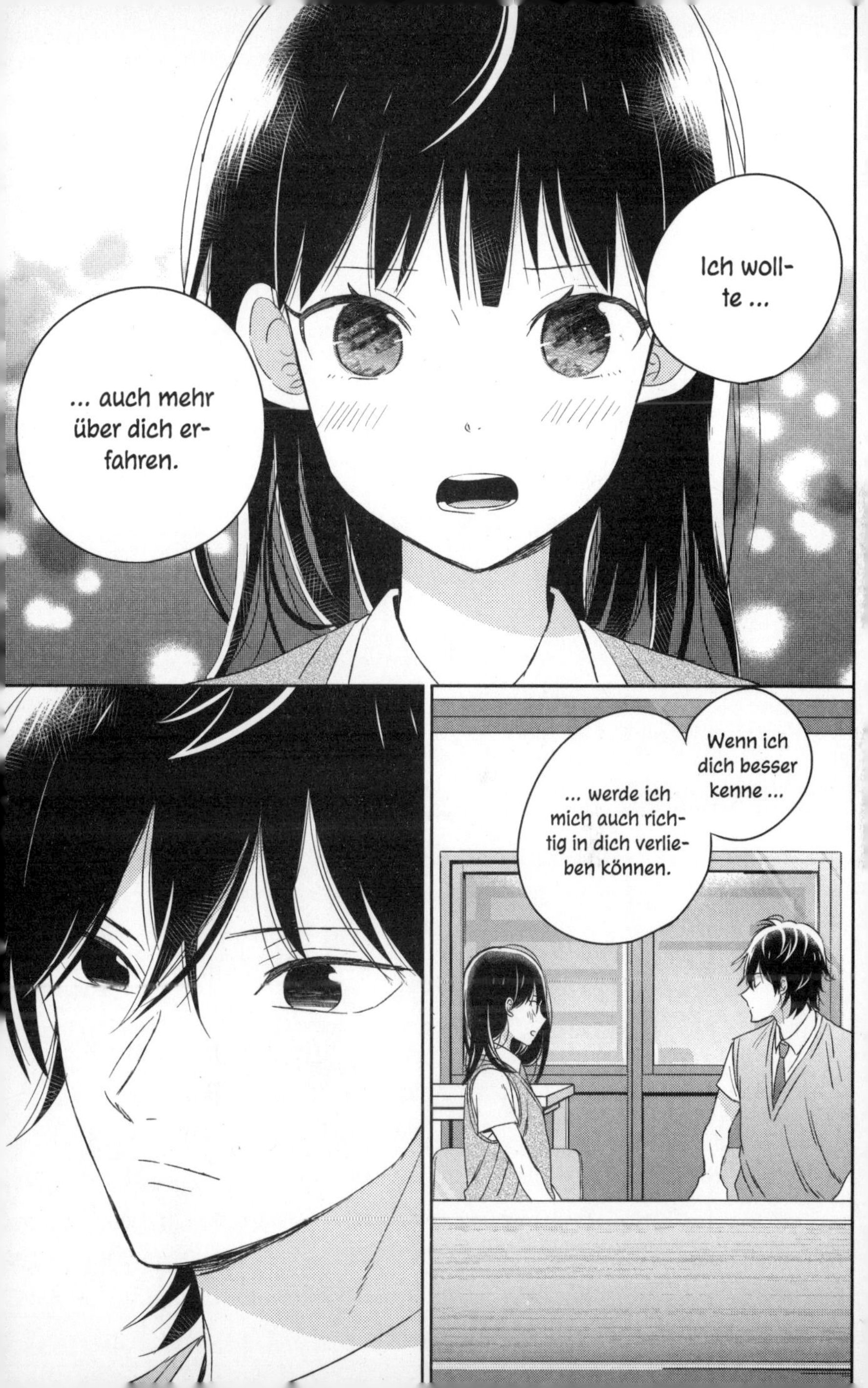
Ich woll-
te ...
... auch mehr
über dich er-
fahren.
Wenn ich
dich besser
kenne ...
... werde ich
mich auch rich-
tig in dich verlie-
ben können.

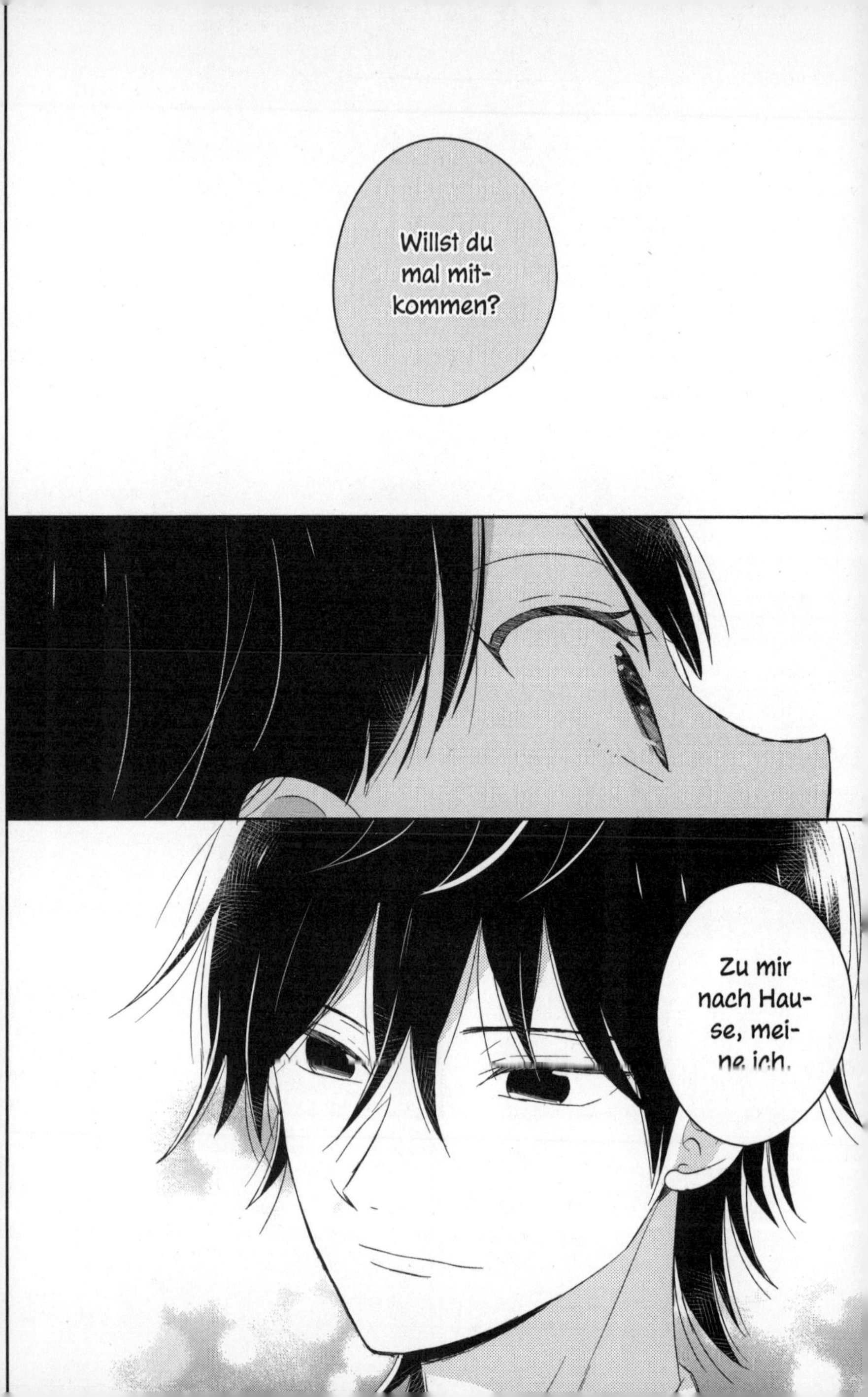

Willst du mal mit-kommen?

Zu mir nach Hau-se, mei-ne ich.

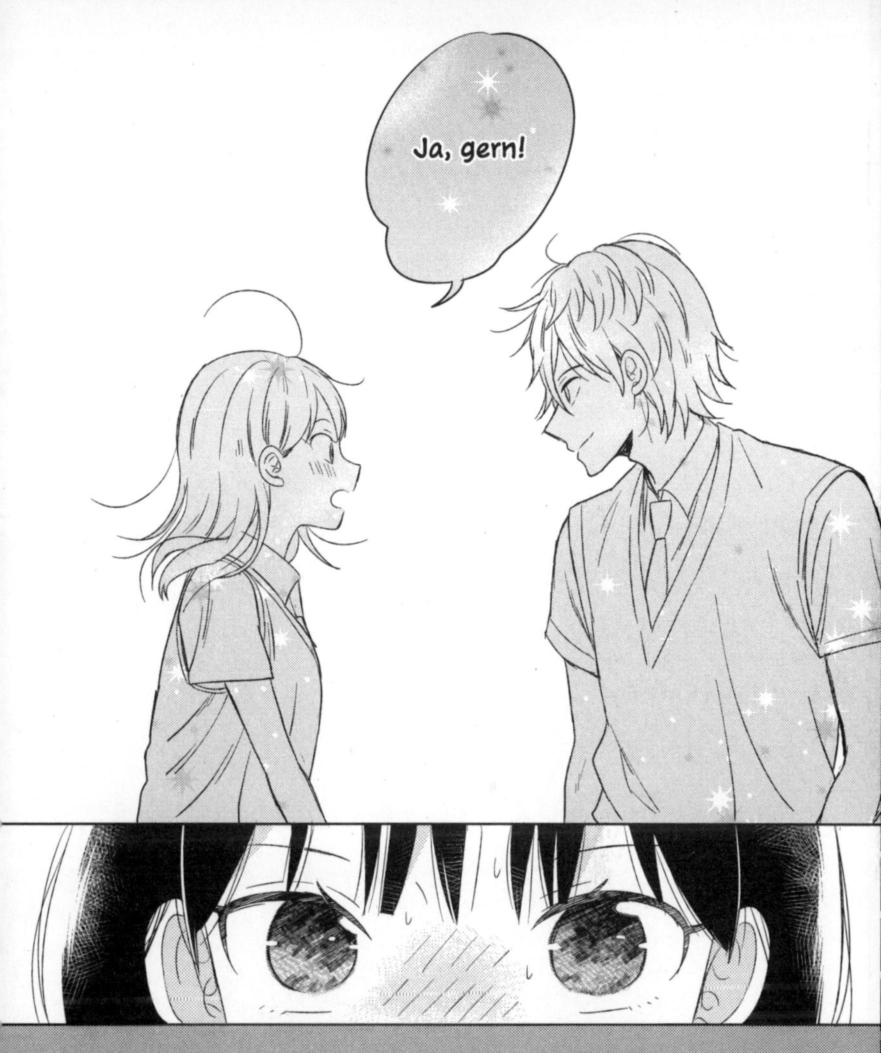

Ich hab es wieder getan ...

Ich möchte mich wirklich ändern.

Ganz einfach.

Etwas, weswegen die Welt untergehen könnte ...

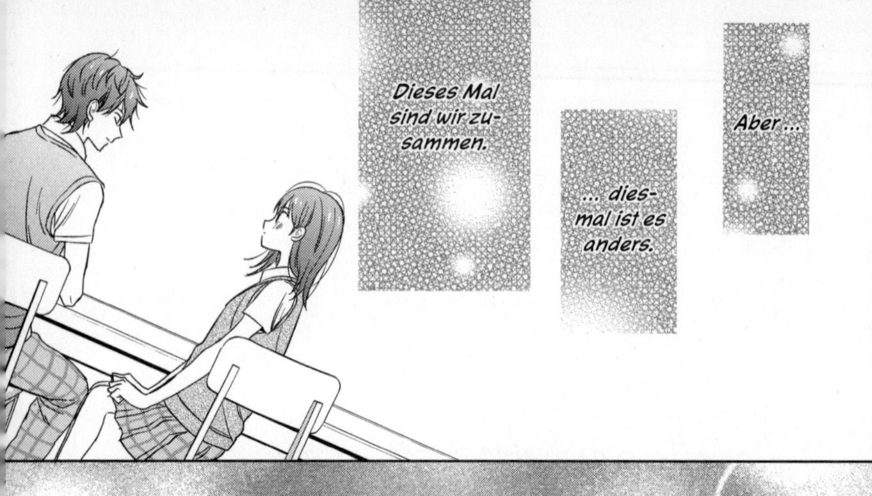

Und deshalb ...

... wird die Welt ...

... ganz sicher nicht untergehen.

Fortsetzung folgt

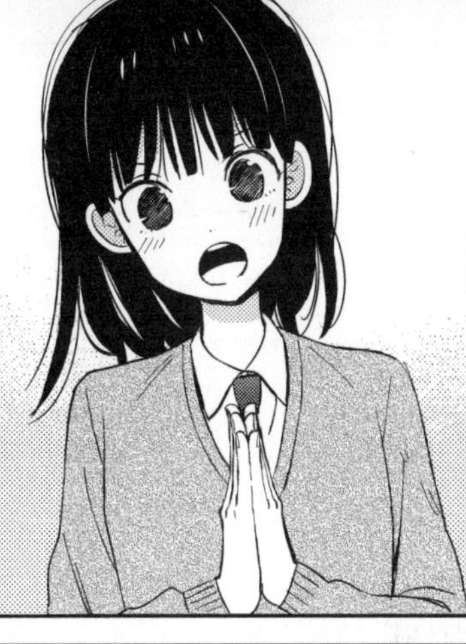
Das kommt jetzt bestimmt etwas plötzlich, aber da ich diesmal noch ein paar Seiten übrig habe, möchte ich euch einen genaueren Einblick in einige Dinge aus dem ersten Band geben.
Als Erstes möchte ich noch mal auf das Origami eingehen.

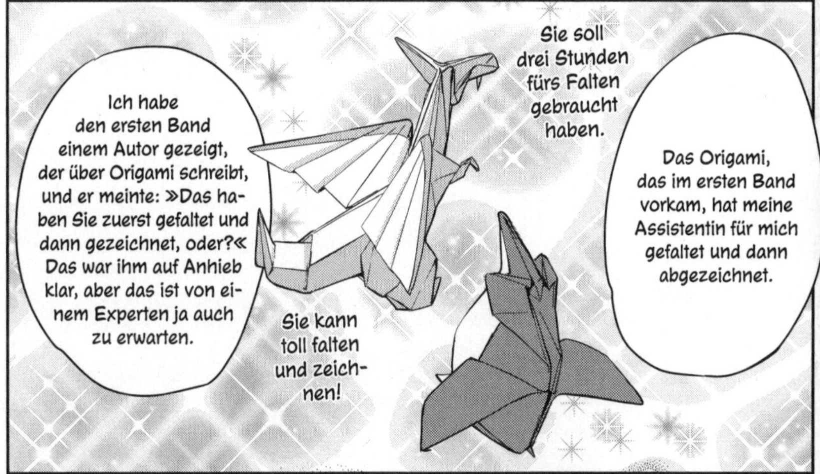
Das Origami, das im ersten Band vorkam, hat meine Assistentin für mich gefaltet und dann abgezeichnet.
Sie soll drei Stunden fürs Falten gebraucht haben.
Sie kann toll falten und zeichnen!
Ich habe den ersten Band einem Autor gezeigt, der über Origami schreibt, und er meinte: »Das haben Sie zuerst gefaltet und dann gezeichnet, oder?« Das war ihm auf Anhieb klar, aber das ist von einem Experten ja auch zu erwarten.

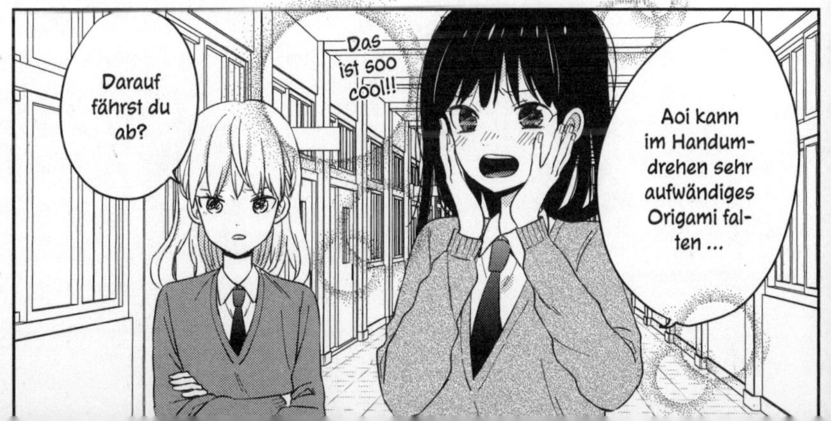
Aoi kann im Handumdrehen sehr aufwändiges Origami falten ...
Das ist soo cool!!
Darauf fährst du ab?

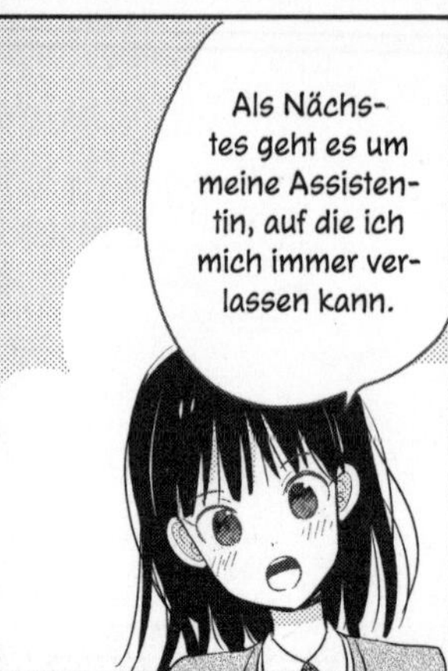

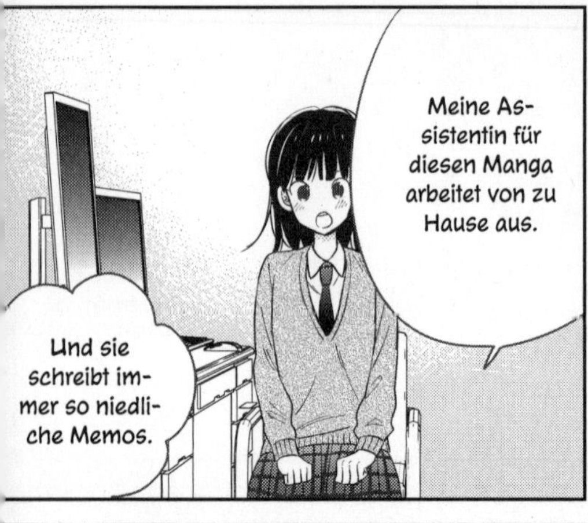

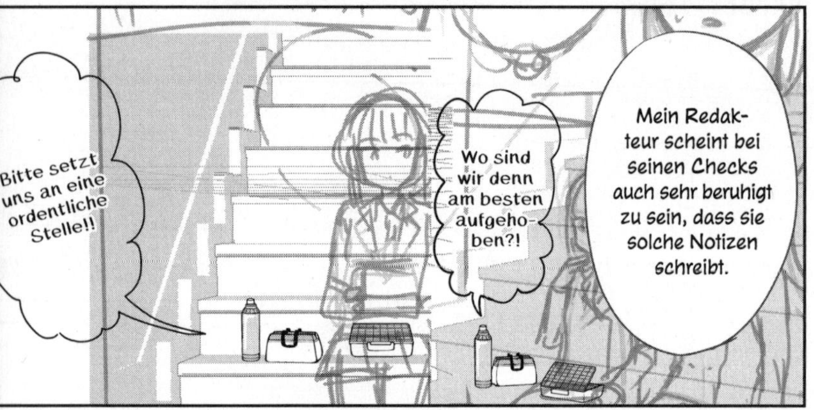

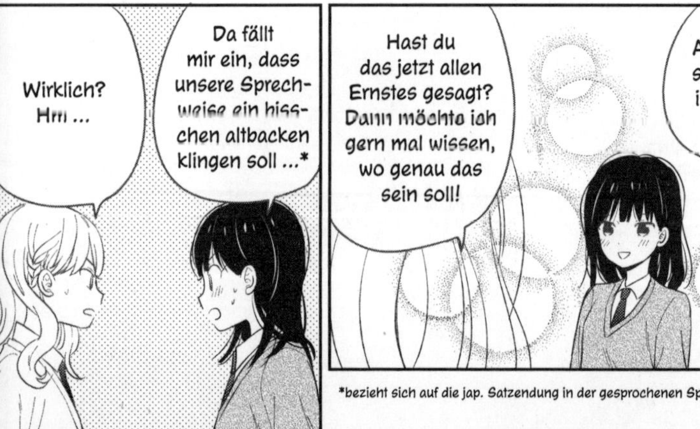

*bezieht sich auf die jap. Satzendung in der gesprochenen Sprache

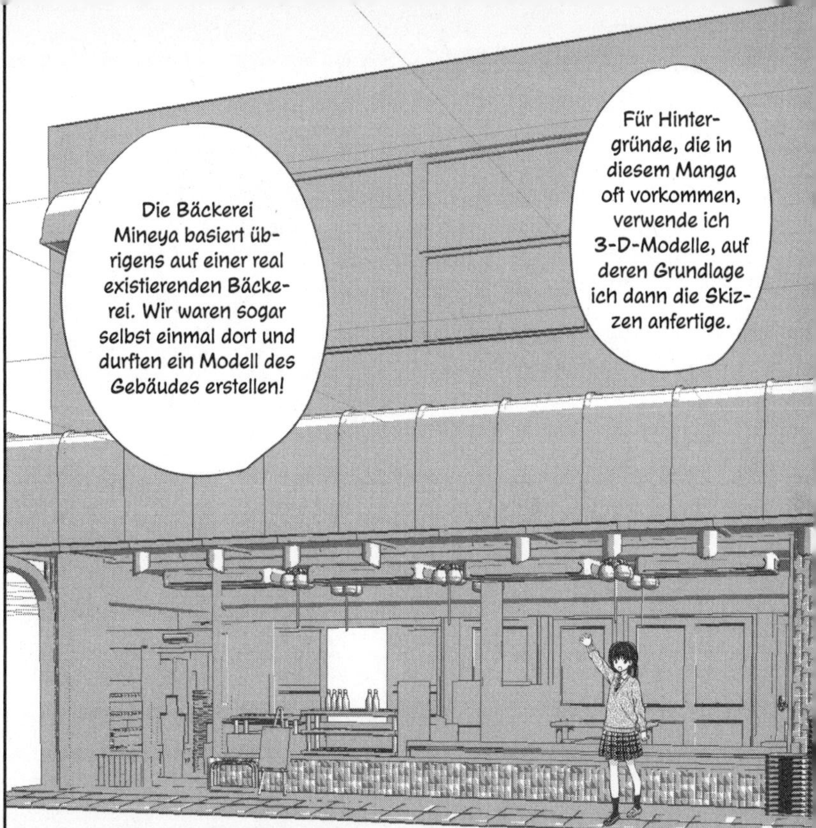

Für Hintergründe, die in diesem Manga oft vorkommen, verwende ich 3-D-Modelle, auf deren Grundlage ich dann die Skizzen anfertige.

Die Bäckerei Mineya basiert übrigens auf einer real existierenden Bäckerei. Wir waren sogar selbst einmal dort und durften ein Modell des Gebäudes erstellen!

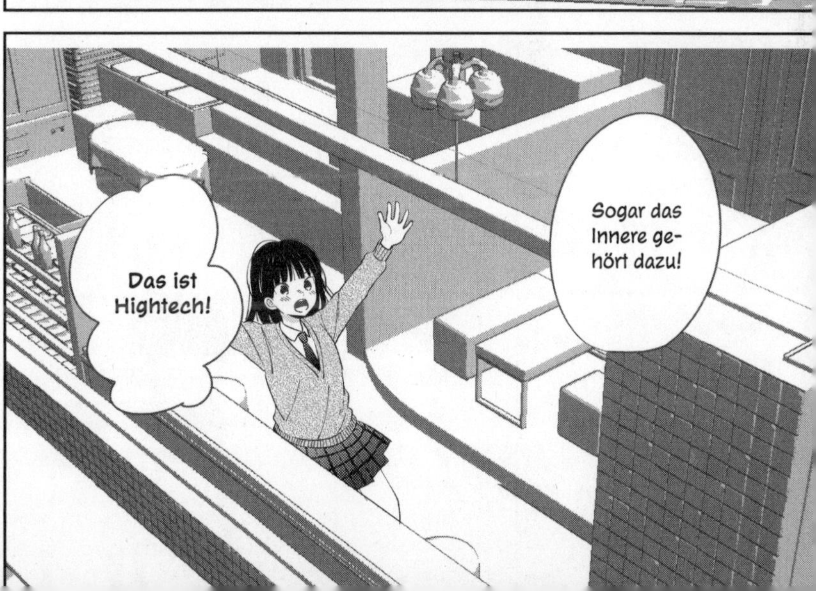

Sogar das Innere gehört dazu!

Das ist Hightech!

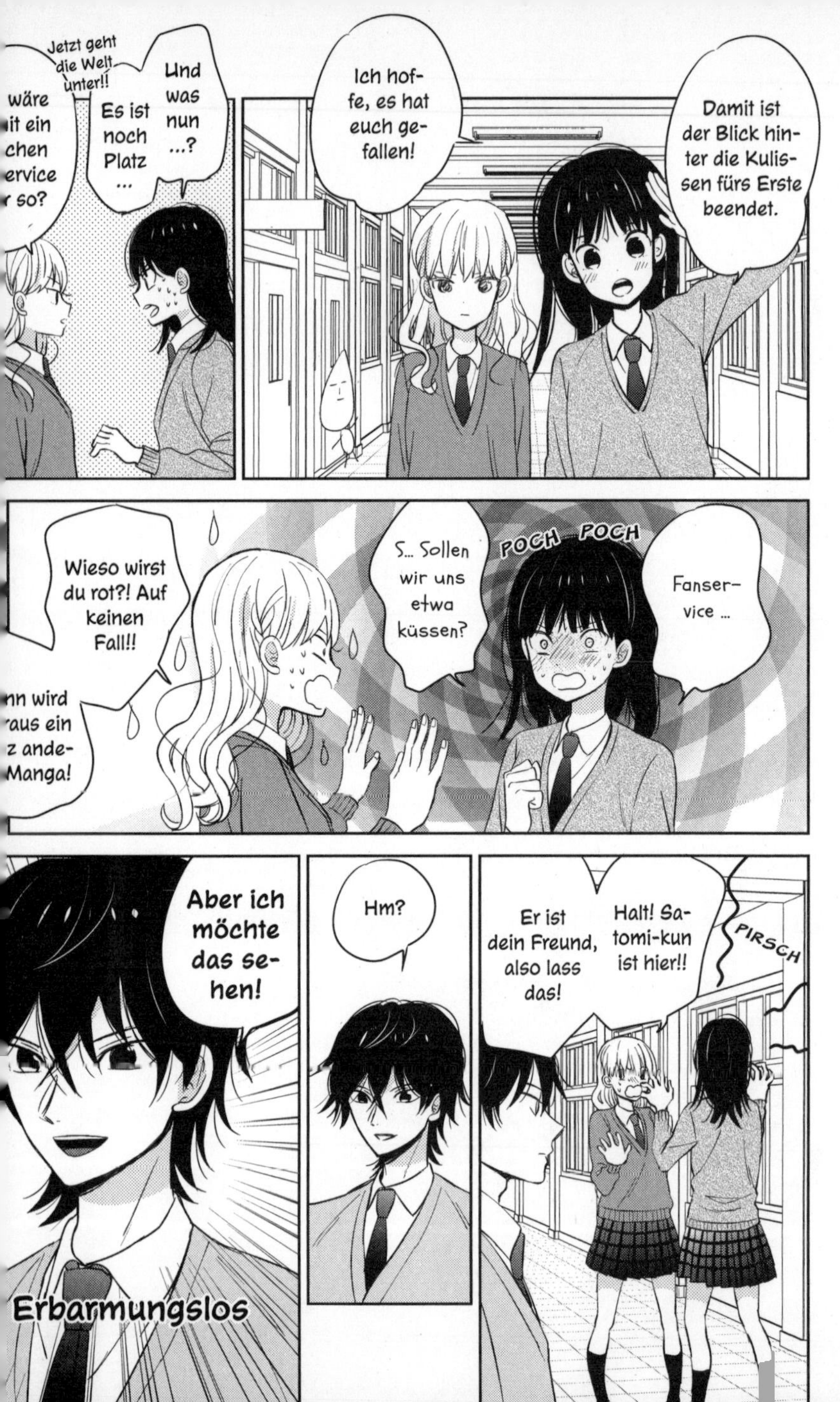

Damit ist der Blick hinter die Kulissen fürs Erste beendet.
Ich hoffe, es hat euch gefallen!
Und was nun ...?
Es ist noch Platz ...
Jetzt geht die Welt unter!!
wäre it ein chen ervice r so?
Fanservice ...
POCH POCH
S... Sollen wir uns etwa küssen?
Wieso wirst du rot?! Auf keinen Fall!!
nn wird raus ein z ande- Manga!
Halt! Satomi-kun ist hier!!
PIRSCH
Er ist dein Freund, also lass das!
Hm?
Aber ich möchte das sehen!
Erbarmungslos

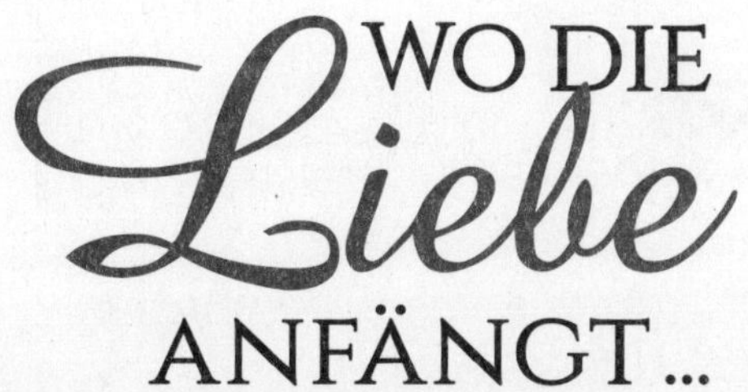
WO DIE
Liebe
ANFÄNGT ...

WO DIE *Liebe* ANFÄNGT …

Das ist ja schon der
zweite Band! Ich hoffe,
er gefällt euch.

Taamo

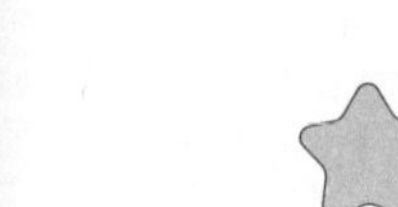
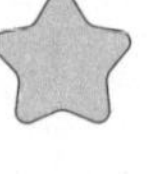

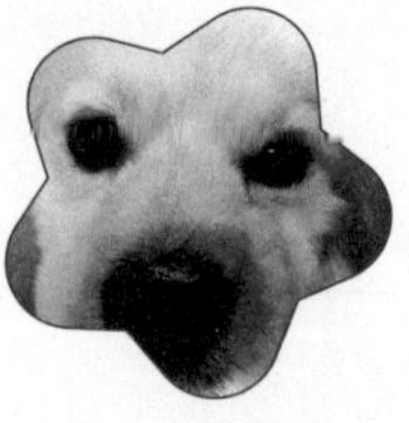

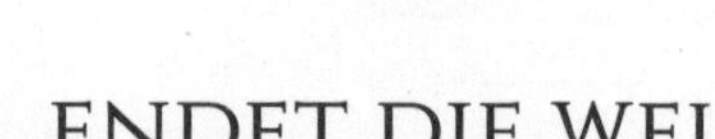

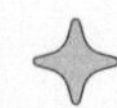

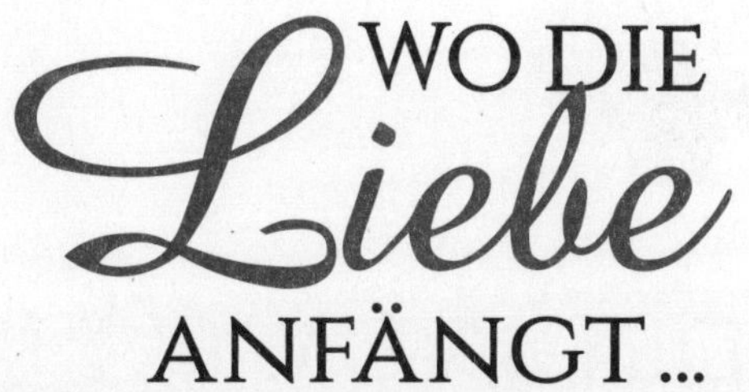
WO DIE
Liebe
ANFÄNGT ...

... ENDET DIE WELT

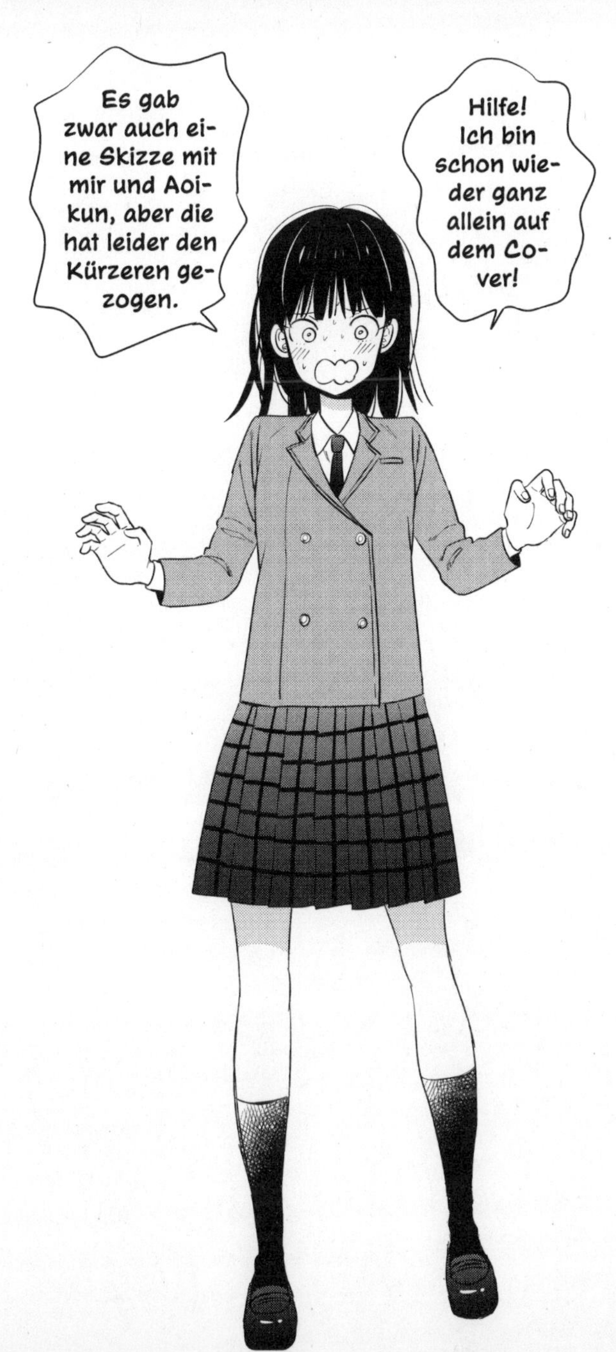
Hilfe! Ich bin schon wieder ganz allein auf dem Cover!
Es gab zwar auch eine Skizze mit mir und Aoi-kun, aber die hat leider den Kürzeren gezogen.

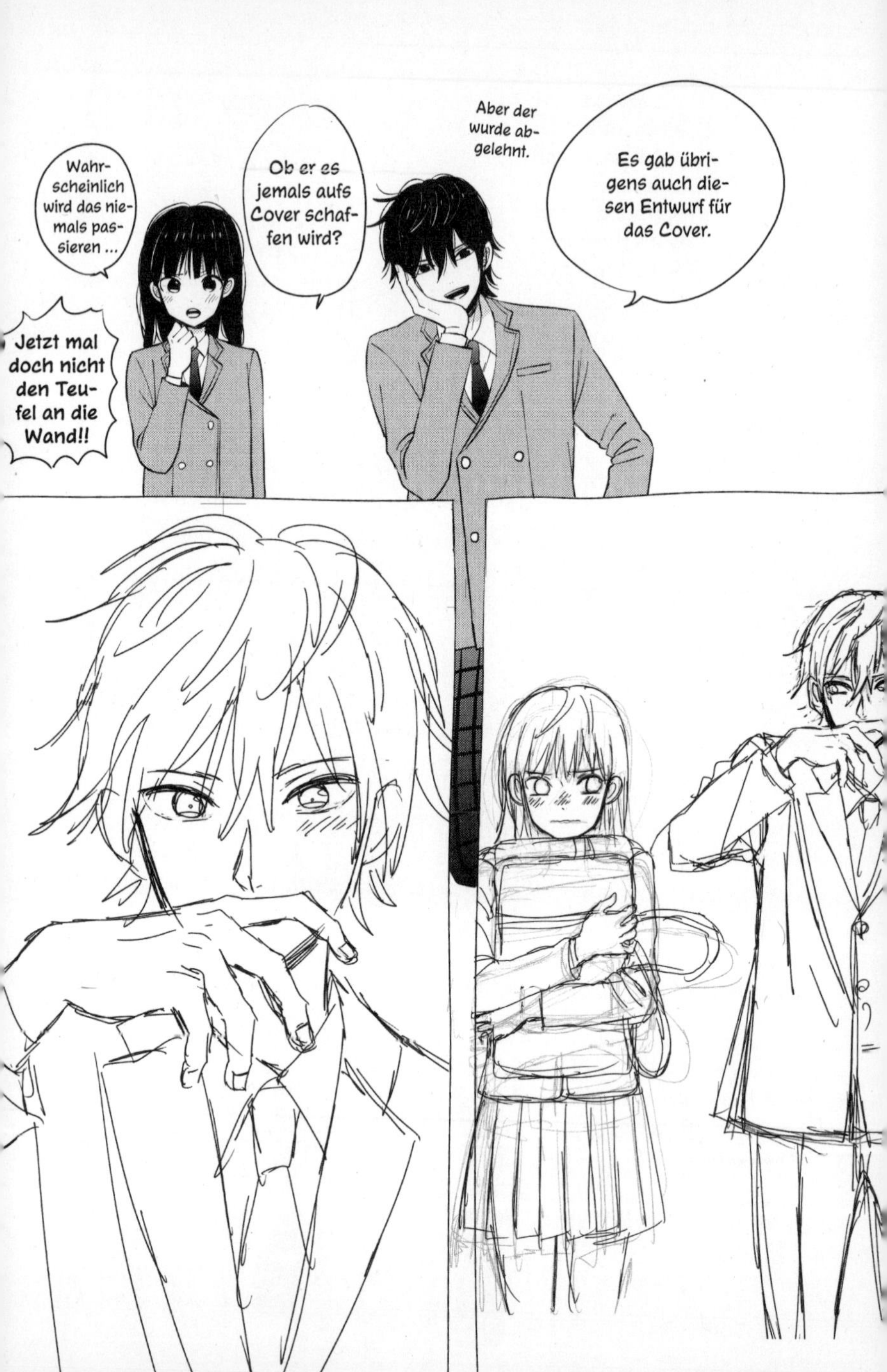

Es gab übrigens auch diesen Entwurf für das Cover.
Aber der wurde abgelehnt.
Ob er es jemals aufs Cover schaffen wird?
Wahrscheinlich wird das niemals passieren ...
Jetzt mal doch nicht den Teufel an die Wand!!

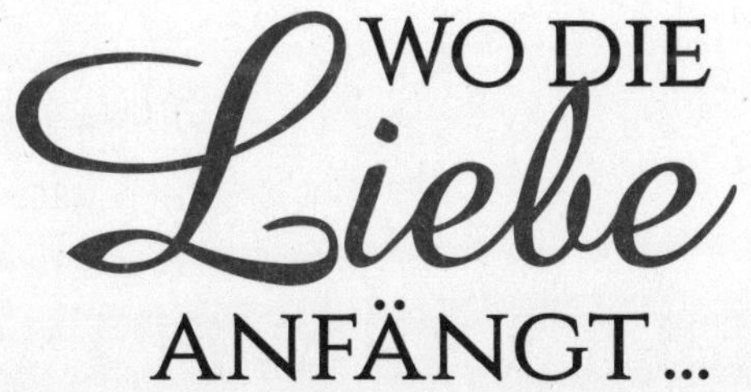
WO DIE
Liebe
ANFÄNGT ...

... ENDET DIE WELT

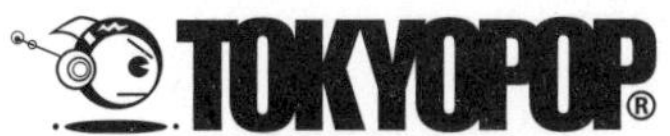

TOKYOPOP GmbH
Hamburg

TOKYOPOP
1. Auflage, 2020
Deutsche Ausgabe/German Edition

Aus dem Japanischen von Mareen Sickel

First published in Japan in 2016 by Kodansha Ltd., Tokyo
Publication rights for this German edition arranged through Kodansha Ltd.

Referenzmaterial: Yamaguchi, Makoto (2015): The Beauty of Origami (Tansei na origami); Natsume-sha Maekawa, Jun (2007): Genuine Origami (Honkaku origami – Nyuumon kara joukyuu made), Nichibou Shuppansha

Materialsammlung/handgefertigtes Brot: Mineya
Unterstützung bei der Recherche: Nationalmuseum der Naturwissenschaften, Tokyo

Redaktion: Benjamin Spinrath
Lettering: Vibrant Publishing Studio
Herstellung: Rita Geers, Nils Bornemann
Druck und buchbinderische Verarbeitung:
CPI–Clausen & Bosse GmbH, Leck
Printed in Germany

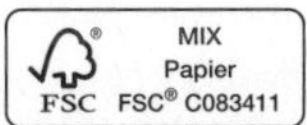

Wir achten auf die Umwelt.
Dieses Produkt besteht aus FSC®-zertifizierten und anderen kontrollierten Materialien.

ISBN 978-3-8420-5725-8

www.tokyopop.de

HAUS DER SONNE

Taamo

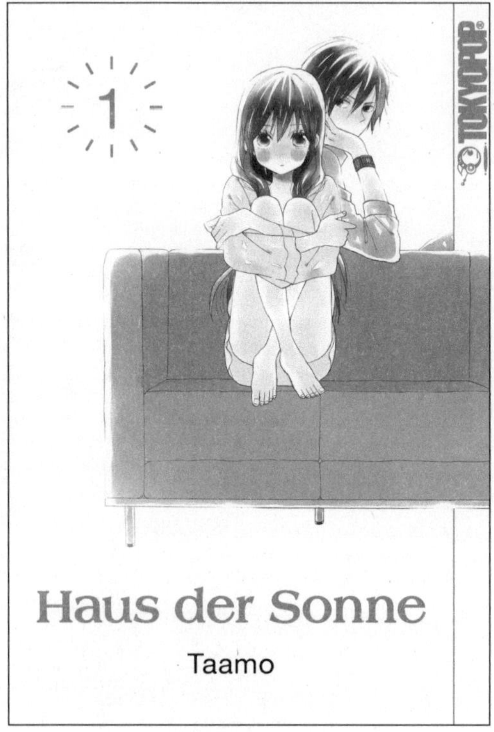

Aus Einsamkeit wird Zweisamkeit

In Maos Leben geht es drunter und drüber: Nach der Scheidung ihrer Eltern wohnt sie zunächst in der Patchworkfamilie ihres Vaters. Doch dort fühlt sie sich überhaupt nicht wohl. Die fehlende Geborgenheit findet sie im Haus von Hiro, einem vertrauten Freund aus Kindertagen. Auch wenn ihr Zusammenleben nicht immer einfach ist, geben sie einander das Gefühl, gebraucht zu werden.

CRUSH ON YOU

Rin Miasa

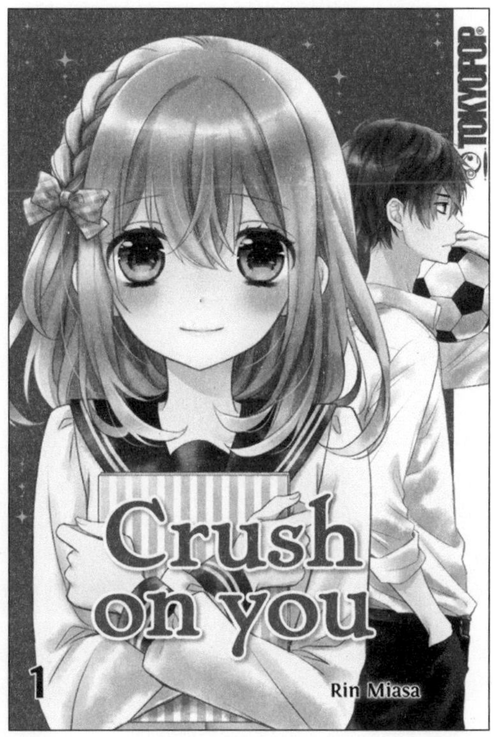

Beziehung auf Probe?!

Sunao wäre gern geschickt, sportlich und mutig, denn entweder stolpert sie über ihre eigenen Füße oder sie bekommt beim Anblick von Jungs keinen Ton heraus. Damit sich das ändert, wechselt sie an eine gemischte Highschool. Hier lernt sie Mädchenschwarm und Sport-Ass Izumi kennen, der ihr immer wieder aus der Patsche hilft. Er willigt sogar ein, Sunaos »Probefreund« zu werden, damit sie endlich ihre Angst vor Jungs verliert ...

DER FRÜHLING MACHT MICH GANZ VERRÜCKT

Chia Teshima

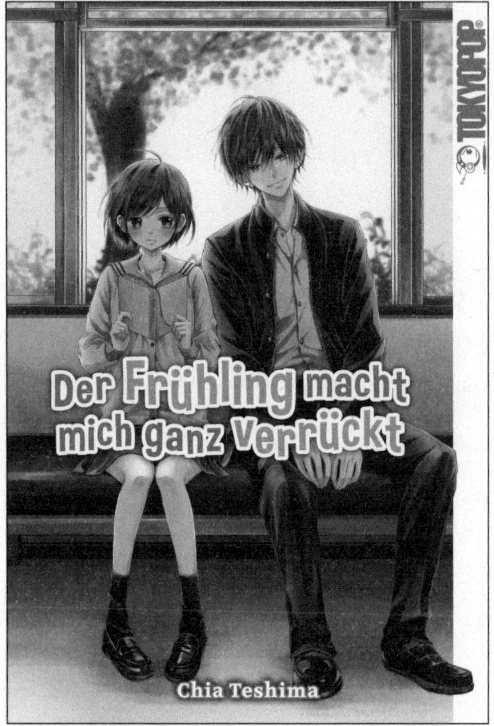

Herz über Kopf

Nao ist ein Kopfmensch. Sie wägt alles gründlich ab und lässt sich immer nur auf die Dinge ein, die sie auch auf jeden Fall gemeistert bekommt. Aber dann trifft sie auf Shun! Er ist charmant, wankelmütig und für Nao absolut unberechenbar. Sich auf ihn einzulassen, würde gegen all ihre Prinzipien verstoßen. Doch das erste Mal in ihrem Leben fragt sie sich, wie es wohl wäre, der Stimme ihres Herzens zu folgen ...

EVENING TWILIGHT

Maki Usami

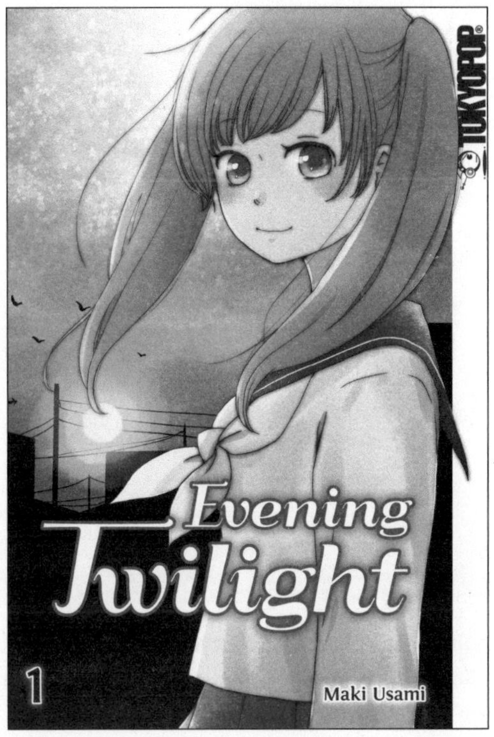

Wärmer als das Licht der Dämmerung leuchtet dein Zuhause

Chinami hat einen ausgeprägten Sinn für Gerechtigkeit und redet, bevor sie nachdenkt. Leider eckt sie mit ihrer schroffen Art immer wieder an, und es fällt ihr schwer, Freunde zu gewinnen. Als ihr Vater eine neue Frau kennenlernt, steht ein Umzug an, und Chinami muss nicht nur mit ihrer neuen Klasse, sondern auch mit ihrer zukünftigen Familie warm werden. Gemeinsam mit ihrer Stiefschwester und den Brüdern Kanata und Yudai erlebt sie die Sonnen- und Schattenseiten von Freundschaft, Erwachsenwerden und erster Liebe.

DIE KIRSCHBLÜTENPRINZESSIN

Yuki Shiraishi

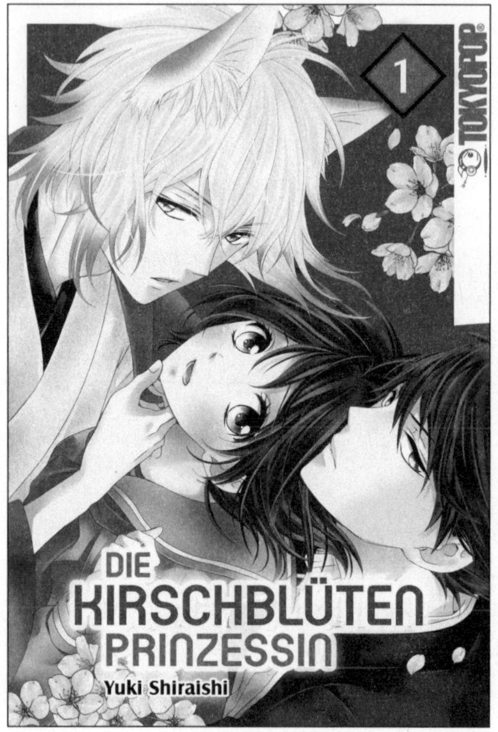

»Wir haben tausend Jahre lang auf dich gewartet«

Sakura ist ein Freak – das denken jedenfalls ihre Mitschüler. Sie wissen jedoch nicht, dass Sakura eine Gabe hat, die ihr Angst macht: Sie kann Yokai sehen! Als sie in der Schule wieder einmal von einem dieser Wesen geplagt wird, kommt ihr Tamaki zu Hilfe, der Präsident des Schülerrats. Er offenbart ihr, dass sie die Wiedergeburt der Kirschblütenprinzessin ist und sie ihre Bestimmung erfüllen muss, die Kräfte eines mächtigen Yokais zu versiegeln ...

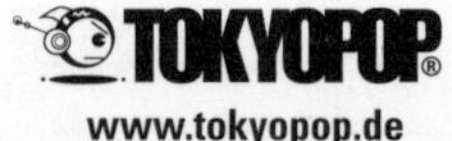

www.tokyopop.de

HONEY COME HONEY

Yuki Shiraishi

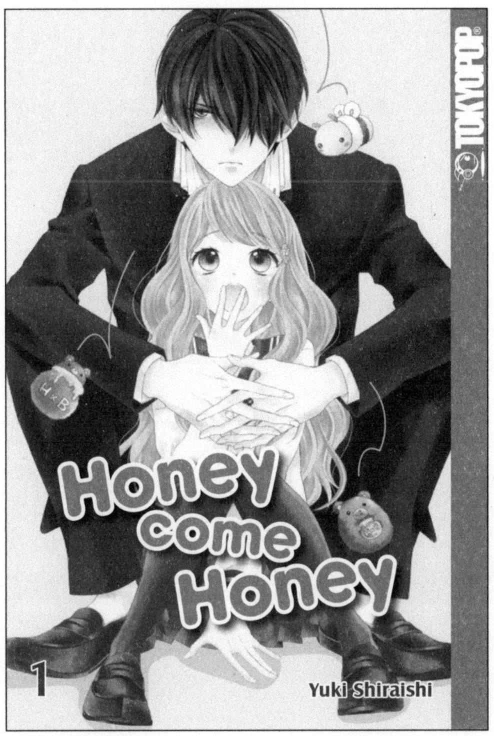

Mein Brummbär mit der zarten Seele

Die zierliche Mitsu liebt niedliche Dinge über alles. Eines Tages findet sie heraus, dass ihre Lieblingsaccessoires von dem düsteren Kumagaya aus ihrer Klasse hergestellt werden. In Wahrheit ist dieser »grausame Grizzly« nämlich ein sehr sensibler Junge, und seiner unbeholfenen, liebevollen Art kann Mitsu einfach nicht widerstehen ...!

1/3 AUF EINEM NENNER

Kozue Chiba

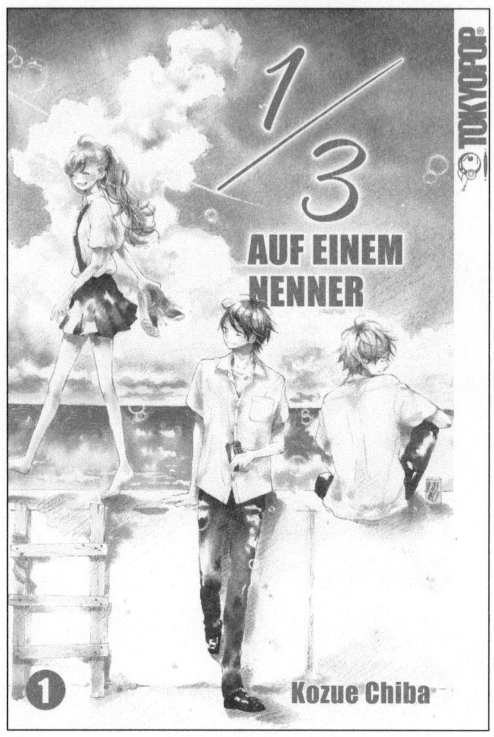

Zwei Cousins zum Verlieben!

Shiyuka wohnt auf der idyllischen Halbinsel Enoshima, die gern von Liebespaaren besucht wird. Sie selbst findet ihre Heimat jedoch total öde – besonders, weil sie noch Single ist. Als eines Tages die hübschen Cousins Shin und Yu in ihre Klasse kommen, macht ihr Herz vor Freude einen Sprung. Wird ihr abwechslungsloses Provinzleben nun endlich aufgemischt ...?

24 COLORS

Kozue Chiba

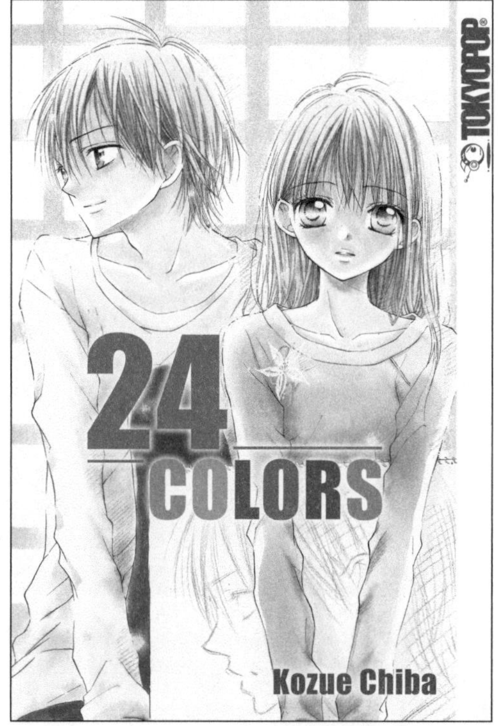

»Mit der Malerei kann ich meinen Gefühlen Ausdruck verleihen«

Nanaka begegnet an ihrem ersten Highschooltag einem Jungen, der sie auf Anhieb fasziniert. Seine mit Malfarbe beschmierte Kleidung und sein Sketchbook verraten ihr, dass er ein Kunstliebhaber wie sie sein muss. Als sie erfährt, dass er die Kunst-AG leitet, überlegt sie nicht lange und meldet sich dort an ...

STARLIGHT DREAMS

Miwako Sugiyama

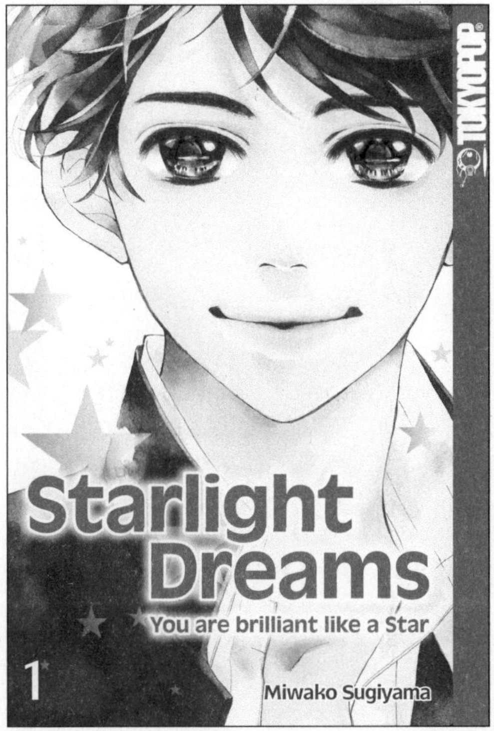

Wie ein leuchtender Stern am finsteren Himmelszelt

Nachdem Sei es auf die angesehene Nakano-Higashi-Highschool geschafft hat, sucht sie nach einer Möglichkeit, ihrem Schulleben eine positive Wendung zu geben. Beim Anblick der Sternwarte kommt sie auf die Idee, sich fortan der Astronomie zu widmen. Die sympathischen Jungs Taiyo und Mizuki heißen Sei im Astroklub willkommen und erklären ihr alles, was sie wissen muss. Doch Seis Blicke wandern zwischen den Sternschnuppen am Himmel und den Jungs an ihrer Seite immer hin und her ...

MIYAKO – AUF DEN SCHWINGEN DER ZEIT

Kyoko Kumagai

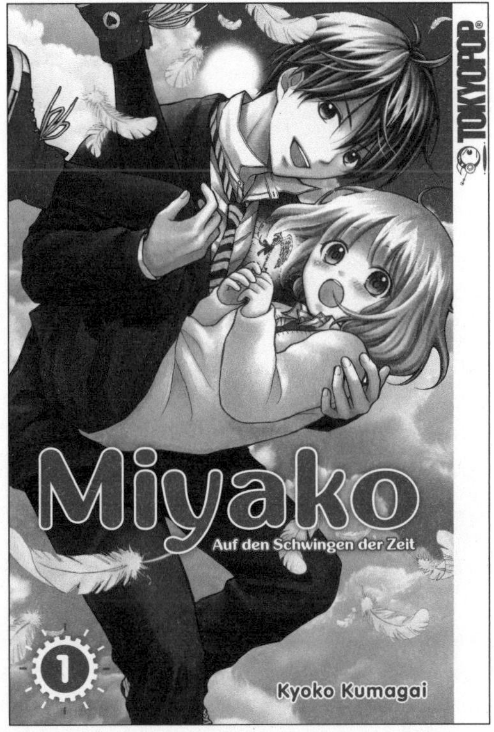

Durch die Zeit zu deinem Herzen

Die schüchterne Miyako liebt Videospiele ... und den gut aussehenden Hiroto aus ihrer Klasse. Doch der ist ausgerechnet mit Miyakos großer Schwester zusammen. Der Schmerz dieser unerfüllten Liebe lässt Miyako sich wünschen, sie könnte durch die Zeit reisen und ihm zuerst ihre Gefühle gestehen. Und dann fällt ihr ein Schlüssel in die Hände, der genau das möglich machen soll! Sie reist zwei Jahre in die Vergangenheit und bekommt die Chance, ihr Leben zu ändern ...

HOFFNUNGSSCHIMMER

Kyoko Kumagai

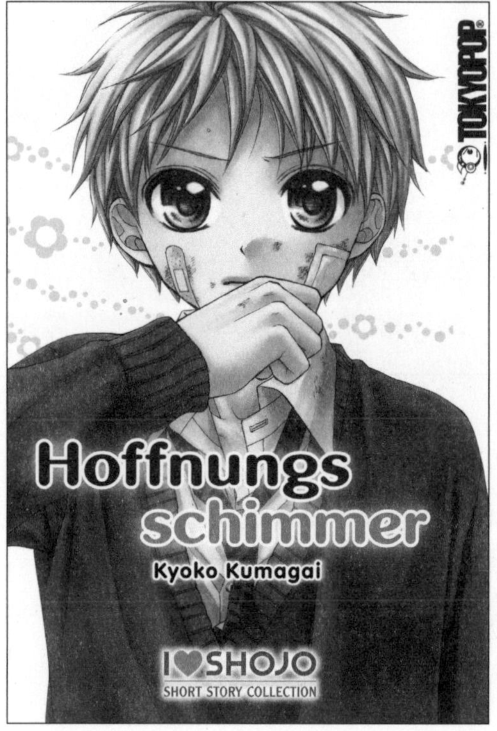

»Bevor ich dir begegnet bin, hatte ich noch nie solches Herzklopfen.«

Mika ist 16 Jahre alt und scheut sich nicht, die Initiative zu ergreifen und einem Jungen, in den sie verknallt ist, eine Liebeserklärung zu machen. Obwohl sie gerade erst einen Korb bekommen hat, versucht sie ihr Glück bei Sota, dessen herzerwärmendes Lächeln sie um den Verstand bringt. Sie fühlt, dass er etwas Besonderes ist. Doch Mikas Brüder setzen alles daran, sie in Verlegenheit zu bringen ... Diese und vier weitere süße Kurzgeschichten von Kyoko Kumagai (*Miyako – Auf den Schwingen der Zeit*) in einem Band!

ERSTE KÜSSE
WENN DIE LIEBE ERBLÜHT
Mai Ando

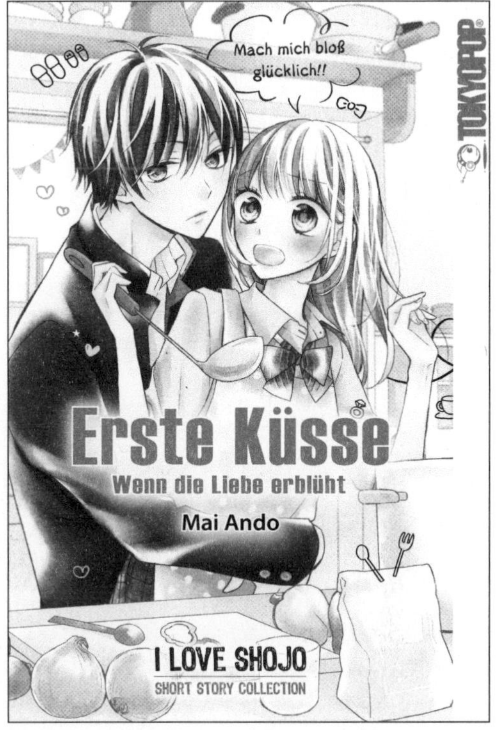

»Wenn man sich beim Tanabata-Fest küsst, wird die Liebe ewig währen ...«

Das glaubt zumindest Chisaki und hofft, dass diese Weissagung für sie und ihren Schwarm Junpei in Erfüllung geht. Aber stimmt dieser alte Aberglaube wirklich? Ob unter dem Sternenhimmel, heimlich mit dem Sandkastenfreund oder auf dem Fußballfeld: Der erste Kuss erwischt einen immer eiskalt und schlägt ein wie ein Blitz im Sommergewitter.

MASCARA BLUES

Io Sakisaka

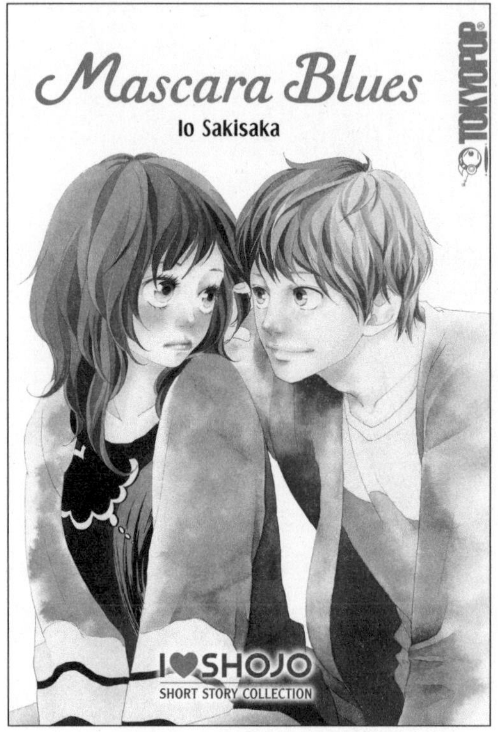

»Als ich ihn das erste Mal sah, klopfte mein Herz wie verrückt und er schien regelrecht zu funkeln!«

Mugino verliebt sich wahnsinnig schnell, doch sobald sie einem Jungen ihre Gefühle gesteht und er das Gleiche für sie empfindet, verliert sie genauso schnell wieder das Interesse. In der Hoffnung, dass ihre Gefühle dieses Mal von Dauer sind, fasst sie sich ein Herz, ihrem besten Freund Shuya eine Liebeserklärung zu machen ... Diese und vier weitere einfühlsame Kurzgeschichten über die Liebe in einem Band!

MY WORLD IS YOU

Io Sakisaka

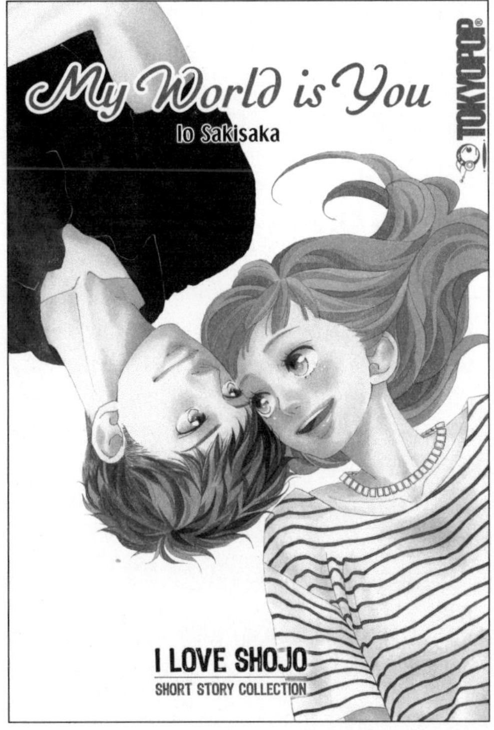

»Das war der Moment, in dem ich mich in ihn verliebte ...«

Takashi ist Baseballspieler in der Schulmannschaft und setzt sich mit Leib und Seele für sein Team ein. Yuriko kennt ihn schon seit der Mittelschule, doch ihre Gefühle für ihn sind neu. Lange überlegt sie, wie sie ihm am besten ihre Liebe gestehen kann. Doch als auch ihre beste Freundin Interesse an Takashi entwickelt, werden die Dinge kompliziert ... Diese und fünf weitere entzückende Kurzgeschichten über die erste Liebe in einem Band!

STOPP!

Dies ist die letzte Seite des Buches! Du willst dir doch nicht den Spaß verderben und das Ende zuerst lesen, oder?

Um die Geschichte unverfälscht und originalgetreu mitverfolgen zu können, musst du es wie die Japaner machen und von rechts nach links lesen. Deshalb schnell das Buch umdrehen und loslegen!

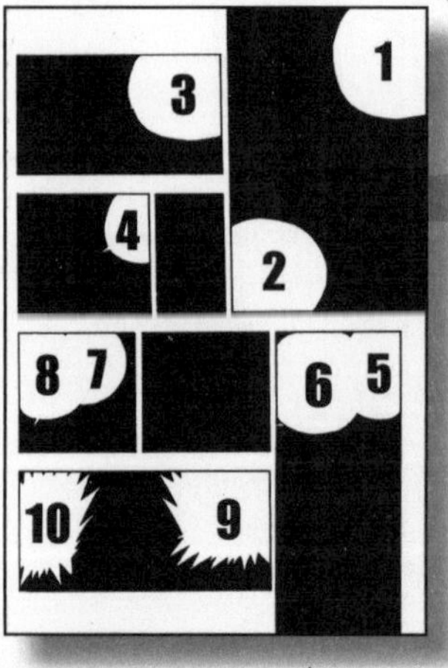

So geht's:

Wenn dies das erste Mal sein sollte, dass du einen Manga in den Händen hältst, kann dir die Grafik helfen, dich zurechtzufinden: Fang einfach oben rechts an zu lesen und arbeite dich nach unten links vor. Viel Spaß dabei wünscht dir TOKYOPOP®!